康马年鉴

ཁང་དམར་གྱི་ལོ་རིམ་མེ་ལོང་།

2022（总第五卷）

康马县地方志办公室　编

方志出版社
Publishing House of Local Records

图书在版编目（CIP）数据

康马年鉴. 2022 / 康马县地方志办公室编. —北京：方志出版社，2022.12

ISBN 978-7-5144-5609-7

Ⅰ. ①康… Ⅱ. ①康… Ⅲ. ①康马县—2022—年鉴 Ⅳ. ①Z527.54

中国国家版本馆CIP数据核字（2023）第206293号

责任编辑　王娜
责任校对　张玉霞
责任印制　梅中英
出 版 者　方志出版社
地　　址　北京市朝阳区潘家园东里9号（国家方志馆4层）
邮　　编　100021
网　　址　http: //www.zgfzcb.cn
发　　行　方志出版社图书营销中心（010-67110500）
印　　刷　云南美嘉美印刷包装有限公司
开　　本　889毫米×1194毫米　1/16
印　　张　16.75
字　　数　497千字
版　　次　2022年12月第1版
印　　次　2022年12月第1次印刷
定　　价　198.00元

《康马年鉴（2022）》编纂委员会

顾　　问：扎西多布拉

主　　任：祝　涛

副 主 任：闫会峰　陈　宇　李修峰　贡布多杰　次仁加布　索朗次仁　李延斌　曲　珍

委　　员：扎西普赤　潘克祥　巴　顿　达　瓦　扎西罗布　达瓦平措　晋美旺久　邱富贵　次仁顿珠　拉巴罗杰　卓　嘎　索朗旺堆　巴桑顿珠　平　措　旺　久　拉巴罗杰　米　玛　普布顿珠　尼玛欧珠　洛布次仁　达瓦次仁　次　顿　桑　珠　扎西平措　次仁德吉　刘　磊　米玛片多　扎西多吉

《康马年鉴（2022）》编辑部

主　　编：王瑞斌

副 主 编：厍飞虎

编　　辑：鲁　凯

特约编纂单位：云南美嘉美印刷包装有限公司

编辑说明

一、《康马年鉴》是由中共康马县委员会、康马县人民政府主办，康马县地方志办公室编纂的地方综合年鉴。《康马年鉴》以马克思列宁主义、毛泽东思想、邓小平理论、“三个代表”重要思想、科学发展观、习近平新时代中国特色社会主义思想为指导，坚持辩证唯物主义和历史唯物主义的立场、观点和方法，贯彻中国共产党的各项方针政策，按照“实事求是、严谨办鉴”的要求，全面反映康马县各族人民在中国共产党的领导下建设中国特色社会主义的伟大实践。

二、《康马年鉴》自2018年起，每年出版一卷。《康马年鉴（2022）》（简称“本年鉴”）全面、系统地记录2021年康马县自然、政治、经济、文化、社会发展的基本情况、重大成就和深刻变革，旨在为社会各界了解、研究康马，为今后编修新一轮《康马县志》提供权威、翔实的基本资料，为建设“六个康马”服务。

三、本年鉴记述年限为2021年1月1日至12月31日，范围包括全县各乡（镇）、各单位（部门）及驻军部队、企事业单位的基本情况和发展变化。全书内容分为综合情况、动态信息、辅助资料三大部分。综合情况设特载、大事记、康马概貌，动态信息设中国共产党康马县委员会、康马县人民代表大会、康马县人民政府、中国人民政治协商会议康马县委员会、纪检监察·巡察、人民团体、法治、军事、经济综合管理、财税·金融、农牧业、交通·通信·电力、商贸服务业、旅游业、城乡建设·环境保护、教育·体育、文化、卫生健康、社会生活、乡镇、人物·荣誉，辅助资料设图片专辑、附录；在各类目中穿插图表及照片。内容层次的设置，利于读者分类系统阅读和检索，并表示类目与条目之间的层次关系，但不反映严格的科学分类体系，机构、企事业单位等排序和层次一般亦不表示其地位和规模。

四、本年鉴采用分类编辑法，按类目、分目、条目三个层次的体例编排。以不同字体、字号及版式设计区分不同层次，条目标题均加【 】表示。

五、本年鉴所记述的“自治区”指西藏自治区，“自治区党委”指中国共产党西藏自治区委员会，“市”指日喀则市，“市委”指中国共产党日喀则市委员会，“市人民政府”指日喀则市人民政府；“县委”指中国共产党康马县委员会，“县人大常委会”指康马县人民代表大会常务委员会，“县人民政府”指康马县人民政府，“县政协”指中国人民政治协商会议康马县委员会。相关单位名称在各类目首次出现时用全称，并备注简称，以后均用简称。

六、本年鉴涉及历史纪年，清代及清代以前使用年号纪年；民国纪年使用数字纪年，并使用阿拉伯数字括注公元纪年。数字、计量用法按国家规定书写，面积单位根据记述需要有的地方使用“亩”。

七、本年鉴的统计资料数据均使用法定计量单位。主要数据以县统计局提供的数据为准；其他数据以供稿部门提供的为准，少数数据由于部门之间统计口径不尽一致，数值也不尽相同。

八、本年鉴图片专辑、特载、附录所记述的内容不受年度限制；为保持内容的连贯性和完整性，个别条目记述时间适当上溯到上一年度或下延到下一年度。

数字康马·2021

◇总面积：约7000平方千米

◇全县总户数：5217户

◇全县总人口：23739人

◇中小学总数：10所

◇中小学在校学生数：2902人

◇农作物播种面积：4.71万亩

◇粮食产量：13873.45吨

◇牧畜年末存栏数：171335头（只、匹）

◇社会生产总值：7.39亿元

◇农牧业总产值：1.59亿元

◇固定资产总投资：3.69亿元

◇财政收入：99886万元

◇社会消费品零售总额：14508.3万元

◇农村居民人均可支配收入：16180元

◇接待游客：5.66万人次

◇旅游综合性收入：273.25万元

重要会议

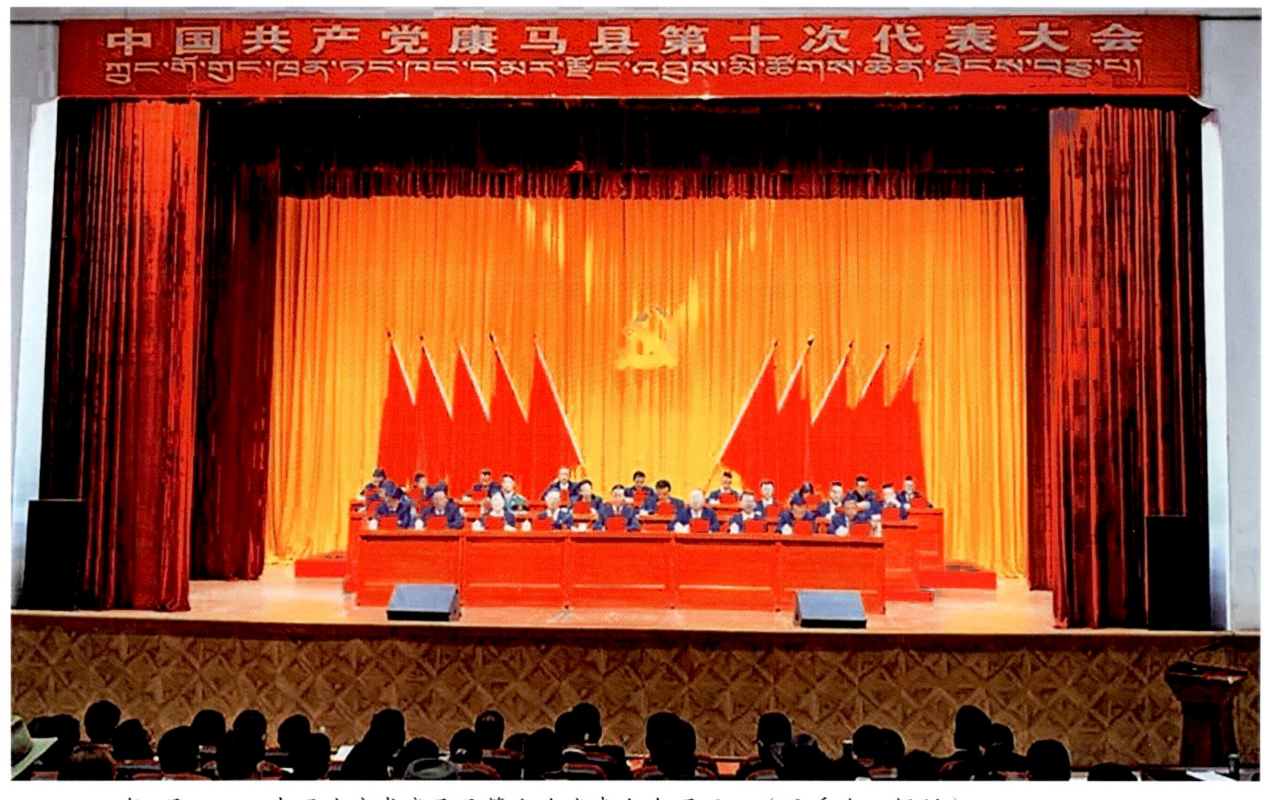

2021年6月26日，中国共产党康马县第十次代表大会召开　（县委办　提供）

2021年3月17日，康马县第十三届人民代表大会第八次会议召开　（县融媒体中心　提供）

2021年6月28日，康马县第十四届人民代表大会第一次会议召开　（县融媒体中心　提供）

2021年3月16日，政协第二届康马县委员会第六次会议全委会召开　（县政协办　提供）

2021年6月27日，政协第三届康马县委员会第一次全委会召开　（县政协办　提供）

2021年3月16日，中国共产党康马县第九届纪律检查委员会第六次全会召开　（县纪委办　提供）

经济发展

2021年2月23日，雄章乡色热龙村党支部举办色热龙村2020年工作总结暨新年表彰大会暨色热龙村2020年察仓绵羊养殖农民专业合作社分红仪式　（雄章乡人民政府　提供）

2021年3月4日，康马县南尼乡曲热村举行农牧业综合服务合作社2021年度分红仪式暨工作总结大会

（南尼乡人民政府　提供）

2021年5月28日，三峡集团西藏能投日喀则康马县测风项目开工仪式在康马县涅如堆乡举行
（县生态环境分局　提供）

2021年5月31日，康马县乡村振兴局举行挂牌仪式　（县乡村振兴局　提供）

2021年6月25日，康马县举行农村集体土地所有权确权登记发证仪式　（县农业农村局　提供）

2021年6月末，县农业农村局实地核实所有乡（镇）高标准农田建设项目实施情况

（县农业农村局　提供）

2021年8月27日，南尼乡南尼村组织群众在田间地头讲解“种子田去劣去杂，规范管理高标准农田”知识　（南尼乡人民政府　提供）

2021年9月19日，康马县特色石材精细加工市场集转点（飞地经济）建设项目开工奠基仪式在日喀则市经开区举行 （县商务局 提供）

2021年11月23日，康马县在康如乡召开雅江雪牛“十位一体”全产业链规范化养殖专题会议。图为参会代表实地了解康马县“雅江雪牛”产业发展现状以及存在的问题 （康如乡人民政府 提供）

2021年5月16日，县城管局、县商务局负责人与甲羌百马共享单车董事长协商共享单车投放事宜

（县商务局 提供）

2021年9月16日，涅如堆乡藏系绵羊养殖合作社饲草颗粒加工现场

（涅如堆乡人民人民政府 提供）

冬季物资交流会

2021年12月10日，康马县举办2021年产业竞赛暨冬季物资交流会（县融媒体中心 提供）

2021年12月10日，群众表演节目庆祝康马县2021年产业竞赛暨冬季物资交流会开幕

（张汝锋 摄）

2021年12月10日，嘎拉乡琼贵村文艺演出队表演小品《五星红旗飘扬》（张汝锋 摄）

2021年12月12日，老人在康马县2021年产业竞赛暨冬季物资交流会上为家人挑选靴子

（张汝锋　摄）

2021年12月12日，小伙在2021年产业竞赛暨冬季物资交流会上挑选自己心仪的帽子

（县融媒体中心　提供）

2021年12月12日，县委书记扎西多布拉（中）到康马县2021年产业竞赛暨冬季物资交流会现场检查指导工作　（县商务局　提供）

藏式器具

雪域传统藏式家具

康马县藏式卡垫

康马县藏式羊毛被

康马县藏香

康马县野生食用藏香料

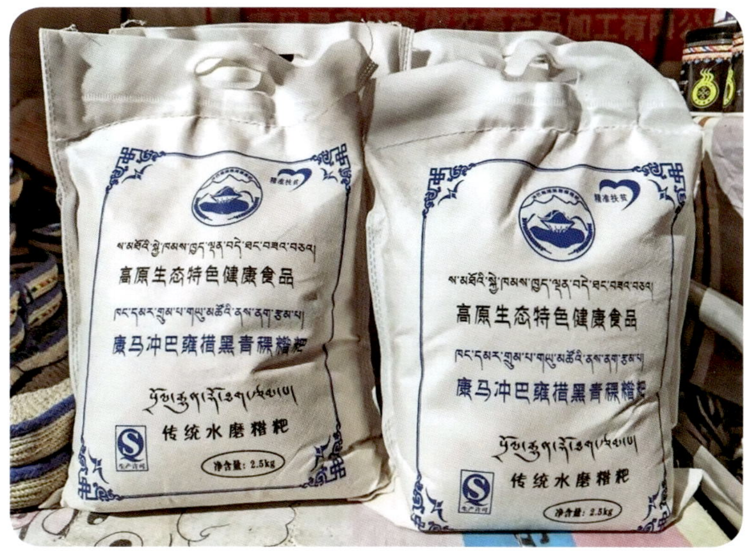

康马冲巴雍措黑青稞糌粑

康马县朗通移詰糌粑

康马县传统水磨糌粑

烤全羊

康马县黑土豆

康马县特色酥油

康马县锶源山泉水

我为群众办实事

2021年4月9—13日，县农业农村局工作人员到各乡（镇）及养殖合作社开展"学党史，守初心，践行动，办实事，解民需"服务"三农"显真情活动

（县农业农村局　提供）

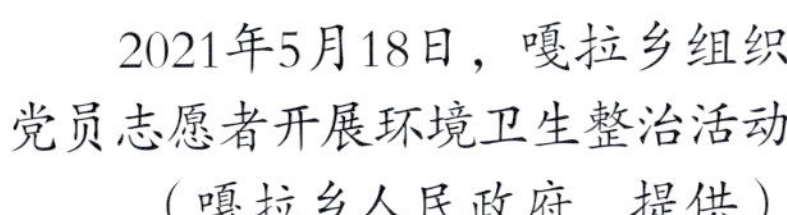

2021年5月18日，嘎拉乡组织党员志愿者开展环境卫生整治活动

（嘎拉乡人民政府　提供）

2021年5月27日，嘎拉乡组织群众清理水库白色垃圾及水渠淤泥

（嘎拉乡人民政府　提供）

2021年6月2日，康马县委、县人民政府组织全县干部职工对县城主要河道及周边的环境卫生进行清理

（县生态环境分局　提供）

2021年6月17日，萨马达乡机关党支部开展环境卫生整治志愿服务活动　（萨马达乡人民政府　提供）

2021年6月23日，县农业农村局党支部组织党员干部前往涅如堆乡开展“我为群众办实事”活动

（县农业农村局　提供）

2021年7月15日，涅如麦乡机关干部职工与派出所在都督村联合开展贫困户“助农秋收”活动（涅如麦乡人民政府 提供）

2021年8月17日，雄章乡机关党支部、雄章边境派出所支部及卫生院支部联合开展为民办实事之消除道路隐患活动 （雄章乡人民政府 提供）

2021年9月24日，县政协机关党支部开展“助农秋收”党员志愿服务活动 （县政协办 提供）

2021年9月26日，县交通运输局部分党员干部到南尼乡楚嘎村开展“助农秋收”主题党日活动暨我为群众办实事活动 （县交通运输局 提供）

2021年9月26日，县水利局部分党员干部到南尼乡曲夏村开展“用心学党史 真心为民办事实 助农秋收暖民心”主题党日活动

（县水利局 提供）

2021年9月27日，县司法局法律援助服务队深入驻村点开展我为群众办实事——“乡村振兴　法治同行”主题宣传活动　（县司法局　提供）

2021年9月27日，萨马达乡机关党支部、新时代文明实践站、边境派出所联合开展“警地联合　助农秋收”为民办实事活动　（萨马达乡人民政府　提供）

社会民生

2021年5月27日，县人民检察院举办“检爱同行　共护未来”主题检察开放日活动　（县人民检察院　提供）

2021年6月2日，康如乡举办“美好家园　你我共建”日喀则市民族团结进步日主题活动

（康如乡人民政府　提供）

2021年6月24日，康马共利劳务输出有限公司党支部和康马镇嘎江村党支部开展“党建联建聚合力、并肩同行求共赢”村企联动活动

（康马镇人民政府　提供）

2021年6月初，县市场监管局到康如乡拉康村为重度残疾儿童送温暖

（县市场监管局　提供）

2021年7月4日，涅如堆乡干部职工、卫生院医务人员、乡边境派出所警务人员、达日村干部、民兵开展边境巡逻，并就边境疫情防控工作作承诺、表决心

（涅如堆乡人民政府　提供）

2021年7月9日，县信访局到涅如麦乡天坝村宣讲习近平总书记在中国共产党成立100周年大会上的讲话精神，并慰问老党员

（县信访局 提供）

2021年7月23日，嘎拉乡琼桂村开展实际种粮农民一次性补贴资金政策宣讲会（嘎拉乡人民政府　提供）

2021年8月2日，县人民政府副县长曲珍（左二）带领县民政局负责人到寄养孤儿家庭走访慰问　（县政府办　提供）

2021年4月18日，自治区人社局厅副厅长洛旦（中排右二）一行到康马县开展2020年度保障农民工工资支付专项考核工作　（县人社局　提供）

2021年9月20日，县公安局派驻色热龙村驻村工作队到色热龙村村委会开展“为群众办实事——亲切慰问 情暖童心”活动 （县公安局 提供）

2021年9月24日，康马县2021年度农牧民子女考入大学奖励资金发放仪式举行。县委书记扎西多布拉（前排居中）、县人民政府县长祝涛（前排居中右一）在康马县民族团结广场与受奖励的农牧民子女合影留念 （县教育局 提供）

2021年10月20—28日，嘎拉乡组织民政工作人员深入各村开展残疾人员信息动态更新采集工作

（嘎拉乡人民政府　提供）

2021年10月21日，康马县嘎拉乡中心小学饮水工程项目竣工揭牌仪式在乡中心小学举行　（嘎拉乡人民政府　提供）

2021年11月2—4日，县卫生服务中心为全县在编僧尼进行免费健康体检

（县卫生服务中心　提供）

2021年11月11日，康马县举行引导群众树立健康饮茶观念献礼西藏和平解放70周年暨康马县低氟健康茶发放仪式举行　（县卫生服务中心　提供）

2021年11月28日，县统计局在嘎拉乡嘎拉夏村开展住户年报问卷调查，并发放住户调查补助　（县统计局　提供）

2021年11月28日，县信访接待中心工作人员到萨马达乡萨鲁村开展调查研究，面对面与广大人民群众集体座谈，为民解难　（县信访局　提供）

2021年12月7日，县委常委、县人民政府常务副县长贡布多杰（左二）看望慰问结对帮扶户

（县政府办　提供）

2021年9月，中共康马县卫生服务中心支部委员会开展免费义诊活动　（县卫生服务中心　提供）

2021年4月19日，驻人社厅纪检处成员到康马县检查社保基金运行情况

（县人社局　提供）

庆祝中国共产党成立100周年

2021年3月15日，康马镇机关党支部、康马镇边境派出所联合开展“推广五共五固经验、建强警地基层组织”主题党日活动（康马镇人民政府 提供）

2021年4月9日，嘎拉乡召开党史学习教育第4次集中学习暨第1次研讨会

（嘎拉乡人民政府 提供）

2021年5月10日，康马县教育系统组织全县各学校开展“学生资助·助我成长”——感党恩励志教育主题演讲比赛活动

（县教育局 提供）

2021年6月7日，县教育局组织开展以“学史明理　学史增信　学史崇德　学史力行”为主题的党史学习教育之“诵读中国”经典诵读大赛

（县教育局　提供）

2021年6月22日，涅如堆机关党员干部和边境派出所联合开展庆祝中国共产党成立100周年活动　（涅如堆乡人民政府　提供）

2021年6月25日，康马镇组织干部群众开展庆祝中国共产党成立100周年活动

（康马镇人民政府　提供）

2021年6月29日，“党的盛典　人民的节日——康马儿女心向党”康马县庆祝中国共产党成立100周年暨西藏和平解放70周年文艺会演在康马县文化中心举行

（县文旅局　提供）

2021年7月1日，康马县县长祝涛（右）到老党员嘎玛和卓玛（左）家中，为其佩戴“光荣在党50年”纪念章

（县政府办　提供）

2021年7月1日，康马县生态环境分局在萨马达乡冲堆村开展庆祝共产党成立100周年暨西藏和平解放70周年“七一”建党活动　（萨马达乡人民政府　提供）

2021年7月1日，雄章乡机关、青卓村支部、派出所支部、卫生院支部联合开展与政治生日贺卡合影活动　（雄章乡人民政府　提供）

2021年7月1日，宗教领域和工商联开展庆祝中国共产党成立100周年暨西藏和平解放70周年“我与国旗合影”活动　（县工商联　提供）

2021年7月7日，少岗乡新时代文明实践所组织朗巴村文艺演出队开展庆祝中国共产党成立100周年巡回文艺演出活动 （少岗乡人民政府 提供）

2021年8月23—24日，县教育局组织各学校开展“童心向党 红歌飞扬”开学第一课主题活动 （县教育局 提供）

2021年8月28日，县水利局部分党员干部到江孜抗英纪念馆开展“厚植爱国情怀 砥砺前行践使命”活动 （县水利局 提供）

2021年9月23日，康马镇各村组织群众开展庆祝中国共产党成立100周年、西藏和平解放70周年暨“当好主人翁，建功新时代”农牧民技能收割比赛 （康马镇人民政府 提供）

2021年10月15日，藏语委办深入驻村点开展习近平总书记在西藏考察期间重要讲话精神宣讲会
（藏语委办　提供）

2021年11月22日，南尼乡南尼村新时代文明实践站举办“党的光辉照边疆 边疆人民心向党”暨庆祝发放中央代表团慰问品文艺会演活动　（南尼乡人民政府　提供）

目录

特载

大事记

康马概貌

中国共产党康马县委员会

康马县人民代表大会

康马县人民政府

中国人民政治协商会议康马县委员会

纪检监察·巡察

人民团体

法　治

军　事

经济综合管理

财税·金融

农牧业

交通·通信·电力

商贸服务业

旅 游 业

城乡建设·环境保护

教育·体育

文　化

卫生健康

社会生活

乡　镇

人物·荣誉

附　录

索　引

特　载

冲巴雍错　（县融媒体中心　提供）

牢记嘱托　砥砺奋进　谱写新篇 为建设团结富裕文明和谐美丽的社会主义现代化新康马而努力奋斗

——在县委十届三次全会暨经济工作会议上的报告

中共康马县委书记　扎西多布拉

前不久召开的全国两会，是在深入学习贯彻党的十九届六中全会，进入全面建设社会主义现代化国家、向第二个百年奋斗目标进军新征程重要时刻召开的一次重要会议。会议审议通过了政府工作报告、全国人大常委会工作报告、全国政协常委会工作报告、“两高”工作报告等重要文件，成果丰硕、意义重大、影响深远。习近平总书记参加有关代表团审议并发表的重要讲话，统揽中华民族伟大复兴战略全局和世界百年未有之大变局，科学分析国内外形势，深刻阐述了一系列重大理论和实践问题，具有很强的思想性、指导性、针对性，为我们扎实做好稳定发展生态强边各项工作指明了前进方向、提供了根本遵循、注入了强大动力。我们要认真学习领会、抓好贯彻落实，切实用习近平总书记重要讲话精神统一思想、统一意志、统一行动，充分认识过去一年在以习近平同志为核心的党中央坚强领导下党和国家事业取得的新的重大成就，深刻领会把握新时代党和人民奋进历程“五个必由之路”的丰富内涵，准确领会我国发展具有“五个有利于”的科学判断，聚焦全国两会重大部署谋划推进工作，牢牢把握2022年经济社会发展总体要求和政策取向，坚持稳中求进工作总基调，完整、准确、全面贯彻新发展理念，加快融入新发展格局，全面推动高质量发展，统筹疫情防控和经济社会发展，统筹发展和安全，扎实做好“六稳”“六保”工作，持续保障和改善民生，着力稳定宏观经济大盘，保持社会大局稳定，以实际成效迎接党的二十大胜利召开。

现在，我受县委常委会委托，向全会作工作报告，并就2022年工作提出意见，请予以审议。

一、回顾工作，我们积极应对挑战，“十四五”开局之年交出合格答卷

2021年是中国共产党成立100周年，是西藏和平解放70周年，是“十四五”规划开局之年，是全面建设社会主义现代化新康马新征程开启之年。一年来，县委团结全县各族干部群众，高举习近平新时代中国特色社会主义思想伟大旗帜，坚决贯彻党中央重大决策和自治区党委、市委重要部署，牢记嘱托挑重担、砥砺奋进谱新篇，全县社会大局平安稳定、和谐有序，经济发展稳中有进、趋势向好，生态环境持续优化、更加宜居，边境建设加快推进、成效显著，党的建设质量提升、保障有力。

一年来，我们坚持对标对表，紧跟紧随，贯彻落实坚定坚决。坚持把学习贯彻习近平新时代中

国特色社会主义思想作为首要政治任务，按照学懂弄通做实要求，持续在学习贯彻习近平总书记关于西藏工作的重要论述及新时代党的治藏方略上下功夫，政治“三力”持续提升。坚持“第一议题”制度，召开县委常委会会议26次，深入学习贯彻习近平总书记最新重要讲话重要指示及中央重要会议精神，主动了解新动向、学习新政策、研究新思路，部署推动各项工作不折不扣落实落地，以实际行动践行对习近平总书记和党中央的绝对忠诚。党的十九届六中全会召开后，县委研制学习宣传贯彻意见，督促全县各党组织认真落实，迅速掀起学习宣传贯彻全会精神的热潮。常态化开展党史学习教育、“三更”专题教育、政法队伍教育整顿，引导广大党员干部把对习近平总书记、对党中央的感恩之心、感激之情转化为奋进之志、奋斗之行，示范带动各族群众创造美好生活，牢记嘱托、感恩奋进成为全县上下奋发赶超的源动力、砥砺前行的最强音！

一年来，我们坚持质效并举，强力攻坚，经济发展稳中有进。全年实现地区生产总值7.38亿元，同比增长6.1%；地方一般公共预算收入完成2953万元，同比增长7.46%；实现社会消费品零售总额1.45亿元，同比增长9.6%；完成全社会固定投资3.54亿元；农村居民人均可支配收入达到16180元，同比增长16.8%。粮油、肉奶、蔬菜产量持续增长，珠峰牛羊、饲草业产值近亿元。合作社三年攻坚行动计划深入实施，“龙头企业+基地+合作社+农户”运作模式成效明显，全年规范运营合作社71家，实现收入1858万元，预计分红1100万元。总投资3.69亿元的118个项目积蓄发展动能。全年接待游客近3万人次，实现旅游综合收入近200万元，同比增长131%、45.43%。经济运行稳中有进、进中趋好，保持平稳有序的发展态势，产业振兴的积极因素更为增多，优化供给的投资结构更为有效，转型升级的高质量发展更为明显，经济发展协调性和可持续性不断增强。

一年来，我们坚持盯紧目标，全面发力，社会大局持续稳定。围绕中国共产党成立100周年、西藏和平解放70周年，党的十九届六中全会等重大维稳安保任务，未雨绸缪、防患未然，迎接风险挑战、做足充分准备，打赢打好各类维稳安保硬仗难仗。“平安建设”“雪亮工程”扎实推进，基层社会治理现代化试点工作走深走实，立体化防控体系加快建立。压实责任聚力攻坚，信访工作走深走实，矛盾纠纷化解率100%，群众安全感综合满意度达到95.57%。依法依规管理宗教事务，寺庙财税监管工作稳妥推进。民族团结进步创建成果持续巩固，中华民族共同体意识进一步铸牢。

一年来，我们坚持以人为本，执政为民，民生福祉持续增进。“13个到位”疫情防控措施落实落细，县疾控核酸检测室建成使用，累计核酸检测6555人次，新冠疫苗免费接种3.6万人次，“零输入、零感染”的良好态势持续巩固，人民群众生命安全和身体健康得到有力保障。就业创业再创新高，越来越多群众掌握“一技之长”，实现农牧民转移就业7806人，劳务收入9180.68万元；越来越多高校毕业生走出康马、区外就业，大学生就业率达到99.59%。教育质量不断提高，总投入1.29亿元的教育基础设施助推教育均衡发展，百万“育才基金”助力334名学子圆梦大学。县域综合医改、医共体建设扎实推进，县域医疗服务体系有效构建。落实各类社保资金1100万元，惠及群众5344人次。农村住房改造377户，广大群众住进新家、喜笑颜开。

一年来，我们坚持巩固成果，加强衔接，乡村振兴扎实推进。加快推进巩固拓展脱贫攻坚成果同乡村振兴有效衔接，总投资近4亿元的58个衔接项目加快落地。产业帮扶、就业帮扶、政策帮扶措施精准发力、多管齐下，9个衔接方案保障“一户一策”精准落实；家庭医生签约率、脱贫户体检率100%成果持续巩固，兑现生态岗位等各类资金2760万元，脱贫户人均可支配收入达6000元以上；4户16人完全消除返贫风险，返贫致贫底线坚决守住。“五大振兴”一体推进，巩固拓展脱贫攻坚成果同乡村振兴有效衔接实现良好开局。

一年来，我们坚持优化服务，突破藩篱，营商环境持续优化。重要领域和关键环节“放管服”改革加快推进，“一网通办”让政务服务有态度、有速度、有温度。22家单位进驻政务服务大厅，累计梳理审批类事项1048个，办结审批事项11.2万件，一次办结率100%，办结时限平均缩减59%以上，“只进一扇门，最多跑一趟”成为常态。全年新增各类市场主体238户，注册资金26.82亿元，减免税费727.76万元，经济活力持续迸发。招商引资力度持续增强，风电、光伏等清洁能源开发项目加快落地，招商引资成为促进绿色发展的重要引擎。

一年来，我们坚持唱响旋律，融合奋进，宣传文化创新出彩。聚焦隆重庆祝中国共产党成立100周年和西藏和平解放70周年，开展“永远跟党走”等系列活动710场次，参与群众5.8万人次。群众性精神文明创建活动深入开展，文明城市创建工作成效持续巩固。全县新时代文明实践中心（所、站）全面建成、发挥作用，县城数字影院让广大群众在家门口乐享“文化大餐”。首届行政村文艺演出比赛完成。县级融媒体中心建设扎实推进，“康马县融媒体中心”官方抖音号上线，用好声音传播正能量。深入开展“清源、固边、净网、护苗”专项行动和扫黄打非工作，持续规范文化市场秩序，坚决治理网络“雾霾”。“玛不错”文化遗址考古发掘工作进展顺利，非物质文化遗产得到有效挖掘抢救和传承。乃宁新时代爱国主义教育基地展厅建成开放，康马的红色资源更具特色、更显成效。

一年来，我们坚持主动作为，精准发力，生态环境持续良好。因地制宜开展城乡绿化和沙化治理，“两江四河”流域及边境小康村造林绿化等重大工程深入实施，18万株苗木让边境沙地焕发生机，万亩人造林地让康马披绿增色，植树成活率达86.3%，大果沙棘、枸杞种植探索生态经济新模式，插绿补绿深受追捧，爱绿护绿成为时尚。城市生活垃圾无害化处理率、污水处理率持续提升，“三高”企业和项目零审批、零引进。第一轮中央生态环保督察反馈整改问题全部销号。国土空间总体规划编制工作加快推进，“三线”划定工作全面完成，新增自然保护地多庆错国家湿地公园83.4516平方千米，新增珠穆岗拉自治区级冰川自然公园420.49平方千米。生态文明示范创建工作稳步推进，良好生态环境逐渐成为最普惠的民生福祉。

一年来，我们坚持强边固防，兴边富民，筑牢边境管控堡垒。边境一线11个热点工程投入使用，21个边境基站移动网络信号大幅提升，手台信号覆盖率达95%以上。“智慧边防”建设扎实推进，交通、电力、通信、监控、广电“五张网”建设取得实质性进展，国边防战略保障能力进一步提升。高效对接住建部定点帮扶工作，先期1000万元帮扶资金加快落实。“五共五固”促进党政军警民“五位一体”合力强边固防，边境党建红色长廊工程全面覆盖。广大农牧民群众心连心守护神圣国土，手牵手建设幸福家园，边境堡垒越筑越牢。

一年来，我们坚持上下联动，齐抓共管，民主法治扎实推进。支持县人大及其常委会依法履行职能，发挥人大代表作用。县人大及其常委会围绕中心工作开展视察调研和执法检查12次，提出建议20条，听取和审议议案及专项报告12件；依法任免国家机关工作人员35人次，选举县乡人大代表545名；完成县乡人大换届选举工作。支持县政协履行职能，协商监督、参政议政实效持续提升，完成政协换届工作，选举产生委员101名，设立界别14个，会议期间提交提案35件，审查立案32件，办复率达97%；乡（镇）基层政协联络办和委员之家建设全面推进，政治协商制度化、规范化、程序化水平不断提高。审判执法工作全面加强，全年受理各类案件154件，结案标的额1216.78万元。严厉打击各类刑事犯罪，审查起诉3件3人，提起公诉1件1人；办理、起诉各类案件9件，为弱势群体挽回损失23.53万元，努力让人民群众在每一个司法案件中感受到公平正义。县人民检察院落实“四号检察建议”案件被评为全区检察机关典型案例。扎实推进“八五”普法，精心组织法治宣传宣讲活动60场次，受教群众1.3万人次，学法守法良好氛围持续巩固。

一年来，我们坚持党要管党，从严治党，党的建设全面加强。党建“六大行动”积极推进，县乡村换届工作完成，软弱涣散基层党组织全部转化升级，违规违纪发展党员排查整顿有力有效，信教党员排查处置、教育转化工作全面完成，173条问题线索逐一整改完成。村干部国家通用语言文字教育成效明显，85%以上村干部掌握“听说读写”基本能力，市级互查抽查中多次获得第一名的成绩。“两新”组织党的组织工作覆盖攻坚行动全面落实，工青妇组织“4个100%”覆盖要求全面实现。二届市委第二轮巡察暨第一次市县统筹巡察工作全面完成。市委涉粮问题专项提级巡察反馈问题整改工作扎实推进。违反中央八项规定及其实施细则精神自查自纠工作全面完成，谈话提醒、批评教育9人，收缴违规资金156.07万元。监督执纪“四种形态”深化运用，“三不”体制机制一体推进，全年受理问题线索28件，谈话函询了结1件1人，初核了结12件6人，正在初核6件4人，立案9件，反腐败斗争压倒性胜利持续巩固发展。

各位委员、同志们，过去一年取得的成绩，根本在于以习近平同志为核心的党中央坚强领导，根本在于习近平新时代中国特色社会主义思想的科学指引，是自治区党委和市委坚强领导的结果，是黑龙江省无私援助的结果，是驻康人民解放军、武警部队大力支持的结果，更是全县各族干部群众勠力同心、共同奋斗的结果。在此，我代表中共康马县第十届委员会，向所有为康马各项事业贡献智慧和力量的同志们、朋友们，致以崇高的敬意和衷心的感谢！

在看到成绩的同时，我们清醒认识到，对照建设社会主义现代化新康马新要求和人民群众新期待，工作中存在的困难和问题，主要是：维护稳定仍有短板，统筹发展和安全、应对风险挑战的能力水平还需进一步提高，反分裂斗争形势依然严峻复杂，防范化解重大风险任重道远。经济发展仍有短板，全县经济总量不大，产业规模偏小，项目支撑乏力，附加值偏低，创新力、竞争力和全要素生产率有待加快提高。民生保障仍有短板，人均教育投入、医疗资源、文体设施供给水平不高，基本公共服务保障能力有待提升。生态保护仍有短板，生态灾害类型较多，自然生态系统总体较为脆弱，生态承载力、环境容纳量不足，全民节约意识、环保意识、生态意识有待提高，推进生态系统保护与修复任重道远。强边固边仍有短板，边境一线发展不够快速，体制机制不够健全，立体管控网络不够优化的现状还没有完全扭转。党的建设仍有短板，有的党员干部思想不够解放，专业化能力跟不上现代化步伐，考虑问题思路打不开、推进工作手脚放不开；有的宗旨意识树得不牢，解决问题能力不强，党风廉政建设和反腐败斗争形势依然严峻复杂。我们一定要保持清醒头脑，坚定信心决心，抢抓机遇、锐意进取，以登高望远的战略思维、勇挑重担的思想境界、比拼赶超的担当作为，做到目光所至看到问题、耳听范围想到问题、所思所想直面问题、所作所为解决问题，努力回应人民群众对美好生活的新期待。

二、立足实际，我们善谋善作善成，勇担建设现代化新康马的历史使命

志不求易者成，事不避难者进。当今世界百年未有之大变局进入加速演变期，我们正处于“两个大局”交织、“两个百年”交汇的历史节点，我国经济发展面临多年未见的需求收缩、供给冲击、预期转弱三重压力，但经济长期向好的基本面没有改变。自治区党委立足实际，作出“四个创建”“四个走在前列”的重要决策部署，对推进社会主义现代化新西藏建设具有重要意义。康马地处祖国西南边陲，是面向南亚开放陆路大通道的重要节点城镇，拥有千载难逢的发展机遇，后发优势明显。“边境”不是发展落后的代名词，更不是自甘人后的挡箭牌。推动边境更好更快发展，是以习近平同志为核心的党中央的殷殷嘱托，是自治区党委、市委寄予的殷切期望，更是我们义不容辞的光荣使

命。我们有坚强的领导力量，有以习近平同志为核心的党中央的特殊厚爱，有习近平新时代中国特色社会主义思想的科学指引，有习近平总书记掌舵领航，有自治区党委、市委的坚强领导，我们一定能团结带领全县各族干部群众攻坚克难、开拓奋进。我们有坚实的发展基础，在住建部的倾心帮扶下，在援藏省市的无私支援下，在全县各族干部群众的共同努力下，康马稳定、发展、生态、强边各项事业蒸蒸日上，民族团结成果丰硕，经济发展高质高效，生态底色厚重靓丽，强边固边力度空前，政治生态持续向好，各项事业掀起新一轮发展高潮。我们有坚定的发展信心，随着新发展格局加快构建，全区区域发展布局纵深推进，推动边境发展、协同发展、国家部委定点帮扶、援藏省市无私援助等重大战略叠加实施，多重政策效应加速释放，康马“左右逢源、得边独厚、通外联内”的区位优势更加明显，我们迎来了历史上少有的黄金发展期。面对错综复杂的形势和艰巨繁重的任务，我们有激情、有热情，意志坚、斗志强，历史将在我们手中延续，未来将在我们手中创造。我们有坚固的战斗堡垒，各党组织是党在康马的执政之基、力量之源，是我们推动各项事业发展的大后方，是推动长治久安和高质量发展的坚强有力保障。面对新形势新任务，谱写新征程新篇章，唯有苦干实干、奋力赶超，才能把建设社会主义现代化新康马的伟大事业不断推向前进，努力交出让自治区党委、市委放心、让全县人民满意的合格答卷。

2022年工作的指导思想是：坚持以习近平新时代中国特色社会主义思想为指导，全面贯彻党的十九大和十九届历次全会精神，深入贯彻中央第七次西藏工作座谈会精神，贯彻习近平总书记关于西藏工作的重要论述和新时代党的治藏方略，贯彻落实习近平总书记视察西藏重要讲话精神，贯彻落实自治区第十次党代会及市第二次党代会、市委二届历次全会精神，以迎接服务党的二十大召开为主线，坚持党的全面领导，坚持稳中求进工作总基调，统筹发展和安全，统筹推进“五位一体”总体布局，协调推进“四个全面”战略布局，锚定“四件大事”、聚焦“四个创建”，大力推进基础建边、产业兴边，富民稳边，开放活边、文化润边、生态美边，安民戍边、党建固边，加快推进建设全市民族团结进步模范县、高原经济高质量发展先行县、生态文明高地示范县、固边兴边富民行动引领县、实施乡村振兴战略样板县，大力弘扬伟大中国共产党成立精神、“两路”精神、“老西藏精神”和孔繁森精神，纵深推进改进作风、狠抓落实工作，不断谱写长治久安和高质量发展新篇章，奋力建设团结富裕文明和谐美丽的社会主义现代化新康马。

2022年经济社会发展的主要预期目标是：地区生产总值增长8%，全社会固定资产投资增长10%以上，社会消费品零售总额增长10%，农村居民人均可支配收入增长12%以上，城镇登记失业率控制在2%以内。

同志们，没有等出来的精彩，只有干出来的辉煌。只要我们鼓足干劲跑起来、撸起袖子干起来，把斗志当作催征鼓，把使命当作冲锋号，担当作为、开拓奋进，一定能够创造无愧于时代、无愧于人民、无愧于历史的新业绩！

三、展望未来，我们唯干唯实唯先，开创建设现代化新康马的崭新局面

奋斗创造历史，实干成就未来。持续推进康马长治久安和高质量发展，谱写建设团结富裕文明和谐美丽的社会主义现代化新康马新篇章，我们要咬定目标、脚踏实地，埋头苦干、久久为功。

（一）在维护社会稳定上坚持底线思维，坚定不移推进长治久安。坚持以做好党的二十大维稳安保工作为主线，围绕十四世达赖去世转世这场政治斗争，在认识和对待上时刻保持头脑特别清醒、立场特别坚定、行动特别坚决，切实扛起维护国家安全、社会安定、人民安宁的政治责任，为党的二十大胜利召开营造和谐稳定的社会环境。

夯实反分裂斗争基层基础。毫不动摇坚持中央对十四世达赖和十四世达赖集团的定性，毫不动

摇坚持中央既定方针，全面做好与十四世达赖集团进行更激烈斗争的准备。坚持既管好“肚子”更管好“脑子”，以更扎实、更具体、更有效的举措全面落实意识形态工作责任制，深入开展“四讲四爱”“党的光辉照边疆、边疆人民心向党”等教育实践活动，全力以赴做强主流舆论，千方百计管好意识形态，牢牢掌握意识形态工作领导权、主动权。深入揭批十四世达赖“三性”本质，持续扩大法律法规宣传覆盖面，提高活佛转世宗教仪轨、历史定制、政策法规的群众知晓率，引导群众把界限划得更清、把底线守得更牢，主动参与反分裂斗争，打牢思想基础、群众基础，形成反分裂斗争的铜墙铁壁。

提升反分裂斗争能力水平。清醒认识反分裂斗争的长期性、艰巨性、复杂性、尖锐性，深化反分裂、反渗透、反自焚、反暴恐和扫黑除恶、打非治乱、“断血”、断勾连、“净网”“靖边”等专项行动，注重策略、讲究方法，对潜在的风险要有科学预判，知道风险在哪里，表现形式是什么，发展趋势会怎样，知险就控，有险必控，该斗争的坚决斗争，拳头硬才是硬道理，坚决克服不愿斗争的“软骨症”、不敢斗争的“恐惧症”、回避斗争的“妄想症”。

深入推进藏传佛教中国化。全面贯彻新时代党的宗教工作理论，贯彻党的宗教工作基本方针，坚持“五个有利于”标准，不断提高藏传佛教中国化水平，积极引导宗教与社会主义社会相适应。增强“导”的本领，加大“导”的力度，落实“导”的责任，不断提高依法管理宗教事务能力和水平，努力开创宗教工作新局面。深入开展“遵行四条标准、争做先进僧尼”“国家意识、公民意识、法治意识”教育活动，广泛推广扎西吉培寺僧人综合评价机制，推进寺庙人、财、物、佛事活动管理全覆盖。加强和创新宗教事务管理，推进全面从严治教，引导宗教界加强自我教育、自我管理、自我约束，带头守法遵规、提升宗教修为。

深化社会治安综合治理。深入推进立体化治安防控体系和“雪亮工程”建设，巩固深化基层社会治理现代化试点工作成果，健全完善高效运行的群防群控、群防群治工作机制，切实发挥职能部门作用，筑牢社会治理的人民防线，提升人防物防技防水平，推动社会治理体系和治理能力现代化。依法严厉打击各类违法犯罪活动，全力做好安全生产工作。坚持和发展新时代“枫桥经验”，严格落实信访“五访”工作法和“八化”机制，严格落实领导干部包案制度，强化网格化管理和服务，切实把矛盾纠纷处置在基层、控制在当地、化解在一线。

（二）在铸牢中华民族共同体意识上坚持工作主线，坚定不移构筑共有精神家园。紧紧围绕铸牢中华民族共同体意识这一战略任务，持续发扬维护祖国统一、加强民族团结优良传统，赋予共同团结奋斗、共同繁荣发展时代内涵，教育引导各族干部群众像石榴籽紧紧抱在一起。

加强铸牢中华民族共同体意识宣传教育。广泛深入开展“中华民族一家亲、同心共筑中国梦”主题教育，将党史、新中国史、改革开放史、社会主义发展史以及西藏地方和祖国关系史融入其中，把民族团结教育贯穿国民教育、干部教育、社会教育全过程，深入开展社会主义核心价值观教育、爱国主义教育、反分裂斗争教育、新旧西藏对比教育，引导各族群众树牢正确“五观”，增强“五个认同”，推动各民族在共同生产生活和工作学习中相互了解、相互尊重、相互包容、相互欣赏、相互学习、相互帮助，营造尊重各民族文化、尊重差异、包容多样的社会氛围。

更加增进中华文化认同。深入实施中华优秀传统文化传承发展工程、红色基因工程、中华民族视觉形象工程，推进“民族团结进步+”融合发展。运用群众喜闻乐见的戏曲、小品、舞蹈等艺术形式，用好铸牢中华民族共同体意识党员干部、群众、青年、少儿“四个读本”，深度挖掘、整理、宣传各民族交往交流交融的历史实事，春风化雨、润物无声地让各族群众了解西藏文化是中华文化的重要组成部分，使中华文化始终成为各民族的情感纽带、心灵归属，构建各民族共有精神家园。推广普及国家通用语言文字，提高普及程度，提升普及质量，促进各民族语言相通、心灵相通、生活相融。

巩固民族团结进步创建成果。健全民族团结进步创建工作机制，持续推进模范创建进机关、进乡（镇）、进村户、进学校、进企业、进宗教活动场所，深入开展民族团结模范乡（镇）、模范村、模范单位创建，将创建成果转化为少数民族群众看得见、摸得着的实惠工程，不断巩固提升全国民族团结示范县创建成果。

加深各民族交往交流交融。坚持绵绵用力、久久为功，创造各族群众共居共学、共建共享、共事共乐、共富共维的社会结构、社会条件。坚持“请进来”与“走出去”相结合，鼓励康马群众到区外就业就学，支持区外企业、群众到康马发展，扎实做好民族工作典型选树宣传，让各族群众在你来我往中加深了解、增进互信，越走越近、越走越亲，推动各民族由空间到经济、文化、社会和心理的全方位嵌入，促进各族人民相知相亲、交流交融，实现守望相助、手足情深，形成密不可分共同体。

（三）在推动全面发展上坚持更高质量，坚定不移推进提质增效。坚持“三个赋予一个有利于”，完整、准确、全面贯彻新发展理念，以经济增长为基石、结构优化为核心、效率提升为关键、创新驱动为动力，确保年初确定的主要经济指标任务完成，大部分指标增速超过全市平均水平，高质量发展关键指标争先进位，全力推动经济高质量发展。

齐心协力抓产业。抓实耕地保护，实行青稞安全党政同责，确保粮食生产总面积稳定在4.71万亩以上，粮食总产量1.28万吨以上，蔬菜总产量达2000吨以上，确保群众“米袋子”“菜篮子”安全。坚持“立草为业、种草兴牧”，确保优质饲草种植规模保持在4.2万亩以上，总产量达2000吨以上；雅江雪牛、黄牛改良5800头以上，珠峰牛羊出栏1500头、7万只以上，肉奶产量1.08万吨以上。持续做大做强特色产业，守正创新发展藏式家具、“协玛氆氇”“页岩唐卡”等传统产业，着力推动康马酥油、嘎母果日糌粑、富锶菜籽油等一批“小专精”特色产业提质扩容增效。积极融入自治区清洁能源“一基地、两示范”发展新格局，加快开发丰富光能、风能、水能资源。坚持“特色、高端、精品”导向，围绕“两寺两湖一泉一园一川”，构建景区景点优势互补、错位发展的全域旅游新格局，加快推动全县景区整合申报国家A级旅游景区。完善旅游公共服务体系，拓宽文化旅游发展空间，“两条线”串联景点景区，“一张票”助推全域旅游，确保全年接待游客、旅游收入同比增长8%、10%以上。

凝神聚力抓项目。牢固树立“项目为王”理念和“大抓项目、抓大项目”鲜明导向，坚持抓好重大项目建设，招商项目抓谋划，前期项目抓开工，在建项目抓进度，竣工项目抓投产，问题项目抓整改，投产项目抓效益，以项目工作看实绩、比高下、论英雄、选干部。积极衔接推进重点村镇规划、边防公路等一批重大工程项目；大力推进洛康灌区、高标准农田、年楚河生态修复等重点项目建设。扎实做好项目滚动接续工作，坚决做好“十四五”规划项目“调减”和“替补”工作，杜绝乱铺摊子、盲目硬干。

精准用力抓招商。坚持更新观念抓招商，突出重点抓招商，强化服务抓招商，创新手段抓招商，以更大魄力、在更高起点上推进改革、扩大开放，把招商引资作为开放发展的第一抓手、追赶超越的最强动力。聚焦我县丰富水、风、光、热资源，发挥优势、把握机遇，以加快融入全区“一核一圈两带三区”区域发展新格局为主攻方向，招大育强、招新引特、延链补链，将清洁能源优势转化为经济发展优势。健全招商引资工作考核问效机制。

持续发力抓环境。瞄准营商环境的痛点难点堵点问题，纵深推进“放管服”改革，深化商事制度改革，全面落实减税降费措施，加强金融政策与财政政策、产业政策协同配合，促进土地、资金、人员、技术等生产要素自由流通，设身处地为企业排忧解难，千方百计为群众解除困难，真正做到优惠政策零折扣、生产经营零干扰、优质服务零缺陷、损害环境零容忍，力争新增市场主体200户以上。加快推进三级政务服务中心（站点）标准化、规范化建设，不断深化政务服务，加强政务公开。加快建立和完善现代企业制度，更好发挥国有企业服务追赶超越、优化营商环境的政治责任、经济责任、社会责任。

（四）在巩固脱贫成果上坚持常抓不懈，坚定不移推进乡村振兴。始终把解决好“三农”问题作为工作重中之重，明确思路，深化认识，切实把工作做好，促进农牧业高质高效、农牧区宜居宜业、农牧民富裕富足。

严守严防返贫底线。坚持“四个不摘”，严格落实防返贫动态监测和帮扶机制，把早发现、早干预、早帮扶作为铁的纪律要求，对脱贫不稳定户、边缘易致贫户、突发严重困难户等重点群体逐一落实针对性帮扶措施，决不允许出现规模性返贫。严格落实过渡期内巩固拓展脱贫攻坚成果评估工作要求，扎实做好后评估准备工作。常态化排查整改“两不愁三保障”和饮水安全等方面问题，确保脱贫成果经得起检验。保持帮扶队伍力量总体稳定，配强用好乡村振兴队伍，重点提升村“两委”班子能力素质，打造一支永不撤退的工作队。

持续强化后续扶持。大力推广“合作社+基地+搬迁户”发展模式，推动合作社扩能增效，更好满足搬迁群众就地就近就业需求。围绕搬迁安置点培育一批三产服务、劳务输出以及专业合作社等新型经营主体，加大多样化、个性化就业技能培训力度，创造更多就业机会。进一步强化迁出地和搬迁点管理服务责任，强化党组织管理服务作用，保障好搬迁群众合法权益，坚决防止服务“两不管”、群众“两头跑”，确保搬迁群众融入新环境、创造新生活。

抓好乡村引领示范。加快创建乡村振兴示范工程，因地制宜建设乡村振兴示范乡（镇）、美丽宜居示范村，打造不同类型、不同层次的特色样板。加快推进少岗乡朗巴村乡村振兴示范引领试点村建设项目，力争完成2个示范村巩固提升任务，防止堆“盆景”、搞形象工程。统筹推进乡村道路、安全饮水、电力覆盖、医疗教育、文化体育等设施提升。扎实开展农村人居环境整治，因地制宜统筹推进农村“厕所革命”和垃圾污水治理，“内外兼修”打造美丽宜居乡村。

（五）在保障改善民生上坚持以人为本，坚定不移推进共同富裕。坚持以人民为中心的发展思想，坚持把改善民生、凝聚人心作为经济社会发展的出发点、落脚点，全面落实共享发展理念，认真谋划“十大民生工程”，把群众身边小事当作党委、政府大事来抓，定一件干一件，干一件成一件，努力让各族群众获得感成色更足、幸福感更可持续、安全感更有保障。

扩大就业促增收。突出重点群体稳就业，统筹推进脱贫户、搬迁户稳岗就业，高校毕业生、退役军人就业帮扶，扎实开展困难职工、残疾人、“零就业”家庭就业援助等工作。大力发展新产业、新业态、新模式，支持农牧民群众转移就业、合作社就业，鼓励高校毕业生市场就业、自主创业，引导大学生基层就业、区外就业，推动“有岗位、能就业”向“多岗位、可择业”转变，力争实现劳动力转移就业8000人以上，创收1亿元以上；城镇新增就业500人以上，大学生就业率99%以上，区外就业率达到11%以上。强化服务保障扩就业，双向精准对接用工、求职需求，让“留下来”的有岗位，“送出去”的有保障。

服务水平提质效。落实立德树人根本任务，持续推进德智体美劳全面发展的育人体系落实，严格落实党组织领导的校长负责制，深入开展“六个提升”“双减”工作，巩固深化“五个100%”“三率”成果，确保通过国家优质均衡验收和自治区级学前教育普及普惠评估验收。加强基层宣传文化阵地建设，发挥新时代文明实践中心（所、站）和县级融媒体中心主阵地作用，提升乡村文化设施服务效能。深化开展群众性精神文明创建活动，扎实推进行政村文艺演出队实现常态化、规范化运行，培养一支群众身边的“文艺轻骑兵”。深入实施优质资源扩容下沉工程、医疗卫生人才培养工程，积极推进县域医共体建设，传承发展藏医药事业，为群众提供更优质医疗服务。继续巩固全民参保计划工作成果，加快推进养老服务体系建设，强化特殊群众服务保障，推动社会保障从“制度全覆盖”迈向“人员全覆盖”。认真落实“13个到位”疫情防控措施，坚决守住来之不易的疫情防控成果。

安全生产筑防线。严格落实安全生产责任管理制度，扎实推进安全生产专项整治三年行动，强化安全隐患排查治理，坚决遏制重特大事故发生。狠抓重点行业领域安全防范，加强食品药品、建筑施工、道路交通、中小学校等重点领域安全监管。加强自然灾害监测预警和应急处置，做好防灾减灾救灾工作，全面完成第一次全国自然灾害综合风险普查与评估。

（六）在生态文明建设上坚持更严要求，坚定不移推进生态良好。深入贯彻习近平生态文明思想，践行“两山”理念，坚持山水人城和谐相融，坚定不移走生态优先、绿色发展之路，努力建设人与自然和谐共生的现代化。

提升绿水青山“颜值”。坚持山水林田湖草沙冰一体化保护修复和系统治理，全面落实“河湖长制”“林草长制”，加快推进年楚河源头生态修复治理，高质量开展国土绿化行动，接续推进G219、G562具备条件的沿边绿化工程，着力打造交通干线沿线绿色长廊景观带，力争完成人工造林2500亩，综合植被覆盖率达到45%以上。加快乡村绿化美化步伐，巩固拓展乡村“四旁”植树成果，营造美丽宜居乡村生态环境。持续加强生态环境综合治理，深入打好污染防治攻坚战、蓝天碧水净土保卫战，巩固铁腕治污成果，厚植绿色发展底色，以良好生态环境迎接第二轮中央生态环保督查。坚持“三高”企业和项目零审批、零引进，依法加大生态破坏问题监督查处力度，以严格执法守护绿水青山。

实现金山银山“价值”。加快发展生态农牧业和生态旅游业，完善生态观光、绿色餐饮、休闲度假等基础设施，积极发展生态农业、生态旅游、生态康养等新业态新经济，探索推进企业化管理、市场化运营，打造生态文化旅游品牌。落实国家生态综合补偿机制、水生态保护补偿机制、野生动物侵占草场资源补偿机制，完善森林、湿地、草原生态效益补偿机制，充分调动群众参与环境保护的积极性主动性，让更多农牧民群众吃上“生态饭”，推动“绿水青山”向“金山银山”的价值转化。

增进绿色低碳“福祉”。积极发展碳汇经济，大力开发风能、太阳能、水能等清洁能源，大力推进生态农业和循环农业，提高农业废弃物综合利用率、秸秆综合利用率、畜禽粪污综合利用率、农膜回收利用率及一般工业固体废物综合利用率。广泛推广畜牧舍饲半舍饲、集中代养，大力发展有机农业、苗圃经济等产业，扩大绿色农产品种养殖和加工规模。打造万亩饲草生态生产基地、特色养殖示范基地等集生态、景观、经济于一体的生态基地项目。加强绿色金融工具创新，鼓励社会资本发展绿色生态经济。

（七）在加快边境建设上坚持多措并举，坚定不移推进兴边富民。坚持屯兵和安民并举，固边和兴边并重，坚决扛起如山使命和政治责任，在组织强边中筑堡垒，在生态立边中促振兴，在开放活边中强边防，在文化兴边中树形象，在和谐稳边中促团结。

持续推进边境发展。深化交通、电力、通信、监控、广电“五张网”建设，加快抵边通道建设，提升边境电网覆盖面，全面推进智慧边防、智慧边检建设，提升综合能源保障能力。加快推进以涅如堆乡、嘎拉乡为重点的边境少数民族特色村镇建设，打造边疆明珠小镇。加快推进乡（镇）供暖供氧工程。积极做好“801”巡边基础设施项目衔接工作。大力支持配合住建部定点帮扶和援藏省市对口支援工作。深入落实边境特殊优惠政策，推动项目、资金、人才向边境一线倾斜。全面落实护边员制度和边民补助机制，引导边民安心居边、定心守边、守土固边。

持续加强边境管控。健全完善党政军警民合力强边固防体制机制，持续健全与疫情防控常态化相适应的边境管控机制，发挥边检站职能作用，加快建设物理阻拦、视频监控、雷达报警等设施，全面提高人防、物防、技防水平，严厉打击非法出入境、偷越国边境等行为，加大边境管控力度，不断巩固“稳”的基础、积蓄“进”的力量、守住“保”的底线，以前所未有力度治理好边境、管理好边境。

持续强化军地协同。坚持系统布局“统”，体系建设“融”，政策制度“新”，共建共用“深”，坚持经济社会建设与国防建设两副担子一起挑、两项任务一起抓，深化“五共五固”活动，全面落实军民融合发展要求，完善融合发展体制机制，不断拓展融合范围、丰富融合形式、加深融合程度，实现基础设施军地共建共用。坚持党管武装，加强国防动员和后备力量建设。做实退役军人服务保障工作，让军政军民情同鱼水、亲如一家。

（八）在从严管党治党上坚持纵深发展，坚定不移推进自我革命。全面落实新时代党的建设总要求和组织路线，坚持“三个牢固树立”，不断提高党的建设质量和科学化水平，充分发挥党总揽全局、协调各方的领导核心作用，推动从严管党治党走深走实，确保党在康马的执政基础更加坚实。

一以贯之强化政治统领。旗帜鲜明讲政治，提高政治判断力、政治领悟力、政治执行力，增强“四个意识”、坚定“四个自信”、做到“两个维护”、捍卫“两个确立”，始终做习近平新时代中国特色社会主义思想的坚定信仰者、忠实践行者。完善贯彻习近平总书记重要讲话重要指示，特别是习近平总书记关于西藏工作的重要论述和新时代党的治藏方略决策部署工作机制，确保党中央重大决策和自治区党委、市委重要部署在康马落地生根、开花结果。加强党对经济工作的全面领导，提升驾驭经济工作的能力水平，为推动高质量发展提供坚强保证。

从严从实建强干部队伍。坚持新时代好干部标准和民族地区干部“四个特别”要求，更加注重政治素养、更加注重工作实际、更加注重基层导向、更加注重重大斗争实践检验，继续鲜明“六个一群人”用人导向，提升党员干部“七种能力”“八项本领”。旗帜鲜明褒奖实干成功者、支持积极改革者、鼓励勇于探索者、淘汰怠政失职者、惩办违法乱纪者，凭能力用干部、以实绩论英雄，让头脑清、眼界宽、肩膀硬、步子稳、腰板正的干部脱颖而出，不拘一格把更多愿作为、能作为、善作为的干部选拔到重要岗位上来。完善落实容错纠错机制，旗帜鲜明保护担当作为，支持干事创业，宽容偏差失误，更大力度为人才减负松绑，形成真心爱才、悉心育才、精心用才的良好环境。

常抓不懈筑牢基层基础。牢固树立大抓基层的鲜明导向，坚持“铸魂、提力、夯基、压责、从严、出彩”，全面统筹各领域党建工作，推动基层党组织全面进步、全面过硬。机关党建以政治建设为统领，推动党建工作与中心工作深度融合；乡村党建以建强堡垒为重点，以党建引领乡村治理、促进乡村振兴；“两新”组织党建以加强新兴业态党建工作为重点，消除空白点，扩大覆盖面，增强影响力。持续整顿软弱涣散基层党组织，认真做好发展党员各项工作，努力把党员干部培养成政治立场坚定、会做群众工作、熟悉宗教工作、驾驭复杂局面、工作业务娴熟的行家里手，努力把基层党组织建设成为带领群众致富、维护社会稳定、守卫边疆领土、开展反分裂斗争的坚强堡垒。

坚定不移营造良好政治生态。把严的主基调长期坚持下去，坚持无禁区、全覆盖、零容忍，坚持重遏制、强高压、长震慑，坚持不敢腐、不能腐、不想腐一体推进，一刻不停推进党风廉政建设和反腐败斗争。以党内监督为主导，推动纪律监督、监察监督、巡察监督、审计监督统筹衔接。精准运用监督执纪“四种形态”，严肃查处各类违纪违法问题，不断取得更多制度性成果和更大治理成效，持续营造政治清明、政府清廉、干部清正、政商亲清、社会清朗的清廉康马。

驰而不息深化作风建设。坚持作风建设永远在路上，坚决贯彻落实中央八项规定及其实施细则精神，贯彻落实自治区党委实施办法和市委工作要求，持之以恒纠“四风”、树新风，完善基层减负常态化机制，坚决反对形式主义、官僚主义。聚焦“四查四问”开展大检视，紧扣“十破十变”开展大讨论，围绕“八改八促”开展大反思，持续推进思想破冰，引领发展突围。大力弘扬“两路”精神、“老西藏精神”和孔繁森精神，谋定后动、谋定快动，保持良好精神状态和作风效能，拼精神、拼干劲、拼能力，做到责任实、工作实、发展实。

更加广泛凝聚发展合力。持续加强县委常委会自身建设，坚持和完善行之有效的工作机制、管理制度、考评体系，带头讲政治抓落实促发展。加强社会主义民主政治建设，丰富和拓展全过程人民民主的康马实践，全面提升新时代人大工作质量和水平。发挥人民政协专门协商机构作用，提高政治协商、民主监督、参政议政水平，更好凝聚共识。发挥统一战线重要法宝作用，巩固共同思想政治基础。用心用情做好老干部工作。加强工会、共青团、妇联等群团组织建设，把党的领导落实到推动康马长治久安和高质量发展的各领域、各方面、各环节，推动稳定发展生态强边各项事业发展始终沿着正确方向行稳致远。

同志们，党的二十大将于下半年在北京召开，这是党和国家政治生活中的一件大事。我们要以稳定的大局、扎实的成效、充分的准备迎接党的二十大胜利召开，同时还要立足县情及各领域工作实际，提前谋划思考二十大精神的学习传达、贯彻落实，坚决做到第一时间学习领会，第一时间贯彻落实。让我们更加紧密团结在以习近平同志为核心的党中央周围，在自治区党委、市委坚强领导下，以“镇山虎”的勇毅之姿、“开山虎”的奋进之姿、“上山虎”的拼创之姿，坚定信心、满怀激情，踔厉奋发、笃行不怠，以康马人民的共同事业凝聚人、团结人、带领人，以崭新的面貌、扎实的作风和优异的成绩，喜迎党的二十大胜利召开！

政府工作报告

2022年3月27日在康马县第十四届人民代表大会二次会议上

康马县人民政府县长　祝　涛

一、2021年工作回顾

2021年是“十四五”开局之年，是中国共产党成立100周年和西藏和平解放70周年。在习近平总书记视察西藏的巨大鼓舞下，县人民政府坚持以习近平新时代中国特色社会主义思想为指导，坚守人民立场，统筹疫情防控和经济社会发展，干实实在在的事、实实在在地干事，较好完成了全年各项目标任务，实现了“十四五”起好步、开新局。

——经济发展稳步新提升。地区生产总值完成7.38亿元，同比增长6.1%；一般公共预算收入完成2953万元，同比增长7.46%；社会消费品零售总额社会实现1.45亿元，同比增长9.6%；农牧民人均可支配收入达到16180元，同比增长16.8%。固定资产投资3.54亿元，“十四五”规划项目库深度优化、计划投资规模近65亿元，发展支撑更加坚实。

——产业结构迈上新层次。粮油产量达到1.36万吨，肉奶、蔬菜产量超过1150万千克和400万千克。雅江雪牛全链建设积极推进，“珠峰牛羊”、饲草业产值近亿元。合作社预计分红1100万元。石材加工项目全力推进，绿色能源业引资创新高。旅游业不断壮大，综合收入达到273.25万元、增长38.5%。

——城乡面貌焕发新气象。那堆灌区、饲草基地道路等农田水利、公路桥梁工程建成使用，乡村设施短板有效补齐。文明县城创建有力推进，给排水、照明亮化、公共停车、垃圾清运、共享单车等市政服务更加完善，体育场馆等文体设施不断丰富，城市品位进一步提升。

——改革创新开创新高度。营商环境进一步优化，“放管服”改革有序推进，取消证明127项，办事时限平均缩减50%以上；发放小额信贷1.81亿元，新增市场主体232户，有效商标达到32件。县乡商贸流通日趋活跃，冬季物交会销售额达到800万元，电商物流体系初步建立。对口支援成效明显，落地援藏项目资金2160万元。

——有效衔接呈现新成效。全面夯实基础支撑，调整优化县“十四五”有效衔接项目规划、计划投资近4亿元。严格落实“四个不摘”，扎实做好防返贫监测，全面消除了返贫风险。落实生态岗位、草奖等政策资金2700万元。消费扶贫创收160万元，356户群众受益。全力推进易地搬迁后续扶持，“水电路讯网、科教文卫保”更高质量惠及搬迁群众。

——民生改善再上新水平。农牧民转移就业7806人、创收9180万元；应届大学生全部就业。投入1.29亿元，提质教育均衡发展；发放“育才基金”激励资金260万元，助力334名学子圆梦。乡（镇）卫生院标准化建设有力推进，核酸日检能力有效提升，疫苗免费接种3.6万人次。文化阵地提质开放，文艺新创精品90部、会演310场次。减税降费727万元，落实社保资金1100万元，农村住房改造377户，“13+7”民生实事有效落实，“我为群众办实事”900件，群众得到更多实惠。

——生态文明构建新格局。统筹山水林田湖草沙冰系统治理，多庆错湿地公园修复工程如期完成，国土绿化扎实推进，植树18万株以上。农村人居环境整治成效明显，农厕改造1135户，县域生活垃圾和县城生活污水处理率稳步提升。中央第一轮环保督察整改任务全面完成，三大污染防治持续加强，环境质量总体良好，美丽康马更加靓丽。

——强边固边跨出新步伐。“智慧边防”扎实开展，雪亮工程、通信基站等边防设施建成使用，边境山口持续通达，基础建设取得实质性进展。中央定点帮扶开局良好，住建部帮助落实项目资金100万元，推动康马对外宣介、优秀教师和人才培训、特殊医疗救治、学校书屋、传统村落博物馆等项目有序落实。边防边检管理更加严密，军地双拥共建有效推进，守边固边格局更加完善。

——社会稳定实现新巩固。坚持和创新社会治理，严密防范分裂破坏活动，严厉打击各类违法犯罪，大庆之年社会全面稳定。民族团结进步创建成果深入巩固拓展。宗教事务管理依法全面加强，“三个不增加”得到严格落实。信访工作走细走深走实，安全生产形势持续向好，新冠疫情实现零输入、零感染。

——自身建设取得新进展。坚决贯彻中央重大决策部署和区、市工作安排，坚持县委领导，确保了令行禁止、政令畅通。全力推进党史学习教育和“三更”专题教育，全面建设“六型政府”，干事创业的劲头有效提振。严格落实普法责任制，法律公共服务运行良好，法治政府持续深化。坚持过紧日子，“三公”经费支出较年初预算支出压减27%。严格落实中央八项规定及其细则精神，文风会风更加精简。自觉接受各方监督，办理人大代表建议和政协委员提案191件、满意度达到97%。

过去一年，人民武装、外事、电力、气象、消防、邮政、金融、体育、藏语言文字、工青妇、工商联等工作也都取得新的成绩，信访工作得到自治区通报表扬，在全市考核中位列第三；中央财政衔接乡村振兴补助资金支出进度位列全区第七，生态环境保护在全区考核中评定为良好，获得自治区民族团结进步模范县、自治区双拥模范县等区、市各类荣誉27项。

各位代表，这些成绩的取得，是以习近平同志为核心的党中央亲切关怀的结果，是上级党委、政府和县委坚强领导的结果，是黑龙江省牡丹江市人民无私支援的结果，是县人大、政协和社会各界大力支持的结果，是全县人民团结奋斗的结果。在此，我代表县人民政府，向全县人民，向各位人大代表、政协委员，向援藏同志，向驻县部队官兵，向所有关心、支持和参与康马发展的各界人士，表示衷心感谢，并致以崇高敬意！

各位代表，新一届县人民政府工作承前启后、开局良好，发展成果喜人，但我们更要清醒地认识到面临的风险挑战和存在的短板不足。一是发展压力不容忽视。在百年变局加速演进、世纪疫情冲击的大环境大背景下，国际市场供需矛盾传递，势必影响群众和企业生产生活。同时反分裂斗争形势复杂严峻、边境一线反蚕食反渗透压力依然存在。二是内生动力还不够强。产业基础薄弱、质量不高。各类市场主体竞争意识弱、组织化水平低、专业化本领不强、创新能力不足。交通水利、环境治理、电力通信、强边固防等基础设施覆盖质量仍有瑕疵；公共服务体系不完善，均等化水平有待提升。三是干部作风本领亟待加强。少数干部攻坚意识、担当精神、创新能力仍需提高，贯彻上级党委、政府决策部署不够有力，完成预期目标有差距，同新时代康马高质量发展要求仍不相适应。对此，我们将认真应对，切实加以解决。

二、2022年工作安排

今年将召开中共二十大，这是党和国家政治生活中的一件大事。做好政府工作，要紧紧围绕迎接二十大、开好二十大、贯彻二十大精神来谋划和开展。

2022年政府工作总体要求是：坚持以习近平新时代中国特色社会主义思想为指导，坚决捍卫“两个确立”，增强“四个意识”、坚定“四个自信”、做到“两个维护”，胸怀“国之大者”，全面贯彻中共十九大、十九届历次全会和中央第七次西藏工作座谈会精神，深入落实党中央、国务院重大决策部署及自治区、市、县一系列重要工作安排，坚持以人民为中心的发展思想，坚持稳中求进工作总基调，完整准确全面贯彻新发展理念，服务融入新发展格局，推动高质量发展，精准落实“三个赋予一个有利于”西藏发展总要求，统筹发展和安全，统筹疫情防控和经济社会发展，聚焦“五县任务”，聚力“八边建设”，继续做好“六稳六保”工作，在狠抓“四件大事”中勇当“四创四前”排头兵，在打造“六型政府”中坚决改进作风狠抓落实，抢拼严实、比学赶超，奋力建设团结富裕文明和谐美丽的社会主义现代化新康马。

经济社会发展主要预期目标是：地区生产总值同比增长8%，全社会固定资产投资同比增长10%以上，社会消费品零售总额同比增长10%以上，农村居民人均可支配收入同比增长12%以上。

今年，为落实总体要求和完成主要目标，我们将重点做好以下五大方面工作：

（一）全面筑牢社会稳定基础，勇当民族团结进步排头兵

要坚决夯实社会稳定基础。全力守好意识形态主阵地，深入开展反分裂斗争，严密防范渗透破坏、暴力恐怖、分裂极端活动，深化扫黑除恶、打非治乱等专项行动，守护政治安全。抓实基层治理现代化试点，坚持和发展新时代“枫桥经验”，扎实做好信访工作，纵深推进“八五”普法，加强平安法治乡村建设，严厉打击各类违法犯罪，建设更高水平平安康马。

要坚决深化民族宗教工作。深入巩固民族团结进步创建成果，推广普及国家通用语言文字，大力开展“中华民族一家亲、同心共筑中国梦”活动，铸牢中华民族共同体意识。坚持藏传佛教中国化方向，常态化开展“三个意识”和“遵行四条标准、争做先进僧尼”教育。依法加强宗教事务管理，着力强化驻寺领域管理教育和服务保障，推动偏远寺庙基础设施提质增效，确保宗教和睦、佛事和顺、寺庙和谐。

要坚决守好重大安全底线。始终绷紧疫情防控这根弦，压实“四方责任”，落实“四早要求”，深化“人、物、环境”同防，抓实抓细抓好“13个到位”。加快自然灾害风险普查，完善防灾救灾体系。深化安全生产专项整治三年行动，持续巩固重特大事故“零发生”成果，为全县人民营造安居乐业的社会环境。

（二）加快构建新发展格局，勇当高质量发展排头兵

要精心培育支柱产业。做实全域旅游，依托历史、文化、温泉等资源禀赋，打造景色美、文化浓、环境好、服务优、体系全的“一票通”沉浸式旅游。做好文旅融合，积极推动“玛不错”文化、红色文化、康养文化与旅游开发深度融合，提高深层次体验。做强合作共赢，聚焦优势互补、实施文旅招商，补齐宣传策划、投资运营等短板；推动区域合作，加快冰川共同开发，带动群众增收，力争全县接待游客、旅游收入“双增长”。做大绿色矿产业和建筑业，加快“双色石”工艺产能升级组团项目投产见效，扩大产业效益。

要全力夯实基础产业。坚决保障粮食安全和农副产品供给，确保青稞、蔬菜产量稳定在1.2万吨和4000吨以上，牛羊规模出栏6万只（头）以上，肉奶产量达到1万吨以上。建强优质青稞基地，确保种植面积在3.4万亩以上。着力构建种养生产标准化体系，抓好规模人工饲草种管收和牛羊短期育肥，力争青干饲草产量3000吨以上；着力完善上下吃配、分类联动，提升“一牛一羊一草”市场竞争力。加快雅江雪牛全产业链建设，力争牦牛杂交、黄牛改良5800头以上。积极构建质量标准体系，加强农畜产品“三品一标”建设，加快价值赋能。

要积极发展特色产业。坚持市场思维，着力推进少岗天然饮用水精品化建设，加快扩容增效。科学发展康马酥油、嘎姆果日糌粑、菜籽油等“小专精”加工，加快藏式家具、藏毯等传统手工业推陈

出新。积极推动物流、冷链、仓储等城乡商贸流通一体化基础设施升级，加快推进“快递进村”，促进电商发展，抢抓边贸复苏先机。主动迎接产业数字化、社会数字化、生活服务数字化发展大趋势，培育数字经济。继续推进清洁能源业，积极落实风光能战略合作，加快项目落地。

要奋力优化营商环境。持续推进“放管服”“商事制度”改革，大力实施政务服务中心标准化建设，提升窗口进驻服务质效，推动“一网通办”“最多跑一次”更好落地；继续落实减税降费和金融服务优惠政策，助力市场主体发展壮大。着力建立健全招商引资“保姆式”新机制，建立“亲清”政商关系，营造良好发展环境。扎实推进农村承包地“三权分置”改革，抓好草场承包确权登记，做好农村集体产权制度改革“后半篇文章”，增强农村发展活力。

（三）忠实践行“两山”理念，勇当生态文明高地排头兵

要严格加强生态保护。统筹山水林田湖草沙冰系统治理，巩固“两江四河”、边境小康等造林成果，力争造林2500亩以上。落实最严格的水资源管理，加强“康马水网”保护，守护河湖生态流量。严格落实“林草长制”，抓好草原防火，守护草原生态。加强多庆错国家湿地公园、珠穆岗拉冰川自然公园监管，严控生产生活扰动。

要严格开展生态治理。巩固第一轮中央环保督察整改成果，做好第二轮迎检工作。持续落实“河湖长制”，扎实开展河湖“清四乱”，确保水体质量不下降。抓好农业面源污染防治，巩固“禁白”成效。大力深化自治区生态文明示范创建，积极推进垃圾分类减量，确保县城生活垃圾和污水无害化处理率分别达85%和95%以上。

要严格守好生态底线。用好“三调”成果，严格落实“三线一单”管控，守护良好生态。大力推广新工艺新技术新材料，提升建筑建材、种养等产业节能环保、绿色开发水平。科学发展沙棘、枸杞、苗木等生态产业，推动生态富民。

（四）扎实推进边境边防建设，勇当固边兴边富民排头兵

要坚定不移提质有效衔接。坚持分类施策、精准衔接，用好“五年过渡期”，严格落实“四个不摘”，强化防返贫监测，守牢返贫底线。全力推进易地扶贫搬迁后续扶持“五大行动”，稳步抓好扶贫产业项目提质增效，确保逐步能致富。全力推进专合组织规范提升，支持“四小主体”成长，强化“四大主体”利益联结。全力推进朗巴村、楚嘎村乡村振兴示范点建设，开展数字乡村试点，深化农村人居环境整治提升，实施“树立农牧民新风貌”行动。

要坚定不移巩固强边支撑。牢牢抓住中央定点帮扶重大机遇，用活用好强边政策，深化抵边村镇建设，打造美丽边城。建设抵边“五张网”，强化广播电视无线电正面宣传和反宣渗透，完善县域智慧边防边检，强化人防物防技防。统筹民生、产业、交通水利等各领域建设一体向前，提升边境基础设施建设和公共服务水平。

要坚定不移提升护边能力。严格落实群防群治、联防联控守边护边机制，加强军地共建，深化“五共五固”，组建巡边员队伍。狠抓“一线堵、二线查、三线控”落地见效，严厉打击非法出入境等活动，保障国边防安全。深入推进“文化润边”，增强群众守护神圣国土的自豪感和使命感。

要坚定不移夯实群众根基。坚守立德树人根本，扎实做好学前教育普及普惠迎检，巩固拓展义务教育“三率”和县域均衡成果，抓好教育“双减”和“五项管理”。加快“医共体”建设，深化医疗援藏，组建村级公共卫生委员会，推进藏医药建设；大力开展“健康康马”行动，实施好目标人群“两癌”筛治、HPV疫苗、流感疫苗自愿免费接种。严格落实边补、草奖、巡边补助等政策，巩固全民参保，统筹济困助残、优抚安居等工作，全力维护妇女、儿童、农民工等重点人群权益，让群众“更有温度”地感受党和政府的关心关怀。

各位代表，“世界上最大的幸福莫过于为人

民幸福而奋斗。”今年，我们将用心用情用力办好“十件民生实事”：一是抓好农牧民就业增收，力争转移就业8000人、创收1个亿；二是投入260万元的奖励资金，助力康马子弟康马籍农牧民子女成才；三是实施8所学校供暖工程，保障1600名师生冬季取暖；四是实施康马籍群众免费体检，守护群众健康安全；五是建设总投资900万元的嘎拉奴村、南尼村、楚嘎村农村幸福院，兜牢兜实150名困难群众民生底线；六是实施总投资1170万元的少岗乡夺底路工程和边境偏远寺庙拉吉寺、艾旺寺道路及其附属工程，改善群众和僧尼出行条件；七是实施农牧区厕所改造和人畜分离工程，提升群众宜居水平；八是实施都督村防洪堤、少岗村泥石流治理工程，保障群众生命财产安全；九是实施康马县1.3万亩高标准农田建设、那堆村土地平整和萨马达乡洛康灌区、雄章乡玛玉节水灌溉工程，改善375户、2089名群众生产条件；十是实施86套县城周转房建设，力争用人民政府一个个实际行动，不断增强全县人民的获得感、幸福感、安全感。

（五）全面建设“六型政府”，勇当改作风抓落实排头兵

要打造“学习型政府”。坚持学思践悟习近平新时代中国特色社会主义思想，坚持“第一议题”制度，立足党的理论、政策法规、历史文化、专业知识，构建“学习—工作—再学习—再工作”新机制，推动党史学习教育常态化长效化，促进政府系统党员干部持续提升“八项本领、七种能力”。

要打造“阳光型政府”。坚持党的全面领导、人民当家作主和依法行政相统一，完善联通联动机制，规范议事决策程序，推广“三级四点五类思维逻辑法”，提升行政效能。坚持落实“五公开”，让政府权力在阳光下运行。

要打造“市场型政府”。坚持市场经济思维，以思想破冰引领发展突围，以有为政府促进市场更加有效。严格执行项目管理“1＋3＋1”五大机制和全生命周期管理服务制度.加速民营经济和社会资本健康发展，加快国有企业改革，规范建立现代企业制度，让政府当好高质量发展的“店小二”。

要打造“法治型政府”。坚持以习近平法治思想为根本遵循，严格法定权限、法定程序，履行法定职责。完善法律顾问体系，严格执法“三项制度”，加强政府重大决策、规范性文件合法性审查，确保政府工作在法治轨道上运行。

要打造“服务型政府”。认真开展“作风建设年”行动，聚焦“六个表率”，对标“四查四问”“八个落实”“十破十变”“八改八促、八除八树”，严格落实区市县党委改进作风狠抓落实决策部署。大力推行“四下基层、一线小专题”等工作法，人民政府多在现场为人民服务。探索建立“两项沟通互动机制”，认真办理人大代表意见议案和政协委员提案，全心全意提升群众满意度。

要打造“廉洁型政府”。坚持全面从严治党，严格贯彻中央八项规定及其细则精神，强化自身免疫。坚持政府“过紧日子”，严控“三公”经费，当好“铁公鸡”。严格财政资金“1+2”三条纪律和程序手续“1+1两个规范”，强化重点领域、重大环节和重要岗位廉政风险管控，织密政府系统“不敢腐、不能腐、不想腐”制度体系。

各位代表！接续奋斗新时代，继往开来谱华章。让我们紧密团结在以习近平同志为核心的党中央周围，牢牢把握“两个确立”决定性意义，着力增强“两个维护”的政治自觉，忠实践行初心使命，创先争优、真抓实干，以实际行动迎接中共二十大胜利召开！

大事记

冲巴雍错　（县融媒体中心　提供）

1月

10日 市委副书记廖垦，市委常委、宣传部部长格桑卓玛一行到南尼乡调研指导新时代文明实践所（站）建设工作，县委副书记、县人民政府县长扎西多布拉陪同调研。

11日 康马县村组织换届培训会在县培训中心三楼会议室召开。县政府副县长曹华理主持会议，县村组织换届工作领导小组全体成员、检查指导组成员、各乡（镇）党委书记、党建副书记、组织委员、县换届办工作人员参加会议。

13日 县政府副县长边巴卓玛到涅如麦乡白墩村、天坝村，对联系的潘多户、旦增吉加户和巴桑吉巴户进行节日走访慰问，为他们送去鸡蛋、蔬菜、牛奶等慰问品。

21日 市委常委、宣传部部长格桑卓玛到康马县调研工作。市文化局党组成员、副局长坚参，县委常委、宣传部部长于平等人陪同调研。

30日 县委副书记，县政府党组书记、县长扎西多布拉主持召开县人民政府党组2021年第一次会议。会议传达学习中央农村工作会议和有关文件精神，研究康马县河流管理范围划定、石材产业发展等有关工作，研究部署政府党组班子2021年度民主生活会相关事宜。

2月

3日 县民政局组织工作人员深入辖区开展残疾人辅助器具发放工作，共为残疾人发放辅助器具轮椅49台、坐便椅49个、盲杖9个、腋拐19对、单手手杖21个、助行器21个、儿童站立架1台、儿童助行器3个。

4日 县委副书记王瑞斌走访慰问县人民武装部、县消防应急救援大队、县武警中队官兵，并向他们致以节日的祝福。

5日 县委副书记、县人民政府县长扎西多布拉到县卫生服务中心开展调研活动。

8日 县发改委举行小康村村内垃圾环卫设施移交仪式，共发放垃圾车20辆、垃圾箱146个，总价值224.3万元。

9日 县委副书记、县人民政府县长扎西多布拉代表县委、县人民政府看望慰问环卫工人。

11日 县委副书记、县人民政府县长扎西多布拉代表县委、县人民政府到辖区农贸市场、超市等地看望慰问留在康马就地过年的区外商户，向他们致以节日问候和新春祝福。

12日 县委副书记、县人民政府县长扎西多布拉代表县委、县人民政府到县公安局一线指挥部、县委机要局、县广播电视台、县卫生服务中心、县机关后勤服务中心、县警务站、县供电公司、县藏医院、县加油站看望慰问节日期间坚守岗位的一线值班人员、执勤民警、医护人员、工作人员。

22日 县委副书记、县人民政府县长、县国防动员委员会主任、县征兵工作领导小组组长扎西多布拉到县人民武装部调研春季征兵工作和市委议军会议精神贯彻落实情况。

3月

9日 市人民政府副市长、县委书记李仁新到少岗乡、康如乡、雄章乡、嘎拉乡、萨马达乡学校、边境检查点等地，就维护社会稳定、新冠肺炎疫情防控、春耕春播、开学复课、党史学习教育、“政治标准要更高、党性要求要更严、组织纪律性要更强”专题教育等工作进行指导调研。

5—10日 县政府副县长普珠带队到各乡（镇）开展巩固脱贫攻坚成果及防止返贫动态监测和帮扶工作专项指导检查，通过走村入户、听取汇报、座谈交流等方式，详细了解农户自主稳定增收、特色产业培育、巩固脱贫攻坚成果及防止返贫动态监测和帮扶工作情况。

13日 县委副书记、县人民政府县长扎西多布拉主持召开十三届康马县人民政府第24次常务会议，传达学习中央有关会议精神、《中华人民共和国行政处罚法》等内容；研究康马县声环境功能区划分、高标准农田建设等工作；听取《康马县2020年法治政府建设报告》《康马县2020年国民经济和社会发展计划执行情况与2021年国民经济和社会发展计划草案的报告》，审议2020年度《政府工作报告》。

15日　康马县召开第九届委员会第八次全体会议暨县委经济工作会议，听取和审议县委书记李仁新代表县委常委会作的题为《立足新起点，勇担新使命，全面开启康马建设社会主义现代化新征程》的工作报告，审议通过《中国共产党康马县第九届委员会第八次全体会议决议（草案）》；县委副书记、县人民政府县长扎西多布拉安排部署2021年全县经济工作；听取市人民政府副市长、县委书记李仁新代表县委常委会作的2020年度干部选拔任用工作报告，全体参会人员对县委2020年度干部选拔任用工作进行民主评议。

16日　康马县召开第九届纪律检查委员会第六次全体会议，听取县委常委、纪委书记、监委主任惠建妮代表九届县纪委常委会所作的题为《突出中心任务 强化执纪监督 坚定不移推进纪检监察工作高质量发展》的工作报告。

17日　康马县召开第十三届人民代表大会第八次会议，听取和审议《康马县人民政府工作报告》《康马县第十三届人民代表大会常务委员会工作报告》《康马县人民法院工作报告》《康马县人民检察院工作报告》，审查《康马县2020年国民经济和社会发展计划执行情况与2021年国民经济和社会发展计划草案的报告》《康马县2020年财政预算执行情况与2021年财政预算草案的报告》。

16—18日　县政协副主席米玛主持召开政协第二届康马县委员会第六次会议，审议通过《中国人民政治协商会议第二届康马县委员会常务委员会工作报告（草案）》《中国人民政治协商会议第二届康马县委员会常务委员会关于政协二届五次会议以来提案工作情况的报告（草案）》。

同日，列席康马县第十三届人民代表大会第八次会议；听取并讨论《康马县人民政府工作报告》及其他报告；审议通过《中国人民政治协商会议常务委员会工作报告决议（草案）》《中国人民政治协商会议提案工作情况报告的决议（草案）》《中国人民政治协商会议二届六次会议提案审查情况报告》《中国人民政治协商会议二届六次会议政治决议（草案）》《中国人民政治协商会议第二届康马县委员会2021年协商计划》。

22日　康马县召开2021年度中央环保督察整改推进暨第二轮中央环保督察配合工作部署会议。县人民政府副县长扎西主持会议。

24日　在日喀则市第二届“雅鲁藏布文学文艺奖”暨第五届群众性精神文明创建颁奖典礼上，康马县艺术团团长洛桑、小品《考驾照科目二》分别荣获个人成就奖、音舞戏曲影视类优秀作品一等奖。

26日　康马召开县第九届委员会第九次全体会议，听取和审议市人民政府副市长、县委书记李仁新受县委常委会委托所作的《中共康马县委关于召开中国共产党康马县第十次代表大会的说明》，审议通过《中共康马县委关于召开中国共产党康马县第十次代表大会的决议（草案）》。

4月

2日　县人民政府与三峡集团西藏能源投资有限公司共同举行清洁能源开发合作签约仪式。县委常委、县人民政府副县长李修峰主持签约仪式。三峡集团西藏能源投资有限公司日喀则分公司总经理王亮作为三峡集团委托代理人出席签约仪式。

6日　县司法局邀请县政府法律顾问、西藏欧珠律师事务所次旺扎西律师为县中学学生开展预防未成年人违法犯罪、网络信息安全、预防电信诈骗、防范校园欺凌法治讲座，受教育师生400余人。

11—13日　县委副书记、县人民政府县长扎西多布拉到嘎拉乡、萨马达乡开展驻村、乡村振兴暨脱贫攻坚成果巩固提升等调研指导工作，并看望慰问驻村工作队。

12—14日　康马县商务局组织开展西藏自治区电商进农村综合示范整体推进农村电商普及培训会，康如乡、少岗乡、涅如堆乡、南尼乡和康马镇五个乡（镇）机关干部、乡村振兴专干、第一书记、村“两委”班子成员、建档立卡脱贫户、农村青年、妇女、退伍军人、合作社负责人、返乡创业就业人员共250余人参加培训会。

15日　县委书记李仁新以“学党史悟革命道路，深刻铭记中国共产党百年奋斗的光辉历程”为主题，结合党史学习教育、“政治标准要更高、党性要求要更严、组织纪律性要更强”专题教育、政法队伍教育整顿工作，给全县科级领导干部讲专题党课。

16日　县委副书记、县人民政府县长扎西多布拉主持召开十三届康马县人民政府第二十五次常务会议，传达学习李克强总理对全国安全生产电视电话会议作出的批示精神、自治区主席齐扎拉发表的纪念西藏百万农奴解放62周年电视讲话精神及《西藏自治区行政规范性文件制定和备案监督管理办法（修订）》等内容；研究康马县项目建设、政府采购、资金支出等有关工作；审议项目概算、管理等方案意见。

18日　自治区人社局厅副厅长洛旦一行到康马县开展2020年度保障农民工工资支付专项考核工作。

22日　党史学习教育自治区宣讲团宣讲报告会在康马县举行，自治区党委组织部二级巡视员平措旦增作宣讲报告，县委常务副书记于德波主持报告会。县级领导、县直机关副科级及以上干部共110余人参加会议。

30日　县委副书记、县人民政府县长扎西多布拉到康马镇朗达村县城污水处理厂，就县城污水处理工作进行调研指导。

5月

7日　县委副书记、县人民政府县长扎西多布拉到嘎拉乡、萨马达乡、涅如堆乡就乡村产业建设、强基惠民等工作进行调研督导。

同日　康马县召开2021年根治拖欠农民工工资工作第一次联席会议，县委常委、县政府副县长、县根治拖欠农民工工资工作领导小组组长李修峰出席会议并讲话。

16日　县民政局、各乡（镇）人民政府组织开展以“巩固残疾人脱贫成果，提高残疾人生活质量”为主题的第31次“全国助残日”活动，共发放相关宣传资料300余份，受教育群众200余人，送去慰问金共计6600元。

19日　县自然资源局组织召开国土空间规划编制工作推进会，会上，专业技术团队对前期全县国土空间规划编制初步成果和县域国土空间规划政策规范作详细介绍。

20日　县委副书记、县人民政府县长扎西多布拉主持召开康马县第十三届康马县人民政府第26次常务会议，传达学习李克强总理在国务院第四次廉政会议上的讲话精神等内容；研究审议康马县环境质量监测、涅如麦乡职工之家改造等事宜。

28日　三峡集团西藏能投日喀则分公司测风项目开工仪式在康马县涅如堆乡举行。县委常委、县人民政府副县长李修峰致辞并宣布项目开工，三峡西藏能投日喀则分公司总经理王亮主持开工仪式，中国电建集团成都勘测设计研究院有限公司高级工程师段莹出席仪式并致辞。

31日　康马县乡村振兴局挂牌成立。县委副书记王瑞斌，县委常委、县人民政府副县长闫会峰出席挂牌仪式并为康马县乡村振兴局揭牌。

6月

8日　日喀则市“三个规定”“万长”大宣讲暨康马县政法队伍教育整顿推进会在县培训中心召开。会上，市人民法院审判员、三级高级法官扎西平措介绍“三个规定”的主要内容和现实意义，市司法局立法科副科长段华聚对“三个规定”进行详细解读。县委书记扎西多布拉主持会议。

10—11日 县委副书记、县人民政府县长候选人祝涛到涅如堆乡、萨马达乡、嘎拉乡，在新冠肺炎疫情防控值守点、巡逻点和达日村、孟则村等地检查督导新冠肺炎疫情防控工作开展情况，慰问新冠肺炎疫情防控人员，走访脱贫群众。

16日 康马县融媒体中心挂牌成立，县委常务副书记于德波，县委常委、宣传部部长巴顿出席仪式并揭牌。

19日 县委副书记、县人民政府县长候选人祝涛先后到少岗乡、康如乡、雄章乡、嘎拉乡、涅如堆乡调研指导乡村振兴产业项目建设等工作，督导检查企业和项目安全生产工作，看望慰问基层干部群众。

21日 教育部民族教育发展中心副主任胡炜一行7人到康马县少岗乡中心小学及少岗乡朗巴村双语幼儿园开展调研。

22日 县委副书记、县人民政府县长候选人祝涛到康马县中学检查指导2021年全区初中学业水平考试（实验操作）日喀则考区康马县考点各项工作。

26日 县委书记扎西多布拉主持召开中国共产党康马县第十次代表大会第二次全体会议，县委书记扎西多布拉代表中共康马县第九届委员会向大会作题为《勇担使命再出发 接力奋进谱新篇 为全面建设社会主义现代化新康马而努力奋斗》的报告，中共康马县第九届纪律检查委员会以书面形式向大会作题为《心无旁骛抓落实 奋力拼搏干事业 坚定不移推动新时代纪检监察工作高质量发展》的报告。

同日 县委书记扎西多布拉主持召开康马县第十届委员会第一次全体会议，会议通过《中国共产党康马县第十届委员会第一次全体会议选举办法》和总监票人、监票人名单，选举产生中国共产党康马县第十届委员会常务委员会委员、书记、副书记，以举手表决的方式通过中国共产党康马县第十届纪律检查委员会第一次全体会议关于领导班子选举结果的报告。

同日 县委书记扎西多布拉主持召开康马县第十届委员会第二次全体会议，审议通过《中国共产党康马县第十次代表大会选举办法》，表决通过总监票人、监票人名单，宣布大会总计票人、计票人名单，《中国共产党康马县第十次代表大会关于中共康马县第九届委员会报告的决议》《中国共产党康马县第十次代表大会关于中共康马县第九届纪律检查委员会工作报告的决议》；投票选举产生康马县第十届委员会委员候选人、候补委员候选人、纪律检查委员会委员。

26—29日 县政协副主席米玛主持召开政协第三届康马县委员会第一次会议，审议通过《中国人民政治协商会议第二届康马县委员会常务委员会工作报告（草案）》《中国人民政治协商会议第二届康马县委员会常务委员会关于政协二届一次会议以来提案工作情况的报告（草案）》；列席康马县第十四届人民代表大会第一次会议；听取并讨论《康马县人民政府工作报告》及其他报告；选举产生政协第三届康马县委员会主席、副主席、常务委员；审议通过《中国人民政治协商会议第三届康马县委员会常务委员会工作报告决议（草案）》《中国人民政治协商会议第三届康马县委员会提案工作情况报告的决议（草案）》《中国人民政治协商会议第三届康马县委员会一次会议提案审查情况报告》《中国人民政治协商会议第三届康马县委员会第一次会议政治决议（草案）》。

27日 县委书记扎西多布拉带领县“四大班子”成员走访看望县两会人大代表和政协委员，先后到各代表团驻地，与代表亲切交谈，对各位代表、委员有效履职尽责表示衷心感谢。

27—30日 康马县召开第十四届人民代表大会第一次会议，听取和审议《康马县人民政府工作报告》《康马县人民代表大会常务委员会工作报告》《康马县人民法院工作报告》《康马县人民检察院工作报告》，并作出决议；审议通过《关于设立康马县第十四届人民代表大会法制财政科教委员会的决定》《康马县第十四届人民代表大会法制财政科教委员会组成人员名单》。

7月

1日　县委书记扎西多布拉，县委副书记、县政府县长祝涛走访慰问老党员4名，为他们颁发“光荣在党50年”纪念章，询问他们的生活和身体健康状况，对他们为党工作、为人民服务付出的心血和汗水致以深深的敬意。

2日　县委书记扎西多布拉到康马镇看望慰问老党员、老干部、生活困难党员和乡村振兴专干。县委常委、康马镇党委书记巴桑次仁陪同。

同日　县委副书记、县人民政府县长祝涛主持召开十四届康马县人民政府第1次常务会议，传达学习《中华人民共和国草原法》（2021年修正）和《中共中央办公厅关于加强调查研究提高调查研究实效的通知》等中央、区、市有关文件，研究康马县首届农牧民运动会举办、项目征地补偿、县城路灯维护维修、草原有害生物防治项目实施等有关事宜，并就相关工作进行安排部署。

同日　康马县召开2021年自治区文明城市创建工作动员部署会议，传达市委宣传部《关于开展自治区文明城市创建工作实地测评的通知》，印发《康马县创建自治区文明城市测评体系（2021年版）》，全面分析当前创城工作中存在的问题，安排部署下一步工作重点。县委常务副书记于德波出席会议并讲话。县委常委、宣传部部长巴顿主持会议。

3日　县总工会、团县委、县民宗局联合举办康马县第七届“民族团结暨年河之源杯”足球赛，全县11支代表队、200余人参赛。12日，比赛结束，县公安足球队获得冠军，创艺足球队获得亚军，少岗乡足球队获得季军。

7日　康马县召开农村危房改造工作专题会议，听取《康马县农村危房改造工作实施方案（送审稿）》内容汇报，组织参会人员研究和讨论，并提出修改意见和建议。县委常委、县人民政府副县长闫会峰主持会议，县财政局主要负责人、县住建局全体干部职工参加会议。

8—9日　市人大教科文卫社会委员会主任委员德吉央宗带领市教育局、市财政局、市三中相关负责人到康马县开展教育经费投入和管理使用情况调研。

9日　县委书记扎西多布拉到涅如堆乡边境一线，实地检查了解防控措施落实、防护物资储备、人员力量配备等情况，看望慰问坚守一线的公安民警、医护人员、干部群众。

12日　县委书记扎西多布拉到乃宁曲德寺，实地察看爱国主义教育基地展厅项目建设进展情况；到少岗摩崖石刻景区施工现场，实地了解施工进度。

13日　县委书记扎西多布拉先后到萨马达、嘎拉乡疫情防控值守点，实地查看防控措施落实情况，看望慰问一线值守人员。

20日　县教育系统“园丁杯”第七届男子足球比赛暨第五届女子篮球比赛开幕。县委副书记王瑞斌出席开幕式并致辞，县人民政府副县长索朗次仁主持开幕式。

28日　县委副书记、县人民政府县长祝涛到涅如藏布流域开展河湖巡查及防汛救灾工作视察，实地查看涅如藏布上游措嘎布湖泊现状、涅如藏布流域河道行洪畅通情况。

8月

3日　驻人社厅纪检处成员拉巴次仁到康马县检查社保基金运行工作。

4—6日　县政府副县长索朗次仁到各乡（镇）政府、学校检查暑期学生安全管理及学校值班工作，全面了解各阶段学生人数、学生暑期在家安全教育工作开展情况、假期学生意识形态领域监管、疫情防控等工作。

12日　自治区审计厅赴康马审计工作组联合县审计局、县财政局赴康马镇德吉林村开展“我为群众办实事”惠民政策进村居活动。

19日　市委统战部宣讲

组到康马县开展习近平总书记“七一”重要讲话和在西藏考察时的重要讲话精神宣讲。县人民政府副县长索朗次仁主持宣讲会。

21日　县委副书记、县人民政府县长祝涛带队到少岗乡少岗村山洪灾害受灾现场实地查看受损防洪设施，详细了解受灾情况，召开县人民政府2021年第一次县长办公会议暨防汛救灾工作现场办公会议。

23日　县委书记扎西多布拉先后到县退役军人事务局、县信访接待中心调研指导工作。

24日　县委常委、县政府常务副县长贡布多杰到康马镇调研合作社运行、产业发展、农牧业领域项目施工建设、人居环境整治等方面工作。县委常委，康马镇党委书记巴桑次仁；县农业农村局负责人全程陪同。

31日　县委副书记、县人民政府县长祝涛到联系乡点南尼乡和联系寺庙藏扎寺以及少岗一级公安检查站调研党史学习教育、乡村振兴、秋季农牧业生产、宗教领域工作，看望慰问基层干部群众。9月2日，调研结束。

9月

1日　自治区农技推广中心主任隆英带队的种植业科技项目验收组到南尼乡开展检查验收工作，市农业农村局、市农技推广中心负责人及县委常委、县人民政府常务副县长等领导陪同。

同日　县委书记扎西多布拉，县委副书记、县人民政府县长祝涛分赴乃宁曲德寺、藏扎寺，传送习近平总书记题词“建设美丽幸福西藏　共圆伟大复兴梦想”贺幛等多项西藏和平解放70周年纪念品，转达习近平总书记和党中央对西藏各族干部群众的关心关怀。

7日　教育部民族教育司副司长葛维威一行到康马县康马镇中心小学及少岗乡中心小学开展调研活动，市委常委、市人民政府党组副书记、常务副市长巴桑，自治区教育厅二级巡视员格列班旦，市教育局党组副书记、局长达娃卓玛，县委副书记、县人民政府县长祝涛等领导陪同调研。

同日　县委书记扎西多布拉到县城周边植树造林绿化点、多庆错国家级湿地公园生态修复项目点、县藏医院调研生态保护造林绿化工作和民族医疗工作，对近年来县、乡造林绿化工作给予肯定。

8日　县委副书记、县人民政府县长祝涛前往县中学开展教师节走访慰问活动。

14日　县卫生服务中心组织部分党员、三级医院对口帮扶援藏专家到涅如堆乡达日村开展义诊活动，针对达日村群众的常见病、多发病、慢性病进行诊治，对部分患者进行针灸治疗，免费发放40余种价值约2000余元的西药和藏药，共计50余人受益。

同日　康马县召开推进法治政府建设专题会，会议传达学习中共日喀则市委员会《贯彻落实〈法治中国建设规划（2020—2025年）〉的实施方案》《关于贯彻落实〈法治社会建设实施纲要（2020—2025年）〉的实施方案》，听取有关部门工作汇报，审议讨论《康马县2021年法治政府建设任务分工方案》，并就法治政府建设工作进行安排部署。

19日　康马县特色石材精细加工市场集转点（飞地经济）建设项目开工奠基仪式在日喀则市经开区举行。市委常委、市人民政府常务副市长巴桑作讲话并宣布项目开工，康马县委副书记、县人民政府县长祝涛主持仪式。

23日　县总工会联合各乡（镇）工会委员会组织开展“当好主人翁，建功新时代”农牧民（工）收割技能比赛，共180余名农牧民工参加。

24日　康马县举行2021年度农牧民子女考入大学奖励资金发放仪式，为年内考取“985”“211”本科院校的58名学生，考取区外本科的63名学生、区内本科的10名学生，考取区外专科的70名学生、区内专科的37名学生发放奖励资金共计175.9万元。

10月

11—12日　自治区人大常委

会副主任许雪光一行到康马县调研抵边搬迁、乡村产业发展、边民就业、教育、医疗、卫生等民生事业发展情况。市人大常委会副主任索朗，县人大常委会党组书记、主任达瓦平措等领导陪同调研。

14日 县民政局组织特困人员集中供养中心老人开展为期5天的拉萨参观活动。县委书记扎西多布拉、县人民政府副县长陈宇参加出发仪式。

15日 县委副书记、县人民政府县长祝涛主持召开十四届康马县人民政府第十次专题会议暨住建部和康马县部县联席会议议定事项任务推进会，传达学习《日喀则市人民政府专题会议》文件精神，全面总结完善住建部帮扶康马调研接待工作，研究审议住建部和康马县部县联席会议议定事项推进相关事宜。

16日 县发改委联合县农业农村局、教育局、市监局、妇联、农牧综合服务中心、粮食公司在县城人民路开展以“行动造就未来，更好生产、更好营养、更好环境、更好生活”“发展粮食产业助力乡村振兴”为主题的世界粮食日和全国粮食安全宣传周活动集中宣传。共发放宣传单268张、宣传册135本，制作悬挂宣传横幅3条。

19—20日，住建部工作组到康马县开展结对帮扶办实事暨“脊柱侧弯及四肢畸形”义诊活动。筛查病患145人，其中，留档患者123人、需要手术治疗75人。

20日 县委副书记、县人民政府县长祝涛主持召开十四届康马县人民政府第十一次专题会议暨2021年第一次“农牧民增收”季度调度会议，听取全县2021年1—10月农牧民增收工作开展情况通报和各乡（镇）政府、县人民政府各有关部门关于促进农牧民增收工作成效及具体措施，科学分析研判全县“农牧民增收”形势，就做好第四季度工作进行安排部署。

11月

11日 康马县低氟健康茶发放仪式在县文化中心举行，共发放低氟健康茶63.447吨，惠及全县各族群众21149人。

15日 县委副书记、县人民政府县长祝涛主持召开十四届康马县人民政府第十五次专题会贯彻中共十九届六中全会精神暨全县冬季五类重点任务交办会议，全文传达学习《中国共产党第十九届中央委员会第六次全体会议公报》，并就抓好学习贯彻中共十九届六中全会精神，结合当前工作进行安排部署。

18日 牡丹江师范学院教育科学学院与康马县中学举行合作开展学生心理健康教育工作线上启动仪式，黑龙江省第七批援藏工作队康马工作组组长、康马县委常务副书记于德波出席仪式。

23日 县委常委、县人民政府常务副县长贡布多杰主持召开十四届康马县人民政府第16次专题会议暨雅江雪牛“十位一体”全产业链规范化养殖专题会议，会议以现场查看、座谈相结合的形式召开，实地了解康马县“雅江雪牛”产业发展现状及存在问题困难。县委副书记、县人民政府县长祝涛出席会议。

24日 康马县组织0—6岁残疾儿童赴日喀则市残联康复培训中心开展康复救助。

25日 康马县组织举办第一期道德讲堂，以“百善孝为先”为主题，围绕“看一部短片、诵一段经典、讲一个故事、谈一些感悟、唱一首歌曲、送一份吉祥”六个环节进行，并邀请全国道德模范提名奖获奖者、全国最美志愿者、首届日喀则最美人物尼玛次仁讲述他抚养27名孤儿的亲身经历。县委常委、县人民政府副县长李修峰，县委常委、宣传部部长巴顿，县人大常委会副主任尼平，县政协副主席米玛出席。

30日 县委副书记、县人民政府县长祝涛一行到嘎拉乡克村牦牛养殖合作社、嘎拉乡政府、嘎拉乡克查木村委会、萨马达乡放牧点和涅如麦乡天坝村牦牛养殖合作社调研维护稳定、民生事业、合作社发展情况。

同日 康马县召开党史学习教育“我为群众办实事”实践活动新闻发布会，县委常委、宣传部部长巴顿主持，县人民政府副县长、新闻发言人次仁加布介绍康马县“我为群众办实事”实践活动开展情况，“康马县发布”、县融媒体中心、县广播电视台媒体记者，“13+7”民生实事相关牵头单位人员参加。

12月

2日　县委常委、县人民政府副县长李修峰主持召开十四届康马县人民政府第21次专题会议暨根治欠薪冬季专项行动农民工工资清欠第一次结账会议，通报康马县2021年根治欠薪冬季专项行动推进情况；听取各工程建设领域行业主管部门关于根治欠薪冬季专项行动推进或完成情况的汇报及相关行业主管部门关于未落实农民工工资专用账户、农民工实名制管理等规定的解释说明。

6日　康马县召开固定资产投资入库工作推进会，会议传达学习《日喀则市人民政府关于2021年第四季度急需加快推进重点建设项目的通知》精神，通报全县2021年1–11月份固定资产投资录入工作情况，听取县直11家项目单位2021年固定资产投资录入工作开展及完成情况，并对年终固定资产投资录入工作进行安排部署。

9日　县委常委、县人民政府常务副县长贡布多杰主持召开十四届康马县人民政府第23次专题会议暨2022年第一批集中储备计划建设项目任务部署会，通报2021年全县固定资产投资完成情况，逐一研讨各单位2022年第一批储备计划建设项目倒排时间表及项目进度调度表情况。

10日　康马县2021年产业竞赛暨冬季物资交流会开幕；14日，结束。共有400余家乡（镇）合作社及市、县内外企业和商户参加展销，参展品种350种，2万人次参加，销售总额821.37万元。

12日　县委书记扎西多布拉到2021年产业竞赛暨冬季物资交流会现场检查指导工作。先后走访康马镇农畜特色产品（美食）体验馆、物交会现场入口、物交会现场各商铺和摊位、各乡（镇）合作社产品商铺，并向市监、城管等部门负责人询问市场秩序维持、商品质量监管等工作开展情况。县委常委巴桑次仁、扎西罗布等县级领导陪同。

13日　县委副书记、县人民政府县长祝涛到2021年产业竞赛暨冬季物资交流会现场检查指导。先后到各乡（镇）特色展区、农畜产品（美食）体验区和合作社产品展区，与农牧民群众、参展商户亲切交谈，仔细询问他们对服务的满意情况、收入来源以及货品交易情况。

15日　康马县召开“雪亮工程”项目竣工验收会，验收专家组听取项目建设情况汇报，观看“雪亮工程”应用演示，详细了解各平台系统功能，实地勘察各点位主要设备安装运行情况，并对项目相关资料进行审核。验收专家组对康马县“雪亮工程”建设情况给予肯定，一致同意通过验收。

同日　县公安局交警大队组织全体民（辅）警在辖区国道562线、219线，农村公路及县城主干道内开展道路交通百日攻坚专项整治行动，共出动警力8人、警车2台，查处违法行为3起。

28日　中共十九届六中全会精神暨自治区第十次党代会精神日喀则市宣讲团到康马镇召开宣讲报告会。全镇未外出干部职工、驻村工作队、乡村振兴专干、大学生村官共计45人参加宣讲报告会。

同日　县人大常委会主任达瓦平措主持召开康马县第十四届人民代表大会常务委员会第三次会议，会议传达学习中共十九届六中全会精神、自治区第十次党代会精神以及日喀则市第二届人民代表大会第二次会议精神等；听取审议县人民政府《关于康马县2020年财政决算（草案）报告》《2021年法治政府建设情况报告》《民族团结进步创建工作情况报告》和县委组织部所作的人事任免职说明，审议通过县人民政府提请的人事任免职议案。县人大常委会副主任尼平、拉琼次仁、坚参，县人大常委会委员出席会议。

康马概貌

冲巴雍错 （县融媒体中心 提供）

自然地理

【位置面积】 康马县位于西藏自治区南部、日喀则市东南部，地处北纬28°10′—29°90′、东经89° 10′—90° 10′，南邻亚东县，西连白朗县，北靠江孜县，东与山南市浪卡子县相邻，东南与不丹王国接壤。东西长108千米，南北宽79千米，总面积约7000平方千米。县人民政府驻康马镇，距日喀则市人民政府所在地136千米。

【地形地貌】 康马县地处青藏高原南部、喜马拉雅山北麓，属雅鲁藏布江河谷地形，地势东西部高、中部低，高差300—400米。县域内山大沟深，高山占总面积一半以上。平均海拔4300米以上，海拔最高点是县域南部的喜马拉雅山脉，海拔6000米以上。

【矿产资源】 康马县境内的矿产资源有金、银、铜、铁、铅、大理石、玉石、花岗岩、硼砂等，有土碱和零散的水晶石矿。其中以少岗乡石材等最为有名，开发利用价值巨大。

【动植物资源】 康马县植被类型多样，以高山柳、北京杨、沙棘为主。经济药用植物资源丰富，已查明的有400余种，其中较著名的有贝母、雪莲、紫草、红景天、大黄、虫草、黄芪、蕨麻（人参果）等，主要分布在大山峡谷中。野生动物主要有野驴、黄羊、岩羊、盘羊、雪豹、黄狼、黑狼、獐子、狐狸、猞猁、野兔、旱獭、高原鼹鼠、高原鼠兔、老鼠等；野禽类有雪鸡、黄鸡、灰鸡、斑鸠、鹰、野鸽、麻雀、乌鸦、猫头鹰等；鱼类有细鳞鱼、无鳞鱼（学名裸鲤），主要分布在冲巴湖、色木湖等。此外，尚有种类繁多的高原昆虫类和其他爬虫类动物。

【水资源】 康马县境内湖泊有冲巴湖、色木湖、白湖、美龙湖；河流有康马河、涅如河、康如河，均属年楚河流域。水力资源丰富，水质普遍较好，开采利用价值大。县城北边的山脚下有108眼温泉，四季长流，这些温泉普遍流量小、温度低（15℃—30℃）。据有关部门检测，108眼泉水出自一源，具有治疗疾病的功效。其中在距县城东部10千米处有一眼泉水名叫休巴岗吉（一根白松树），水质好，常饮不胀肚，含有人体所需的多种微量元素。

【年内气候】 康马县属高原温带半干旱季风气候区，日照充足，干湿季分明，雨水集中。年平均气温约3.1℃，最热月为7月，平均气温10.8℃；最冷月为1月，平均气温 - 6.4℃，极端最高气温24.6℃，极端最低气温-23.8℃，昼夜温差较大，年日照时数3200小时左右，年降水量130—160毫米，年无霜期100—140天。冬春多风，风力在5级左右。年平均风速2.7米/秒。冬季寒冷，风沙较大；空气稀薄，气候干燥。境内自然灾害较多且频繁，主要有雪灾、旱灾、洪灾、地震、泥石流、风灾、沙尘暴、霜冻及鼠害、虫害等。

历史·人文

【建置沿革】 康马，藏语“拉康玛波”的简称，意为“红色庙宇”。《后藏志》记载，吐蕃时期，大臣卓仁东赞建造康玛寺，此后以寺为中心形成民居群落，地因寺得名。

在远古时期，康马县境内就有藏族先民生息繁衍。7世纪前，西藏全境处于“邦国”时期，有“十二邦国”和“四十二小邦国”，其中“十二邦国”中娘若香布（娘布）邦国统领娘曲河（今年楚河）流域上游，康马属娘布地方之上部，被称为娘堆，意即上娘布地方。7世纪中叶，吐蕃赞普松赞干布统一西藏，建立吐蕃地方政权。吐蕃划分为5个“茹”（乌茹、约茹、叶茹、茹拉、孙波茹），日喀则辖区后藏地方基本上以雅鲁藏布江为界，雅鲁藏布江以北地区为“叶茹”，以南大部分地方为“茹拉”。“茹拉”下设10个千户府，在康马境内设“克尚”千户府。8世纪，吐蕃赞普赤松德赞迎请印度高僧菩提萨埵（寂护）、莲花生到吐蕃大兴佛教，遭到以玛尚·仲巴杰为首的信奉苯教大臣的强烈反对。时任吐蕃宰相、出身于桂家族的桂·赤桑雅拉施计铲除玛尚·仲巴杰等人，赤松德赞得以顺利推进扶持佛教的事业。吐蕃赞普赤热巴坚将今康马县全境作为领地赏给桂家族，因此康马又称为“桂域”。康马全境由姜若、康若、宁若3个地方组成，历史上称为“上娘布三牧区”。姜若，即今嘎拉乡、冲巴湖流域地区的萨马达乡、少岗乡和康马镇；康若，即今康如乡、雄章乡范围；宁若，即今涅如堆乡、涅如麦乡一带。史书记载，在“上娘布三牧区”有一大集市，设在姜若萨马达（今萨马达村），后移市到乃宁，成为当时年楚河流域最大的集贸市场之一。

公元869年，吐蕃爆发平民起义，吐蕃地方政权崩溃，西藏陷入长达400年的分裂割据时期，西藏各地出现数十个地方割据势力，互不统属，征战不已。今江孜、康马两地大部分地区由哲、琼2个家族统治。10世纪末至11世纪，佛教在西藏重新盛行并广泛传播，历史上称这一时期为佛教后弘期。这一时期，前后藏有11个地方政权，康马县辖境属江孜地方政权和当地豪强管辖。

13世纪中叶，元朝中央政府对西藏地方行使主权，萨迦地方政权成为西藏地方的最高权力机构。实行十三万户行政体制，后藏地区设6个万户府，年楚河流域由夏鲁万户府管辖。夏鲁万户府下设乃宁（驻地设在今康马县南尼乡）、恰若仓、东嘎等4个千户府。江孜、康马属乃宁千户府管辖。14世纪中后期，帕木竹巴·绛曲坚赞建立帕木竹巴地方政权，取代萨迦政权，取得对西藏地方的统治权。帕竹地方政权废除万户制，实行“宗豀”制，建立13个大宗，在年楚河流域设立3个大宗，即上游的江孜宗、中游的白朗伦珠宗、下游的桑珠孜宗。今康马县境归江孜宗管辖。15世纪，帕巴热丹贡桑占据江孜城堡，统治娘堆地方（今年楚河上游地区），康马辖境大部分地区置于帕巴热丹贡桑统治之下。崇祯十五年（1642年，藏历第十一饶迥水马年），五世达赖喇嘛建立甘丹颇章地方政权，在西藏全面推行和完善宗豀制度的基础上，新设置诸多宗豀，并依据各宗豀的大小，由甘丹颇章地方政权委派品级不同的官员管理。江孜宗是后藏地区十五宗之一，今江孜、康马两县属江孜宗管辖。

1951年5月，《中央人民政府和西藏地方政府关于和平解放西藏办法的协议》签订。西藏实现和平解放。依照协议精神，西藏地方政府继续行使对其所属宗豀的管理权。康马仍由江孜宗管辖。1959年，西藏实行民主改革。根据《西藏自治区筹备委员会关于建立一个直辖市七个专署的会议》精神，对原有宗豀进行合并，设立1个市、7个专区，改宗为县，成立72个县。康马属江孜县管辖。1960年2月，江孜专员公署成立。中共西藏工委决定设立康马县（1962年10月国务院全体会议第177次会议正式批准），隶属江孜专区，辖少岗、康马、嘎拉、涅如、康如、萨马达6个区，22个乡。1964年5月，江孜专区、日喀则专区合并成立日喀则地区，康马县属日喀则地区管辖。1983年10月，经国务院批准，恢复江孜专区，康马、岗巴、江孜、白朗等6个县划归江孜专区管辖。1988年，江孜专区撤销，康马隶属日喀则地区；2月，根据区党委的统一安排，康马县撤销6个区、21个乡，成立南尼、少岗、康如、雄章、康马、萨马达、嘎拉、涅如堆、涅如麦9个乡，辖48个行政村。1999年12月，撤销康马乡，设立康马镇。2014年7月，日喀则撤地设市，康马县隶属日喀则市。

【行政区划】 2021年，康马县辖8个乡、1个镇，49个行政村。其中，康马镇辖查那村、嘎江村、白龙村、克列村、康马村、格龙村、朗达村、德吉林村8个行政村，涅如堆乡辖伦村、乃龙村、色休村、达凯村、贡巴村、直村、日果村、塔杰村、达日村9个行政村，涅如麦乡辖达巴村、天坝村、都督村、白墩村、那堆村5个行政村，嘎拉乡辖嘎拉夏村、嘎拉奴村、琼桂村、克村4个行政村，萨马达乡辖冲堆村、萨鲁村、萨马达村、孟则村、列定村5个行政村，康如乡辖库青村、白加村、库曲村、边琼村、拉康村5个行政村，少岗乡辖朗巴村、少岗村、满参村、达修村4个行政村，南尼乡辖曲热村、曲夏村、南尼村、藏扎村、楚嘎村5个行政村，雄章乡辖青卓村、昆章村、雄村、色热龙村4个行政村。

【人　口】　2021年，康马县有5217户、23739人。其中，城镇人口3064人，农村人口20675人，城镇化率12.9%；年内出生203人，出生率8.6‰；死亡141人，死亡率5.9‰，人口自然增长率2.7‰。

【特色美食】　受自然环境、社会环境影响，康马县藏族在与其他民族相互融合、影响过程中形成具有民族特色的饮食习俗，并随社会发展得到传承。康马主食主要为糌粑，小吃有藏式面条、酥油人参果、奶渣、麻森，饮品有青稞酒、甜茶、酥油茶，特色菜肴有灌肠和手抓肉。

【礼仪文化】　藏民族是一个十分注重礼仪的民族，康马人更是礼仪有度，真挚淳朴。康马人古道热肠，热情好客。“有朋自远方来，不亦乐乎？”若客人到家，主人必端上好茶，拿出自己家里最好的糌粑、特制的牛羊肉及青稞酒等美食款待客人；让客人坐首席，自己坐在一边或者对面；敬菜、敬酒、敬食物时，双手捧上，给客人敬酒时，在酒杯的边沿上粘上一点酥油，表示祝客人吉祥如意；客人临走时，还要送上一些肉干、奶渣、酥油等特产。康马人重视亲情、尊老爱幼、和睦相处、团结友好。若某家遭遇到不幸之事，左邻右舍都会去敬酒、敬茶、献哈达，表示慰问和关切。晚辈出远门，必须先征求长辈的意见，出远门时全家人都会相送。吃饭、喝茶、睡觉均是礼让老人和长辈。晚辈对长辈的称呼带敬语，与人交谈时，根据说话对象和地位的高低，有时使用大敬语，有时使用普通敬语。普通百姓拜谒活佛及地位高于自己的人时，衣服穿戴整齐，不能脱藏装左衣袖，扣子扣好，不能裸露胸膛。拜谒活佛时伸出双手，掌心向上，脱帽、躬身，表示敬礼。俗人放下发辫，僧人放下僧服一端，说话声音大小适度，内心不散乱，不凝目直视，腰略弯不挺胸直立。对地位略高于自己的人，与上相仿，但不拘谨，较为自然。对地位平等的人使用普通敬语。对地位较低的人，使用普通敬语或者不使用敬语。座位的次序是先师父后徒弟，先长辈后晚辈，先父母后子女，不能乱争座位。

经济发展

【经济综述】　2021年，全县社会生产总值实现7.39亿元，同比增长6.1%。其中，第一产业增加值1.59亿元，同比增长6.1%；第二产业增加值2.62亿元，同比增长-10.7%；第三产业增加值3.18亿元，同比增长28.6%。工业产值实现2512.11万元，同比增长-40.2%；社会消费品零售总

康马礼仪——敬酒　（县融媒体中心　提供）

额实现14508.3万元，同比增长9.6%；农村居民人均可支配收入16180元，同比增长16.8%。

【农牧业】 2021年，全县农作物播种面积3140公顷，其中粮食作物2520公顷。经济作物420公顷、饲草200公顷。粮油总产量13596吨，粮食作物产量13873.45吨，其中青稞产量12016.55吨。年末牲畜存栏171335头（只、匹），新生仔畜96114头（只、匹），成活91308头（只、匹），成活率95%，成畜死亡控制在0.7%以内，春秋两季疫苗全部注射完成。完成牦牛经济杂交配种601头，完成率85.86%，产犊510头；黄牛改良配种49105头，完成率70.14%，新生犊牛2869头，成活2092头。

【招商引资】 2021年，康马县利用各种招商对接平台对县域温泉、光伏风电、旅游等重点产业项目主动推介对接。年内，累计完成招商引资项目投入资金8537万元。签订项目5个，总投资134.354亿元。其中，清洁能源项目2个，与三峡集团西藏能源投资有限公司签订嘎拉、涅如堆2个风电场项目和涅如堆日果村太阳能发电项目，投资85亿元；与华能西藏雅鲁藏布江水电开发投资有限公司签订光伏基地1个、风电基地1个，投资48.864亿元；与西藏甲羌百马旅游开发集团有限公司签订共享电动车引进合作书，投资1000万元，已投放使用；西藏德基康萨包装印刷有限公司纸箱加工项目，投资400万元；日喀则市康马县特色石材精细加工市场集转点（飞地经济）建设项目投资3500万元。

【项目建设】 2021年，康马县编制“十四五”规划，调整优化康马县“十四五”时期规划项目库，优化调整后，规划项目309个、规划总投资64.98亿元。编制完成《日喀则市康马县“十四五”边境重点村镇规划》，规划设计项目投资6.28亿元，其中2021年规划到位资金3700万元，全部为教育项目。年内，谋划储备及录入平台项目92个，总投资15.01亿元；审批项目下达可研批复89个，总投资15.01亿元，下达初步设计概算批复79个，总投资4.3亿元；下达实施方案批复29个，总投资1451.18万元。

【产业发展】 2021年，康马县新增各类市场主体238户，注册资金26.82亿元，减免税费727.76万元。构建“两羊一牛”产业发展新格局，牛羊规模育肥1.5万头（只）；雅江雪牛“十位一体”全产业链规范化养殖初步形成，繁育雅江雪牛582头，有望实现收益350万元；规范运营的合作社71家，实现收入1858万元；引导村集体经济发展壮大，2个村实现收入100万元以上，3个村实现收入50万元以上。

【乡村振兴】 2021年，康马县沟通对接区、市相关部门，形成康马县“十四五”巩固拓展脱贫攻坚成果同乡村振兴有效衔接规划项目58个，计划总投资40073万元。全年统筹整合项目23个，资金8666.69万元。总投资3400万元建设少岗乡朗巴村乡村振兴示范引领试点村项目；完成贷款113户520.4万元。建立防止返贫监测和帮扶常态化工作机制，将12户43人边缘易致贫人口、脱贫不稳定人口全部纳入动态监测范围。完成脱贫攻坚“回头看”工作，脱贫户人均可支配收入达6000元以上。持续巩固落实“4321”结对帮扶工作，1452名帮扶责任人与885户3338名脱贫户及监测户结对认亲，入户帮扶1200次，组织社会各界筹集资金36.72万元帮助1名监测对象成功完成肾移植手术；脱贫户技能培训400人，订单定岗15人，实现就业11人；脱贫户“以工代训”49人；脱贫户应届高校毕业29人全部实现就业；2045名脱贫户和监测户外出务工，实现人均增收28965元。

【物资交流会】 2021年，康马县成功举办2021年产业竞赛暨冬季物资交流会，会场布展面积2500平方米，300余家乡（镇）合作社及市、县内外企业和商户参加展销，设特色手工产品、日用百货、特色小吃、游乐玩具等各类

2021年12月10日，当地群众在2021年产业竞赛暨冬季物资交流会上挑选心仪商品　（县商务局　提供）

摊位100余个，参展品种350种，日均客流量3000余人次。5天内总人流量2万人次，销售总额821.37万元。

社会发展

【精神文明建设】 2021年，康马县巩固文明城市创建工作成效，与上级部门对接，申报入选自治区级“文明单位”2个、“文明村镇”2个、“文明家庭”2户；康马县被市文明委推荐为“自治区未成年人思想道德建设工作先进城市”。开展“清源、固边、净网、护苗”专项行动，共排查20次，出动执法人员80余人次，累计排查经营单位200余家，农家书屋8所，寺庙书屋3所。结合“4·23”世界读书日、“4·26”世界知识产权日，在县中学开展以“书香伴我成长、阅读圆我梦想”为主题的“2021绿书签行动”宣传周读书活动，向全体师生发放“扫黄打非”相关宣传资料150份、“护苗2021·绿书签”50份。

【教育事业】 2021年，全县有县中学1所、乡（镇）中心小学9所、幼儿园36所。中学在校生912人，小学在校生1990人，学前入园儿童1053人；小学和初中适龄儿童少年入学率、在校生巩固率和毕业生升学率均持续保持100%，学前三年毛入园率99.5%，普通高中（中职）招生率96%。年内拨付学生“三包”经费1560.4845万元，受益学生3813人；拨付营养改善计划专项资金227.68万元，受益学生2885名。落实学生道路交通补助44.16万元。全县教育系统开复工项目24个，总投资10599万元；县财政投入3039.95万元奖励康马籍农牧民子女考入大学应届高中毕业生240人。发放2020—2021学年“建档立卡贫困户大学生”145人补助资金72.3095万元。

【医疗卫生】 2021年，全县有卫生机构11所，其中县级医院1所、乡（镇）卫生院9所，有床位87张，卫生技术人员112人；全年门诊24580人次，计划免疫应种7675人次，实种7675人次，接种率100%；孕产妇住院分娩率100%，兑现农牧民孕产妇住院分娩补助184人20.74万元。核酸检测5130人次，新冠肺炎疫苗第一剂次接种19033针，第二剂次接种17705针，第三剂次接种5175针。

【文化旅游业】 2021年，全县有综合文化活动中心1家、乡（镇）文化馆站9个、农家书屋49个、寺庙书屋10家，免费对外开放3000场次，累计服务群众15600人次；围绕庆祝中国共产党成立100周年、庆祝西藏和平解放70周年重大主题，创作《党的光辉照边疆》《易地搬迁户的访谈》《接种新冠疫苗　人人有责》《我村的变化》等寓教于乐的文艺精品节目20余个，采取“说、唱、演、跳”等方式，广泛开展庆祝中国共产党成立100周年文艺会演、“永远跟党走”文艺巡演、行政村文艺演出队比赛、开展系列文艺宣传活动200余场，6万余人参与。康马县在日喀则市举办的“珠峰儿女心向

2021年10月17日，康马县组织开展“永远跟党走”文艺巡演暨“五史”巡回宣讲活动　（县文旅局　提供）

党”第二届相声小品大赛中荣获银奖。年内，协助西藏自治区文物保护研究所、中国科学院青藏高原研究所、北京大学联合考古发掘队完成“玛不错”遗址第二阶段考古工作；投入23.85万元完成乃宁曲德寺文物保护单位网络监控系统维修，投入近5万元完成乃宁曲德寺消防安全隐患整改。全县有国家AA级旅游景区3个（藏扎寺、朗通庄园景区、南尼寺景区），全县接待游客5.66万人次，旅游综合收入273.25万元，分别同比增长69.65%、38.5%。

【社会保障】 2021年，全县城乡低保对象80户152人，兑现城乡低保金28.95万元；将乡（镇）临时救助审批权限提高至1万元，落实临时救助金94.85万元，受益112户413人次；开通“12349”社会救助服务热线，为全县遇困难人员及有救助方面诉求的人员提供便利。健全跟踪调研和督促落实各项日常帮扶、送温暖、履行监护职责以及因人精准施策，全县19名孤儿在市儿童福利一、二院集中收养，3名实现家庭寄养，兑现6名事实无人抚养儿童各类生活补助资金8.98万元；兑现特困老人生活保障金27.64万元，残疾人“两项补贴”221.29万元，涉及残疾人932人次；帮扶2名残疾人兑现创业扶持金4万元；投资6.3万元为133名残疾人辅助器具，与市残联对接争取35户残疾人无障碍改造提升项目，改造资金12.25万元，通过入户方式为行动不便的46名残疾人进行上门评残服务；“三大节日”期间，向特困人员、孤儿、残疾人困难户、低保边缘户等88人送去慰问品和慰问，折价7.29万元。

【平安建设】 2021年，康马县建立县、乡（镇）、行政村三级矛盾纠纷排查调处工作台账制度，上报矛盾纠纷月报台账360份，排查纠纷隐患5300次，发现隐患7处；调拨综治经费预算3.91万元，平安建设经费预算70827元，“双联”户服务管理工作经费预算37.4万元，群防群治工作经费3.05万元，流动人口服务管理工作经费1万元；开展法治宣传65场次、法治讲座46场次，发放各类宣传资料1.45万份（册），法律咨询人数185人，

2021年12月4日，县普法办组织各普法成员单位在县人民路组织开展“以习近平法治思想为指引，坚定不移走中国特色社会主义法治道路”国家宪法日集中宣传活动　（县普法办　提供）

受教育2万人次；利用移动手机发送法律法规、以案说法等短信24次，宣传覆盖面98%以上。制发《康马县2021年国家安全人民防线工作计划》《2021年全民国家安全教育日宣传活动方案》，开展宣传5场次，发放宣传单780份、宣传手册950份。

【民族团结进步创建活动】 2021年，康马县“三官”（检察官、法官、警官）队伍到南尼村、楚嘎村、少岗村、康马村等乡村开展以“铸牢中华民族共同体意识，推动民族团结进步创建”为主题的民族政策法规宣讲活动，受益群众150人；“三大节日”前夕，对全县通婚家庭、在县城就地过年的区外经商户进行慰问，慰问资金2万元；以“六一”国际儿童节为契机，县民宗局联合康马镇中心小学开展“中华民族一家亲、同心共筑中国梦”为主题的民族团结进学校活动；在庆祝中国共产党成立100周年、西藏和平解放70周年和日喀则市第五个民族团结进步日，组织全县各乡（镇）、各单位开展“民族团结进步——从我做起”升国旗、签名活动、民族法规政策宣传、寺庙僧人书法比赛等系列活动；开展民族团结沙龙文艺作品征集活动，向上级部门推送书法、摄影等文艺作品8件和民族团结典型故事2个；利用乃宁曲德寺爱国主义教育基地的基础，统筹民族团结创建、爱国教育、新旧西藏对比，打造民族团结展厅1个，并对外开放。共创建县级民族团结进步模范集体10个，推送市级9个、自治区级3个。

2021年9月27日，县生态环境分局工作人员对全县砖厂进行执法检查　（县生态环境分局　提供）

生态文明建设

【生态环保】 2021年，康马县开展城乡绿化和沙化治理，实施“两江四河”流域及边境小康村造林绿化等重大工程，种植苗木18万株，植树成活率达86.3%；新增自然保护地多庆错国家湿地公园83.4516平方千米，新增珠穆岗拉自治区级冰川自然公园420.489平方千米；加强产废单位制度建设和危废转移联单制度执行等各方面监管，全县产废单位12家，年内产生医疗废物3.1167吨，处置3.0967吨，暂存过期药品0.02吨，转运废机油1670千克。

【生态文明建设示范创建】 2021年，县生态环境分局申报创建“自治区级生态文明建设示范乡（镇）”4个、“自治区级生态文明建设示范村”20个。

【地质灾害防治】 2021年，县自然资源局与自治区、市沟通对接，申报“十四五”地质灾害防治项目6个，计划投资1.3759亿元；申报日喀则市年楚河领域山水林田湖草沙冰生态修复治理工程规划及矿山修复治理工程上报项目11个，计划投资6.612亿元。

中国共产党康马县委员会

冲巴雍错 （县融媒体中心 提供）

综　述

【概　况】 2021年，中共康马县委员会（简称“县委”）始终坚持以习近平新时代中国特色社会主义思想为指导，深入贯彻中共十九大，十九届二中、三中、四中、五中、六中全会，中央第七次西藏工作座谈会，西藏自治区第十次党代会和市党代会，两会精神，深入学习贯彻习近平总书记关于西藏工作的重要论述和新时代党的治藏方略以及总书记视察西藏重要讲话精神，认真落实自治区党委、自治区人民政府，市委、市人民政府各项决策部署，团结带领广大党员干部群众，开拓进取，奋力拼搏，全县经济社会各项事业不断向前推进。

【深化改革】 2021年，康马县组织学习习近平总书记在中央全面深化改革委员会第十八、二十一、二十二、二十三次会议上的重要讲话精神。根据实际情况，深化国有企业改革，完善现代企业制度，优化民营经济发展环境。牢固树立“招商引资是拉动产业发展的一号工程”的理念，解放思想，大力招引新企业新项目，巩固落地项目持续稳定投资。加强基础设施建设，补齐农牧区基础设施短板；推进产业有效衔接与发展，坚持产业兴村，全面振兴村集体经济；加强对扶贫产业项目资金资产的监督管理，推动特色优势产业可持续发展。实施农村“双创”带头人培育计划，抓好藏语和汉语教育，确保学前教育、义务教育阶段藏语和汉语教育普及率达到100%。实施好学生营养改善计划和城镇学前三年、农牧区学前两年儿童受教育工作，全力抓好控辍保学。持续推进县域医疗卫生一体化综合改革，建强医疗卫生人才队伍，实施基层卫生人才提升计划及援藏医疗计划。

【从严治党】 2021年，康马县聚焦新冠肺炎疫情防控、维护社会稳定、换届工作、脱贫攻坚、保障和改善民生及私车公养、工资津贴补贴、“村霸”“砂霸”排查、农村乱占耕地建房等重大工作任务，开展各类监督检查140次，发放藏语和汉语康马县村组织换届纪律换届明白卡1300张，协同县委组织部发放县、乡换届明白卡1600张，在“康马县发布”滚动发布严明换届“十严禁”公告，让党员群众知晓哪些行为合法、哪些行为违法，实现换届规定、政策广泛知晓，纪律严格遵守。全年共受理问题线索28件，建立健全党员干部廉政档案298份，采取当面澄清、会议澄清相结合的方式为3名党员和干部澄清正名。

重要会议

【中共康马县第十次代表大会】 6月26日召开，县委副书记、县人民政府县长祝涛主持。应到代表189名，实到173名，县委书记扎西多布拉代表中共康马县第九届委员会向大会作题为《勇担使命再出发 接力奋进谱新篇 为全面建设社会主义现代化新康马而努力奋斗》的报告，中共康马县第九届纪律检查委员会以书面形式向大会作题为《心无旁骛抓落实 奋力拼搏干事业 坚定不移推动新时代纪检监察工作高质量发展》的报告。

【全体会议】

第九届委员会第八次全体会议暨县委经济工作会议 3月15日召开，县委常委会主持，县领导王瑞斌、多吉次仁、于平、潘克祥、李修峰、达瓦、闫会峰、惠建妮出席会议，县委委员、候补委员出席会议。会议听取和审议县委书记李仁新代表县委常委会作的题为《立足新起点，勇担新使命，全面开启康马建设社会主义现代化新征程》的工作报告，审议通过《中国共产党康马县第九届委员会第八次全体会议决议（草案）》；县委副书记、县人民政府县长扎西多布拉安排部署2021年全县经济工作；听取市人民政府副市长、县委书记李仁新代表县委常委会作的2020年度干部选拔任用工作报告，全体参会人员对县委2020年度干部选拔任用工作进行民主评议。

第九届委员会第九次全体会议 3月26日召开，县委常委会

2021年3月26日，中国共产党康马县第九届委员会第九次全体会议召开　（县委办　提供）

主持，县领导扎西多布拉、于德波、王瑞斌、多吉次仁、于平、潘克祥、李修峰、达瓦、闫会峰出席会议。会议听取和审议市人民政府副市长、县委书记李仁新受县委常委会委托所作的《中共康马县委关于召开中国共产党康马县第十次代表大会的说明》，审议通过《中共康马县委关于召开中国共产党康马县第十次代表大会的决议（草案）》。

第九届委员会第十次全体会议　6月25日召开，应到县委委员24名、实到21名。县委常委会主持，县委书记扎西多布拉作讲话，县领导祝涛、于德波、王瑞斌、扎西多吉、王开苗、李修峰、达瓦、贡布多杰、闫会峰、巴桑次仁、惠建妮、巴顿、高志平、陈宇、李延斌、边多出席会议。会议听取中国共产党康马县第十次代表大会筹备工作情况，安排部署县换届工作，审议通过有关报告、决议。

第十届委员会第一次全体会议　6月26日召开，县委书记扎西多布拉主持。应到县委委员27名、候补委员5名，实到县委委员27名，候补委员5名，县委委员、候补委员出席会议，市纪委机关、市委组织部换届风气现场督导组到会指导。会议通过《中国共产党康马县第十届委员会第一次全体会议选举办法》和总监票人、监票人名单。以无记名投票方式选举产生中国共产党康马县第十届委员会常务委员会委员、书记、副书记；以举手表决的方式通过中国共产党康马县第十届纪律检查委员会第一次全体会议关于领导班子选举结果的报告。

第十届委员会第二次全体会议　6月26日召开，扎西多布拉主持。应到代表189人、实到代表176人，市纪委机关、市委组织部联合换届风气现场督导组到会指导。会议审议通过《中国共产党康马县第十次代表大会选举办法》，表决通过总监票人、监票人名单，宣布大会总计票人、计票人名单。会议以举手表决方式通过《中国共产党康马县第十次代表大会关于中共康马县第九届委员会报告的决议》《中国共产党康马县第十次代表大会关于中共康马县第九届纪律检查委员会工作报告的决议》；投票选举产生康马县第十届委员会委员

2021年6月26日，中国共产党康马县第十届委员会第一次全体会议召开　（县委办　提供）

候选人27名、候补委员候选人5名、纪律检查委员会委员。

【常委会会议】

第九届委员会第七十七次会议　1月13日召开，受市人民政府副市长、县委书记李仁新委托，县委副书记、县人民政府县长扎西多布拉主持。县委常委多吉次仁、潘克祥、达瓦、惠建妮出席会议，县政协主席扎西多吉列席会议。会议传达学习《中共中央、国务院关于实现巩固拓展脱贫攻坚成果同乡村振兴有效衔接的意见》《中国共产党统一战线工作条例》精神，自治区党委主要领导在自治区强边工作会议上的讲话精神，自治区、市关于党员领导干部违反有关规定的通报精神。

第九届委员会第七十八次会议　1月28日召开，市人民政府副市长、县委书记李仁新主持。县委副书记、县人民政府县长扎西多布拉，县委副书记王瑞斌，县委常委多吉次仁、于平、潘克祥、达瓦、惠建妮出席会议，县政协主席扎西多吉列席会议。会议传达学习习近平总书记在中央农村工作会议上的重要讲话精神，党中央及自治区、市委有关文件精神，听取县委常委会班子2020年度民主生活会会前有关工作准备情况汇报，就近期重点工作进行安排部署。

第九届委员会第七十九次会议　2月7日召开，受市人民政府副市长、县委书记李仁新委托，县委副书记、县人民政府县长扎西多布拉主持。县委副书记王瑞斌，县委常委多吉次仁、于平、潘克祥、达瓦、惠建妮出席会议，县政协主席扎西多吉列席会议。会议传达学习自治区党委主要领导在自治区党委人大工作会议上的讲话精神，自治区有关文件精神，安排部署村“两委”换届工作和近期有关工作。

第九届委员会第八十次会议　3月3日召开，市人民政府副市长、县委书记李仁新主持。县委副书记、县人民政府县长扎西多布拉，县委常务副书记于德波，县委副书记王瑞斌，县委常委多吉次仁、于平、潘克祥、李修峰、达瓦、闫会峰、惠建妮出席会议；县政协主席扎西多吉列席会议。会议传达学习习近平总书记在中央政治局第二十七次集体学习会、在党史学习教育动员大会上的重要讲话精神，《中央巡视工作领导小组印发〈中央第十巡视组关于巡视西藏自治区的反馈意见〉的通知》精神，自治区党委关于落实巡视整改有关会议精神，安排部署全县巡视整改、党史学习教育、维护国家安全和社会稳定工作；研究部署开展政法队伍教育整顿有关事宜。

第九届委员会第八十一次会议　3月10日召开，市人民政府副市长、县委书记李仁新主持。县委副书记、县人民政府县长扎西多布拉，县委副书记王瑞斌，县委常委于平、潘克祥、李修峰、达瓦、闫会峰、惠建妮出席会议。会议传达学习中央有关会议精神，习近平总书记在全国脱贫攻坚总结表彰大会、中央党校（国家行政学院）中青年干部培训班开班式上的重要讲话精神，听取县人大常委会党组、县人民政府党组、县政协党组、县人民法院党组、县人民检察院党组及县总工会、团县委、县妇联

2021年3月10日，中共康马县第九届委员会第八十一次常委会会议召开　（县委办　提供）

2020年工作开展情况报告，听取2019—2021年全县“遵行四条标准、争做先进僧尼”教育实践活动工作开展情况报告，研究部署有关工作。

第九届委员会第八十二次会议　3月19日召开，市人民政府副市长、县委书记李仁新主持。县委副书记、县人民政府县长扎西多布拉，县委常务副书记于德波，县委副书记王瑞斌，县委常委多吉次仁、于平、达瓦、闫会峰、惠建妮出席会议；县政协主席扎西多吉列席会议。会议传达学习习近平总书记在第十九届中央纪律检查委员会第五次全体会议上的重要讲话精神，中央、区党委有关会议精神；听取县、乡换届工作开展情况汇报，研究部署县、乡换届、意识形态等相关工作。

第九届委员会第八十三次会议　3月26日召开，市人民政府副市长、县委书记李仁新主持。县委副书记、县人民政府县长扎西多布拉，县委常务副书记于德波，县委副书记王瑞斌，县委常委多吉次仁、于平、潘克祥、李修峰、达瓦、闫会峰出席会议；县政协主席扎西多吉列席会议。会议传达学习《中共中央关于印发〈中国共产党地方组织选举工作条例〉的通知》精神，自治区党委常委、秘书长刘江在自治区为基层减负工作第五次推进会上的讲话精神；审议通过《中国共产党康马县第十次代表大会决议（草案）》《康马县2020年村级组织班子及班子成员考核情况报告》《康马县2020年各行业领域党组织党建考核情况报告》。

第九届委员会第八十四次会议　4月13日召开，市人民政府副市长、县委书记李仁新主持。县委副书记、县人民政府县长扎西多布拉，县委常务副书记于德波，县委副书记王瑞斌，县委常委多吉次仁、于平、潘克祥、李修峰、达瓦、闫会峰、惠建妮出席会议；县政协主席扎西多吉列席会议。会议传达学习习近平总书记在中央政治局第二十八次集体学习时的重要讲话精神，《中共西藏自治区委员会办公厅关于认真做好市县乡领导班子换届工作的通知》精神，吴英杰、何文浩在全区政法队伍建设教育整顿动员部署会议上的讲话及吴英杰给全区地厅级主要领导干部讲专题党课精神；听取中共康马县委关于中央第十巡视组巡视反馈意见整改落实情况、全县政法队伍教育整顿工作推进情况汇报，就县乡换届、驻村工作以及“三转”工作进行研究部署。

第九届委员会第八十五次会议　4月18日召开，市人民政府副市长、县委书记李仁新主持。县委常务副书记于德波，县委副书记王瑞斌，县委常委王开苗、多吉次仁、于平、潘克祥、李修峰、达瓦、闫会峰、惠建妮出席会议；县政协主席扎西多吉列席会议。会议传达学习换届有关文件精神，审议通过城乡建设用地增减挂钩项目实施方案等，就县乡换届、大额资金使用等工作进行研究部署。

第九届委员会第八十六次会议　4月19日召开，市人民政府副市长、县委书记李仁新主持。县委常务副书记于德波，县委副书记王瑞斌，县委常委王开苗、多吉次仁、于平、潘克祥、李修峰、达瓦、闫会峰、惠建妮出席会议；县政协主席扎西多吉列席会议。会议传达学习《中共日喀则市委印发〈关于激励干部担当作为实施容错纠错的办法（试行）〉的通知》精神，审议研究“三重一大”事项。

第九届委员会第八十七次会议　4月26日召开，市人民政府副市长、县委书记李仁新主持。县委副书记、县人民政府县长扎西多布拉，县委常务副书记于德波，县委副书记王瑞斌，县委常委王开苗、多吉次仁、于平、潘克祥、李修峰、闫会峰、惠建妮出席会议。会议研究审议各乡（镇）领导班子换届事宜，安排部署乡（镇）换届有关工作。

第九届委员会第八十八次会议　6月15日召开，县委书记扎西多布拉主持。县委副书记、县人民政府县长候选人祝涛，县委常务副书记于德波，县委副书记王瑞斌，县委常委王开苗、达瓦、贡布多杰、闫会峰、惠建妮、巴桑次仁、巴顿、高志平出席会议；县人大常委会主任达瓦平措、县政协主席扎西多吉、县人民法院院长边多列席会议。会议传达学习习近平总书记在青海考察和十九届中央政治局第二十九次集体学习时的重要讲话精神，党中央、国务院重要文件精神，听取全县政法队伍教育整顿推进情况报告，研究部署政法教育整顿、县纪委“三转”等有关事宜。

第十届委员会第一次会议 7月5日召开，县委书记扎西多布拉主持。县委副书记、县人民政府县长祝涛，县委常务副书记于德波，县委副书记王瑞斌，县委常委王开苗、李修峰、达瓦、贡布多杰、闫会峰、惠建妮、巴桑次仁、巴顿、高志平出席会议；县人大常委会主任达瓦平措，县政协主席扎西多吉，县领导尼平、拉琼次仁、坚参、张丽华、次仁加布、陈宇、李延斌、曲珍、米玛、顿珠旺加、梅付光、边多、周鹏列席会议。会议传达学习习近平总书记在中国共产党成立100周年大会上的重要讲话精神、《中国共产党地方委员会工作条例》精神，研究部署县“四大班子”工作分工、“政治标准要更高、党性要求要更严、组织纪律性要更强”专题教育等有关事宜。

第十届委员会第二次会议 7月20日召开，县委书记扎西多布拉主持。县委副书记、县人民政府县长祝涛，县委副书记王瑞斌，县委常委李修峰、达瓦、贡布多杰、惠建妮、巴桑次仁、扎西罗布、巴顿、高志平出席会议；县人大常委会主任达瓦平措，县领导拉琼次仁、坚参、张丽华、次仁加布、索朗次仁、陈宇、李延斌、曲珍、米玛、顿珠旺加、梅付光、边多、周鹏列席会议。会议传达学习《中共中央办公厅关于印发〈干部双重管理工作规定（试行）〉的通知》等重要文件精神；听取县委常委会班子“政治标准要更高、党性要求要更严、组织纪律性要更强”专题教育民主生活会会前有关筹备事宜，就专题教育民主生活会、制度建设、河湖管理、基层文艺队伍建设、信访联席有关工作进行研究部署。

第十届委员会第三次会议 7月30日召开，县委书记扎西多布拉主持。县委副书记王瑞斌，县委常委李修峰、贡布多杰、巴桑次仁、扎西罗布、巴顿、高志平出席会议。会议传达学习习近平总书记在西藏考察时的重要讲话精神、自治区党委相关文件精神，研究康马县贯彻落实意见；安排部署防汛、依法治县等有关工作。

第十届委员会第四次会议 8月30日召开，县委书记扎西多布拉主持。县委副书记、县人民政府县长祝涛，县委常务副书记于德波，县委副书记王瑞斌，县委常委王开苗、李修峰、达瓦、惠建妮、巴桑次仁、扎西罗布、巴顿、高志平出席会议。会议传达学习《中共中央、全国人大常委会、国务院、中央军委关于庆祝西藏和平解放70周年的贺电》和汪洋在庆祝西藏和平解放70周年大会上的讲话精神，讨论研究大额资金使用相关议题，审议通过《康马县委、县政府及各乡（镇）、县（区、中）直有关部门和单位生态环境保护责任清单的请示》《康马县贯彻落实〈西藏自治区中长期青年发展规划（2018—2025年）的实施方案〉》《康马县关于〈西藏自治区民族团结进步模范区创建规划（2021—2025年）实施细则〉》《中共康马县委员会巡察工作规划（2021—2025年）》《十届县委第一轮巡察工作方案》，听取全县扫黑除恶专项斗争、党风廉政建设和反腐败工作以及疫情防控工作情况汇报，研究相关事宜，安排部署下一步工作。

第十届委员会第五次会议 10月14日召开，县委书记扎西多布拉主持，县委副书记、县人民政府县长祝涛，县委常委达瓦、贡布多杰、闫会峰、巴桑次仁、巴顿、高志平出席会议；县政协主席扎西多吉，县人大常委会副主任尼平，县人民政府副县长次仁加布、陈宇、李延斌，县人民检察院检察长周鹏，县直单位有关负责人列席会议。会议传达学习习近平总书记在中央民族工作会议、中央党校（国家行政学院）中青年干部培训班开班式上的重要讲话精神，习近平总书记在陕西榆林考察时的重要讲话及给“高原戍边模范营”全体官兵的回信精神；审议通过《关于修改县委常委会会议议事规则的建议》；研究部署开展“四史”及西藏地方和祖国关系史宣传教育及乡村农牧产业发展工作。

第十届委员会第六次会议　11月8日召开，县委书记扎西多布拉主持。县委副书记、县人民政府县长祝涛，县委常务副书记于德波，县委副书记王瑞斌，县委常委达瓦、贡布多杰、闫会峰、巴桑次仁、巴顿、高志平出席会议。会议传达学习习近平总书记在中央人大工作会议、纪念辛亥革命110周年大会、黄河流域生态保护和高质量发展座谈会上的重要讲话精神，传达学习自治区党委主要领导批示及有关重要文件精神，审议通过《关于解决县委党史学习教育工作经费的请示》《关于解决中共康马县人社局党组党建经费的请示》《关于县级领导联系指导合作社的建议》等有关议题；研究部署县委常委会班子专题民主生活会相关事宜。

县委办公室工作

【办文办会】　2021年，中共康马县委员会办公室（简称“县委办”）坚持严把“三关”。对由县委办起草的文件，仔细拟稿，精益求精；对由部门代拟的文件，严格审核，仔细修改，力求正确到位，确保所有文件格式、内容及每一个标点符号都正确无误。全年共撰写领导讲话80篇、各类文件110篇、上报材料95篇。由办公室专人负责工作，传阅文件要及时登记，应该保存的文件要及时整理存档。全年共传阅上级非涉密文件320份，涉密文件110份。在及时、正确、全面提供信息的前提下，狠抓信息收集和反馈工作，紧贴县委的中心工作，抓住重点、难点、热点、特点，突出超前性、苗头性、综合性、指导性，为领导决策参考提供高质量的信息90条。

【调查研究】　2021年，县委办紧紧围绕全县大局和党的中心工作，抓住党委决策的重大问题和关注点，捕捉全县社会、经济、生活方面的热点和难点问题，随时抓住当前工作的新情况、新问题，有目的、有计划、有组织地在深化基层、深化群众、深化实际中去调查研究，掌握第一手资料，正确反映客观真实情况，敏锐地发现问题，为县委和领导决策献计献策。

【保密机要】　2021年，县委办全年使用“520”系统召开会议60次；开展保密检查9次，累计检查单位60家次；自查密码设备18次，发现问题18个，处理故障11处。

【基层减负】　2021年，县委办严格贯彻落实习近平总书记关于“持续为基层减负”的重要指示精神和党中央关于深化拓展“基层减负年”工作的决策部署，坚持只减不增原则，严防会议、文件、督查检查考核过多、过滥问题反弹，巩固拓展“基层减负年”成果。全年发文68件，加强会议审批程序管理，全面推行“无会日”制度，严格控制会议数量、会议规模和会议时长，能不开的坚决不开、能合并开的合并召开，不断提高会议效率。

组织工作

【思想理论学习】　2021年，中共康马县委员会组织部（简称“县委组织部”）结合党史学习和“三更”教育，组织学习90余场次、专题研讨30余次，形成研讨发言材料238份；举办中共十九届六中全会等党员政治培训11期；投资110万元修建乃宁曲德寺爱国主义教育基地展馆，开展学习教育20余场次，受众3000余人次；开展“学史力行，我为群众办实事”551件，受众3.9万人次。

【基层组织建设】　2021年，县委组织部扩大“两新”组织党的组织工作覆盖面，11个符合“三有”标准的“两新”组织实现党的组织和工、青、妇组织“4个100%”覆盖要求，实现群众就业210人次、增收800余万元；全力打造基层党建示范点，加强“三化六好”基层党组织建设，并打造7个区、市级示范点，建设村史馆22个；实施基层党建“双亮”工程，各乡（镇）、村活动场所实现“颜值”“气质”双提升。

【干部队伍建设】 2021年，县委组织部开展村干部国家通用语言文字教育培训，319人结对帮学358名村干部，在市级互查抽查中多次取得第一名，85%以上村干部掌握“听、说、读、写”的基本能力；推进农牧区违规违纪发展党员排查整顿工作，整改完成问题线索173件；投入援藏资金80万元，组织69名村干部开展区外轮训2期，同步推进村干部素质提升，举办素质能力提升班4期（247人参加）。

【人才队伍建设】 2021年，县委组织部满职数选优配强乡（镇）领导班子，99名班子成员平均年龄同比降低3.38岁。村班子平均年龄和学历实现“一降一升”目标。大胆使用优秀年轻干部，提拔调整干部203名，其中，85后正科级干部17名、90后副科级干部55名；培养培育乡村人才，投入257.6万元开办技能培训31班次，培训人员1348人；落实初级职称申报评聘17人、中级10人；全县49个驻村点派驻县、乡级驻村工作队员118名（含派驻村党组织第一书记44名），12个重点村有县级以上单位选派的驻村工作队。

2021年3月29日，康马县举办新任党组织书记履职能力提升暨国家通用语言培训班 （县委编办 提供）

【机构编制管理】 2021年，中共康马县委员会机构编制委员会办公室（简称“县委编办”）调整乃宁曲德寺、拉吉寺、甘丹曲林寺3个正科级寺管会机构，为县人民政府派出机构，归县委统战部管理，对辖区内寺庙、拉康进行片区化管理，并按照市委编办要求，核定行政编制16名；整合康马广播电视台、“康马县发布”、县互联网评论中心资源，组建康马融媒体中心，为县人民政府直属正科级事业单位，整合县级广播电视台和互联网评论中心事业编制，设科级领导职数2名；全县新增行政编制5名，事业编制53名，其中，乡村振兴领域18名，卫生领域13名，教育领域20名，部分乡农牧综合服务中心2名；县委编办严格按照编制使用管理规定，将增加的5名行政编制用于加强县外事办和乡（镇）护边联防工作力量，新增53名事业编制用于乡村振兴、卫生、教育等领域以及乡（镇）农牧综合服务中心，确保专编专用。

【强基惠民】 2021年，康马县各基层党组织联合辖区驻军部队、片区警察等力量进行爱国主义教育、民族团结教育、维稳巡逻180场次；组建新冠肺炎疫情防控志愿服务队71支，44名党员干部、医护人员全时驻扎抵边山口，实时监测新冠肺炎疫情动态，严防输入；牛羊规模育肥1.5万只（头）；雅江雪牛“十位一体”全产业链规范化养殖初步形成，繁育雅江雪牛582头，实现收益350万元；全县规范运营合作社71家，实现收入1858万元；引导村集体经济发展壮大，实现2个村收入100万元以上，3个村50万元以上；打造新时代文明实践中心1个，带动9个乡（镇）场所，辐射49个村级服务站，培育农牧民宣讲员98名。

宣传工作

【意识形态领域工作】 2021年，中共康马县委员会宣传部（简称“县委宣传部”）落实《日喀则市委关于落实〈中国共产党宣传工作条例〉实施意见》要求，先后召开全县宣传思想文化领域工作例会3次，听取近期工作开展情况和安排部署下阶段工作；制定《康马县贯彻〈党委（党组）意识形态工作责任制实施办法〉实施细则》，抓好中央第十巡视组意识形态工作责任制专项检查反馈问题整改工作，认领5个方面32项问题，形成《康马县关于中央第十巡视组意识形态工作责任制专项检查组反馈问题整改任务方案》，逐项整改，并长期坚持。

【理论学习】 2021年，县委宣传部制发《康马县理论学习中心组实施意见》，开展专题学习16次、交流研讨52人次，参学率在90%以上。制发《康马县党委（党组）理论学习中心组列席旁听实施方案》，自7月起实施列席旁听6个党委理论学习中心组。制发《康马县“学习强国”西藏平台学习管理办法》，加强“学习强国”学习平台学习和供稿力度，全年供稿75篇，数量6月在全市排名第五、7月在全市排名第二；供稿康马县新闻50篇。

【宣传教育】 2021年，县委宣传部把宣传宣讲习近平总书记“七一”重要讲话精神和在西藏考察时的重要讲话精神等内容作为一项重要政治任务，组织县级领导包乡、科级干部包村、驻村队员及村“两委”包户，农牧民宣讲员常态化宣讲“3+1”模式。全年全县各级党组织开展各类示范宣讲710场次，受益群众5.8万人次。其中，10月17日至11月5日，组织开展“永远跟党走”文艺巡演暨“五史”巡回宣讲活动，覆盖全县21个行政村，通过“文艺+宣讲+有奖问答”的方式，进一步树牢康马群众的核心意识，营造共庆百年华诞、共筑复兴伟业的浓厚氛围，活动期间共发放奖品100余份。

【舆情管理】 2021年，县委宣传部统筹线上线下宣传资源，广泛宣传疫情防控科普知识，利用乡村广播每日定时播放新冠肺炎疫情防控预防知识2小时；结合党史学习教育开展新冠肺炎疫情防控巡回宣讲3批次41场次，覆盖面达84%；在微信公众号、抖音号等媒介转载新冠肺炎疫情防控常识，“康马县发布”转载信息124条，刊登宣传标语3500条，点击量34.05万人次。“康马县融媒体中心”抖音号转载信息16条，制作微视频《接种新冠疫苗，人人有责》，全网推送点击量41.9万次，点赞4398人次。做好新冠肺炎疫情防控信息发布、舆情管理综合工作。

【精神文明建设】 2021年，康马县坚持“文明城市人民建、建好城市为人民”总要求，以创建自治区文明城市为契机，召开县创建自治区文明城市动员大会，制发《康马县创建自治区文明城市工作任务分解书》，以车辆乱停、垃圾乱放、小区脏乱差等问题为导向，建立“文明创建·火眼金睛”微信工作群，开设“不文明行为”曝光台，召集县委组织部、县公安局、县城管局、县市场监管局对城市重点部位进行整改督查，全面掀起人人参与、人人关心的创建氛围。巩固文明城市创建工作成效，与上级部门对接，申报入选自治区级“文明单位”2个、“文明村镇”2个、“文明家庭”2户；康马县被市文明委推荐为“自治区未成年人思想道德建设工作先进城市”。开展“清源、固边、净网、护苗”专项行动，共排查20次，出动执法人员80人次，累计排查经营单位200余家、农家书屋8所、寺庙书屋3所。结合“4·23”世界读书日、“4·26”世界知识产权日，在县中学开展以“书香伴我成长、阅读圆我梦想”为主题的“2021绿书签行动”宣传周读书活动，向全体师生发放“扫黄打非”相关宣传资料150份、“护苗2021·绿书签”50份。

【新时代文明实践中心（所、站）】 2021年，县委宣传部围绕新时代文明实践中心（所、站）建设，康马县新时代文明实践中心（所、站）形成“两个中心”（新时代文明实践中心、融媒体中心），同步推进“三级组织”（县中心、乡实践所、村实践站），持续推进“五大平台”（理论宣讲平台、教育服务平台、文化服务平台、科技与科普服务平台、健身体育服务平台）和“1+8+3+N”志愿服务队的新时代文明实践中心（所、站）联动协作工作模式。县委统筹安排专项工作经费200万元，用于全县新时代文明实践中心（所、站）的运营及各类实践活动的开展。全县建成1个中心、9个实践所、49个实践站，实现县、乡、村三级全覆盖，8个乡、1个镇、49个村经常开展文明实践活动。全年组织召开实践中心（所、站）联席会议2次、宣讲员培训会1次、工作专题培训会1次。成立县级志愿服务总队，牵头成立县级志愿服务分队13支，乡（镇）志愿服务队117支，志愿者人数6945人，占全县总人口的32%。落实每月5日全区新时代文明实践推动日活动，创新开展每月第一周、星期一全县党员领导干部和农牧民群众“升国旗 唱国歌”活动、“舞动健康 文明康马”群众广场舞活动、“为民办学 文明交通”“美丽康马，我是行动者”行动、“垃圾随捡，从我做起”行动；中秋节期间举办“我们的节日·中秋节——壮丽100年 奋斗新征程”诗歌朗诵比赛。结合“我为群众办实事”实践活动，县文明交通志愿服务队为群众免费发放驾驶头盔，设立“文明交通交流群”（成员包括全县所有具有驾驶资格证的农牧民群众），定期推动文明驾驶交通常识；县法律援助志愿服务队到辖区开展普法宣传工作，县卫生环保志愿服务队到辖区开展免费问诊、体检、发放常规医疗药品等活动，组织5名电影放映员到全县45个点开展“五史”宣传教育爱国主义影片巡回放映活动，得到康马县广大干部群众的赞扬。至年末，共开展各类志愿服务活动820场次，3.95万人参与。

【媒体融合】 2021年5月21日，申请注册“康马县融媒体中心”抖音号；注册有快手、视频号、微博等多个媒体平台。全年抖音号共发布新闻作品460篇，粉丝量12358人，获赞13.4万次，单条视频《人民的心声——白龙村妇女主席采访》点击量41.9万次、点赞量5488次。两会期间，各平台开设两会专题专栏，报道会议盛况、代表委员心声，集中播发新闻报道80余篇，为党代会及两会召开营造浓厚的氛围。6月16日，康马县融媒体中心正式挂牌成立。全年召开新闻报道工作例会4次，康马卫视刊播新闻212条，市级媒体采用95条，自治区级媒体采用35条，《人民日报》采用3条，网络平台推送和发布信息616期3626条，在康马县人

2021年9月18日，康马县新时代文明实践中心组织举办“我们的节日·中秋节——壮丽一百年 奋斗新征程”诗歌朗诵比赛

（县委宣传部 提供）

民政府新闻网发布康马县信息1012条，康马数字电影院放映各类电影321场次，观影912人次，累计票房收入29126元。

【文化文艺活动】 2021年，县委宣传部借助庆祝中国共产党成立100周年和西藏和平解放70周年契机，结合党史学习教育和“我们的节日”系列方案，举办文艺会演、文艺巡回、演讲比赛、朗诵比赛、知识竞赛、文体竞赛等活动，激发康马各族人民齐心协力建设幸福康马的热情激情；按照营造“热烈、喜庆、简约”大庆氛围，以国道沿线高炮广告牌为主、县城道路两旁墙体宣传栏为辅，插挂国旗、彩旗、彩条，制作悬挂广告28面、宣传栏86处、国旗260面、彩旗120个、彩条500米。

统战工作

【党外知识分子工作】 2021年，中共康马县委员会统一战线工作部（简称“县委统战部”）以庆祝中国共产党成立100周年和西藏和平解放70周年为契机，组织全县党外知识分子代表召开座谈会1次、学习活动3次，畅通党外知识分子代表建言献策的途径。

【藏胞、侨务工作】 2021年，县委统战部组织藏胞胞眷集中宣讲习近平总书记在庆祝中国共产党成立100周年大会上的讲话和在西藏考察期间的重要讲话精神1次，受众132人次；给境外藏胞胞眷发放口罩、消毒液等防疫物资，价值4000余元；推荐2名藏胞胞眷先后参加市委统战部藏胞科组织的国情教育观摩学习培训。

【助力民营经济发展】 2021年，县委统战部组织民营企业负责人学习贯彻习近平总书记关于民营经济工作的系列重要讲话精神和重要论述，中共十九届五中、六中全会精神，中央第七次西藏工作座谈会精神，中央、自治区、市、县委经济工作会议精神，召开座谈会2次、联谊会1次。加强民营经济在全县经济发展和乡村振兴工作中的衔接。全县10个民营企业代表为嘎拉乡克章木村贫困户尿毒症患者旦巴旺堆爱心捐款54983元；组织民营经济企业负责人和党建工作人员13人到日喀则市金塔集团、圣雄集团、桑珠孜饭店考察学习民营经济党建工作1次。

【促进民族团结进步】 2021年，县委统战部以模范创建“九进”工作为抓手，加强创建工作安排部署和现场指导，做好自治区第一批民族团结进步模范县（区）——康马县、民族团结进步模范单位——康马镇、民族团结进步教育基地——乃宁曲德寺的创建工作；邀请县“三官”队伍到南尼村、楚嘎村、少岗村、康马村开展以“铸牢中华民族共同体意识，推动民族团结进步创建”为主题的民族政策法规宣讲活动，受益150人次；“三大节日”前夕，慰问全县民族通婚家庭及在县城就地过年的区外经商户，发放慰问金2万元；以“六一”国际儿童节为契机，联合康马镇小学开展以“中华民族一家亲，同心共筑中国梦”为主题的民族团结进学校活动；组织全县干部开展“民族团结进步从我做起”升国旗、签名仪式，民族法规政策宣传，僧人书法比赛系列活动。

【“遵行四条标准、争做先进僧尼”主题教育】 2021年，县委统战部采取“涉宗干部深入讲、驻寺干部经常讲、寺庙高僧大德巡回讲”三种宣讲方式，深入学习贯彻习近平新时代中国特色社会主义思想、中共十九届五中全会精神、中央第七次西藏工作座谈会精神、习近平总书记在庆祝中国共产党成立100周年大会上的讲话和在西藏考察特别是考察哲蚌寺时的重要讲话精神，宣传党史、新中国史、改革开放史、西藏解放史，教育引导寺庙僧人及广大信教群众在大是大非面前立场坚定、旗帜鲜明。各寺庙不定场次开展新旧对比教育、演讲比赛、书法比赛，发放《习近平谈治国理政》（藏文版）60套，僧人撰写习近平总书记“七一”重要讲话精神心得体会53篇，制作宣传横幅10条。邀请自治区党校高级讲师岗巴为全县涉宗干部和寺庙僧人巡回宣讲2场次，参与人数50余人。在全县寺庙范围内组织开展以“民族团结一家亲 同心共筑中国梦”“听党话、跟党走”“喜迎中国共产党成立100周年”“爱国爱教书法比赛”“党的光辉照边疆 边疆人民心向党”为主题的演讲、书法比赛。

【驻寺党组织建设】 2021年，全县各驻寺党组织每周一开展升国旗、唱国歌、在国旗下诵读党章活动；支部以“5+N”主题活动为载体，开展党员集中学习96次，党员承诺书25份，撰写心得体会75篇；观看爱国主义影片20场次、廉政教育片8场次。

【新冠肺炎疫情防控】 2021年，县委统战部落实自治区党委、市委关于疫情防控工作的重要指示精神，把新冠肺炎疫情防控重点放在外防输入上，组织统战、民宗、驻寺干部开展新冠肺炎疫情防控工作培训、演练，不断强化寺庙朝佛人员日常登记工作、环境消杀和应急处置工作，全县寺庙僧人接种新冠肺炎疫苗47人，6人因身体原因未接种。

党校教育

【主体培训】 2021年，中国共产党康马县委员会党校（简称“县委党校”）坚持“党校姓党”原则，严格按照县委的安排部署和2021年度培训总体计划举办党校主体班次共6期，参训人数达370人。

第十批驻村工作队岗前培训班 4月22—23日，为期2天，全县第十批驻村工作队队长和第四批第一书记共85人参加培训。培训班聚焦产业兴旺、生态宜居、乡风文明、治理有效、生活富裕五大振兴领域，专门邀请党校教师和业务骨干，解读中共十九届五中全会精神、《全区2021年驻村工作职责》和全市基层党建十项任务清单等内容。

新村党组织书记、村委会主任履职能力提升暨国家通用语言培训班 3月29日至4月1日，为期4天。培训班紧扣新时代基层工作新要求，紧扣换届后新任村干部需要及时充电蓄能的需求，深刻解读中共十九届五中全会精神和中央第七次西藏工作座谈会精神，对《中国共产党支部工作条例（试行）》、《中国共产党农村基层组织工作条例》、基层党组织标准化建设、发展党员、《中国共产党纪律处分条例》及常见村干部违规违纪案例等进行专题辅导；提升学员国家通用语言文字水平，对学员进行听、说、读、写专项训练；充分利用西藏党员教育网微党课资源，集中观看学习“中国共产党为什么能”“严明党的政治纪律和政治规矩”等内容。

基层党务工作者业务提升培训班 9月16—18日，为期3天，全县各乡（镇）党委副书记、组织委员，县直机关各党支部党务工作者共计71人参加。培训班聚焦基层党务工作者存在的能力不强、业务不精、作风不实等实际问题，聚焦如何做好基层党建工作这一主线，深刻解读习近平总书记在西藏考察时的重要讲话精神，对《中国共产党支部工作条例（试行）》《中国共产党农村基层组织工作条例》《中国共产党党和国家机关基层组织工作条例》《关于打造基层党建示范点的实施方案》、“三会一课”基本知识、发展党员相关知识、珠峰党建信息化平台的使用、基层党建标准化建设、基层党建示范点建设等相关知识做专题辅导。

新任第二期村干部履职能力提升暨国家通用语言培训班 11月2—4日，为期3天，全县各行政村党组织副书记（20名兼任村委会主任不重复参加）、未兼任群团组织负责人的所有副职村干部（不包括纪检委员）共60余人参加培训。培训班以新任村干部缺什么、想学什么为导向，解读习近平总书记在庆祝中国共产党成立100周年大会上的讲话精神、习近平总书记在西藏考察时的重要讲话精神，以严守党的政治纪律和政治规矩为主题作专题报告；邀请县委组织部负责人解读《中国共产党章程》、“三会一课”内容，县纪委机关负责人解读《中国共产党纪律处分条例》，并对常见村干部违纪违规案例进行深刻分析，县委政法委有关人员就“社会综合治理及群防群治”业务工作做专题辅导，县财政局有关工作人员就“村级财务工作规范化管理和使用”政策进行解读，县专合办工作人员就“试点农牧民专业合作社建设”做专题辅导；利用西藏党员教育网资源优势集中观看《十四世达赖集团反动本质》警示教育片，同时对村干部以笔试+口试方式进行国家通用语言文字测试。

第三期新任村干部履职能力提升暨国家通用语言文字学习示范班　11月10—11日，参训主要对象为全县49名村纪检委员、监督主任。培训班以习近平总书记在庆祝中国共产党成立100周年大会上的讲话精神、习近平总书记在西藏考察时的重要讲话精神、严守党的政治纪律和政治规矩为主题作专题报告；邀请县委组织部负责人解读《中国共产党章程》、“三会一课”内容，县纪委机关相关负责人解读《中华人民共和国监察法实施条例》，并对常见村干部违纪违规案例进行深刻分析，县财政局有关工作人员对“村级财务工作规范化管理和使用”政策进行解读；利用西藏党员教育网资源优势集中观看《十四世达赖集团反动本质》警示教育片，同时以《村干部国家通用语言文字日常用语学习提纲》《日喀则基层党员干部应知应会100套知识手册》内容为据，对村干部进行笔试+口试测试。

2021年乡村振兴专干履职能力提升专题培训班　12月16—17日，为期2天，42名乡村振兴专干参加培训。培训班聚焦“暖心、匠心、中心”三个方面，从中共十九届六中全会精神、自治区第十次党代会精神解读到对乡村产业发展的思考，从加强乡村生态文明建设的研究解读到党建引领乡村振兴之两个村庄书写改革故事的视频再现，从加强农村基层组织工作和人才工作解读到加强农村精神文明建设，各领域培训老师为参训学员做有针对性的讲解。

【专题培训】　2021年7月29日，县委党校联合县司法局举办康马县村干部、乡村振兴专干法律知识专题培训班，全县49个行政村治保调解委员和乡村振兴专干共120人参加。培训班上，县人民政府法律顾问西藏欧珠律师事务所律师次旺扎西围绕以《中华人民共和国乡村振兴促进法》、村委会的法定地位和职责、村级财务为主的村务管理相关法律规定及法律风险贪污罪、挪用公款罪或挪用特定款项罪、村干部容易涉及的刑事风险和防范措施、村干部参与合作社运营和管理规则、防范常识、村干部在参与外来补助资金及扶贫资金管理和使用过程中必须遵守的法律规定及相关的法律风险、农民专业合作社的概念、农民专业合作社的主体性质、农民合作社应当遵守的原则等内容，采取“以案释法、案例讨论”的形式进行详细解读和讲解。同时，现场为参训学员答疑解惑。

【对外办班】　2021年，县委党校在县委的正确领导和黑龙江省第七批援藏工作队的协助下，积极争取援藏交流交往交融项目和人才交流及技能培训项目，从援藏资金中划拨36万元，组织全县45名村党组织书记、村委会主任分两批到黑龙江省牡丹江市海林市委党校举办康马县村主干学习乡村振兴培训班。培训班紧扣乡村振兴战略，以专题教学和实地教学相结合的方式进行培训。

【理论宣讲】　2021年6月17日、10月29日、11月30日，县委党校先后到南尼乡、康马镇等地宣讲庆祝中国共产党成立100周年大会讲话精神和习近平总书记在西藏考察时重要讲话精神、中国共产党第九次党代会第六次全体会议精神、中国共产党西藏自治区委员会第十次党代会精神4期，受教育人数达1200人。

康马县人民代表大会

冲巴雍错　（县融媒体中心　提供）

综　述

【概　况】 2021年，康马县人民代表大会常务委员会（简称“县人大常委会”）严格落实县处级领导干部联系乡（镇）、学校、寺庙等制度，积极参与维护稳定、生态环保、乡村振兴、巡视巡察、党史学习教育宣讲督导、疫情防控、结对帮扶等各项工作。全年召开县人民代表大会会议2次、常委会会议10次、主任会议6次；听取审议相关工作报告6项，作出决议决定7项，形成审议意见2件7条；组织开展视察、调研、执法检查10次，出动60余人，参加全县重要会议、重大活动20余人次，通过人大渠道向党和有关国家机关提出意见建议80余件。

【政治理论学习】 2021年，县人大常委会组织全县人大代表深入学习党史、新中国史、改革开放史、社会主义发展史、西藏地方与祖国关系史，深入贯彻中共十九届六中全会、中央人大工作会议、自治区第十次党代会精神，习近平总书记关于党史学习教育的重要讲话和指示精神，习近平总书记在西藏视察时的重要讲话精神等内容，落实《关于新形势下党内政治生活的若干准则》《中国共产党党内监督条例》，把党的建设和党风廉政建设与人大工作同研究、同部署、同实施、同检查，推进党风廉政建设和作风建设。全年开展党组理论学习中心组集中学习10次、党史学习教育专题学习34次，召开专题民主生活会3次、专题研讨8场次，观看爱国主义影片、举办专题讲座等20余场次，形成心得体会及研讨提纲40余篇。班子成员到基层宣讲10场次，以普通党员身份参加支部组织生活20余人次；开展警示教育9场次，学习各类通报文件30余份，与20余人次谈心谈话，开展“我为群众办实事”实践活动13件次。

【人大代表培训、交流】 2021年，县人大常委会通过以会代训、集中培训、参观考察、“请进来、走出去”等方式，不断增强代表培训的针对性和实效性。全年组织代表外出学习考察24人次，以会代训100余人次。换届选举后，委托开展新任代表履职培训400余人次，集中培训30人次，外出学习考察24人次，以会代训100余人次；接待昂仁县、定日县、白朗县，山南市乃东区、隆子县等地人大代表来访考察。

重要会议

【人民代表大会】 2021年，县人大常委会召开县人民代表大会会议2次，分别为十三届人民代表大会第八次会议、十四届人民代表大会第一次会议。

第十三届人民代表大会第八次会议　3月17日上午举行预备会议，3月18日上午开幕，19日下午闭幕，共安排主席团会议3次、全体大会3次、代表团会议2次。会议听取和审议《康马县人民政府工作报告》《康马县第十三届人民代表大会常务委员会工作报告》《康马县人民法院工

2021年10月20—21日，康马县人大常委会举办新一届县乡人大代表第一期培训会　（县人大办　提供）

2021年6月27日，康马县召开第十四届人民代表大会第一次会议　（县人大办　提供）

作报告》《康马县人民检察院工作报告》，审查《康马县2020年国民经济和社会发展计划执行情况与2021年国民经济和社会发展计划草案的报告》《康马县2020年财政预算执行情况与2021年财政预算草案的报告》。

第十四届人民代表大会第一次会议　6月27—30日，在县文化中心召开。大会应到代表127名，实到代表121名。共举行全体会议4次、主席团会议4次、各代表团会议3次。会议期间，组织全体代表观看警示教育片《警钟长鸣》；听取和审议《康马县人民政府工作报告》《康马县人民代表大会常务委员会工作报告》《康马县人民法院工作报告》《康马县人民检察院工作报告》，并作出决议；审议通过《关于设立康马县第十四届人民代表大会法制财政科教委员会的决定》《康马县第十四届人民代表大会法制财政科教委员会组成人员名单》。康马县第十四届人民代表大会设立法制财政科教委员会，扎西仓决任副主任委员；康如乡边琼村党支部书记、村委会主任扎西平措兼任委员；南尼乡党委委员、人大主席巴桑，涅如堆乡党委委员、人大主席白玛伦珠，嘎拉乡农牧综合服务中心专业技术人员尼玛潘多，康如乡中心小学校长顿旦任委员。6月30日下午，县委书记扎西多布拉主持召开大会第三次全体会议（选举会议），会议应到代表127名，实到代表119名。表决通过大会选举办法和总监票人、监票人名单，发出康马县第十四届人民代表大会常务委员会主任、副主任选票，康马县第十四届人民代表大会常务委员会委员选票，康马县人民政府县长、副县长选票，康马县委监委主任、康马县人民法院院长、康马县人民法院院长选票4种选票各119张，收回4种选票各119张，有效票各119张。经过选举，各项职务候选人均获得应到代表过半数的赞成票。达瓦平措当选为康马县第十四届人民代表大会常务委员会主任，尼平、拉琼次仁、坚参、张丽华4人当选为康马县第十四届人民代表大会常务委员会副主任；扎西仓决、扎西平措、扎西顿珠、巴桑、巴桑次仁、旦增欧珠、央宗、白玛伦珠、达珍、米玛平措、贡布、贡嘎、张红春、拉巴次仁、拉旺、洛桑、高志平、普普尺、黎鑫19人当选为康马县第十四届人民代表大会常务委员会委员；祝涛当选为康马县人民政府县长，贡布多杰、闫会峰、次仁加布、索朗次仁、陈宇、李延斌、曲珍7人当选为康马县人民政府副县长，惠建妮当选为康马县委监委主任，边多当选为康马县人民法院院长，周鹏当选为康马县人民检察院检察长。县委书记扎西多布拉为新当选的县人大常委会主任颁发当选证书；县人大常委会主任达瓦平措为新当选的县人大常委会副主任，县人民政府县长、副县长，县委监委主任，县人民法院院长，县人民检察院检察长颁发当选证书，并举行宪法宣誓仪式。

【人大常委会会议】　2021年，县人大常委会召开人民代表大会常务委员会10次，其中，十三届人大常委会会议7次，十四届人大

2021年3月15日，康马县召开第十三届人民代表大会常务委员会第三十五次会议 （县人大办 提供）

常委会会议3次。

第十三届人大常委会第三十四次会议 3月11日下午召开，县人大常委会党组成员、副主任尼平主持，县人大常委会副主任、康马镇党委书记洛桑旦达，县人大常委会委员出席会议。县委组织部、县人民政府办、县人民法院、县人民检察院、县财政局、县生态环境分局等相关单位负责人列席会议。会议传达学习吴英杰、洛桑江村在自治区党委人大工作会议上的讲话精神，听取和审议《康马县人民政府关于2019年度行政事业国有资产管理情况报告》《康马县2020年环境状况和环境保护目标完成情况报告》，听取县委组织部所作的人事任职说明，审议并通过县人民政府副县长扎西多布拉提请的关于闫会峰的任职议案，并举行宪法宣誓仪式。

第十三届人大常委会第三十五次会议 3月15日召开，县人大常委会党组成员、副主任尼平主持，县人大常委会副主任、康马镇党委书记洛桑旦达，县人大常委会委员出席会议。会议听取、审议并通过《康马县人大常委会代表资格审查委员会关于确认部分代表代表资格的报告》《康马县人大常委会公告（审议稿）》，审议通过《关于召开康马县第十三届人民代表大会第八次会议的决定（草案）》及大会议程（草案）、大会主席团成员和秘书长名单（草案）、列席人员名单、《康马县人民代表大会常务委员会工作报告审议稿》。

第十三届人大常委会第三十六次会议 3月20日召开，县人大常委会党组成员、副主任尼平主持。会议审议通过《县人大常委会关于任命县选举委员会组成人员的决定（草案）》《县人大常委会关于任命各乡（镇）选举委员会组成人员的决定（草案）》，确认尼平、德吉、洛桑旦达、索朗多吉、拉珍、索旺、次仁坚参、陈红硕、巴桑次仁、卓嘎、米玛、桑珠、边巴旦增、祁海燕14人为康马县选举委员会成员。

第十三届人大常委会第

2021年9月30日，康马县召开十四届人大常委会第二次会议 （县人大办 提供）

三十七次会议　4月2日召开，县人大常委会党组成员、副主任尼平主持。会议审议通过《康马县县乡人大换届选举工作实施方案》《关于开展县乡人大换届选举的决定（草案）》。

第十三届人大常委会第三十八次会议　4月20日召开，县人大常委会党组成员、副主任尼平主持，县人大常委会副主任、南尼乡党委书记德吉，县人大常委会副主任、康马镇党委书记洛桑旦达，县人大常委会委员于平、潘克祥等组成人员出席会议。会议审议通过《县选举委员会关于调整县级人大代表结构的建议》《县选举委员会关于尼平同志辞去县选举委员会主任职务的请示》《各乡镇选举委员会关于巴桑等44名同志辞去乡镇选举委员会职务的请示》。

十三届人大常委会第三十九次会议　6月15日，在县直机关人大代表之家召开，县人大党组成员、副主任尼平主持，县人大常委会委员出席会议。会议审议并通过县选举委员会关于调整县级人大代表名额及结构的建议。

第十三届人大常委会第四十次会议　6月25日，在县直机关人大代表之家召开，县人大党组成员、副主任尼平主持，县人大常委会委员出席会议。会议听取、审议并通过《康马县人大常委会代表资格审查委员会关于确认县十四届人大代表代表资格的报告》，审议通过《关于接受德吉同志辞去日喀则市第二届人民代表大会代表职务请求的决定》《关于召开康马县第十四届人民代表大会第一次会议的决定》《康马县第十四届人民代表大会第一次会议议程（草案）》《康马县第十四届人民代表大会第一次会议主席团成员和秘书长名单（草案）》《康马县第十四届人民代表大会第一次会议列席人员名单（草案）》《康马县人民代表大会常务委员会工作报告（审议稿）》。

2021年12月28日，康马县召开第十四届人民代表大会常务委员会第三次会议　（县人大办　提供）

第十四届人大常委会第一次会议　7月15日召开，县人大党组书记、主任达瓦平措主持。县人大常委会副主任拉琼次仁、坚参、张丽华，县人大常委会组成人员高志平出席会议。县人民政府常务副县长贡布多杰、县人民检察院检察长周鹏，县委组织部、县委监委、县人民法院负责人列席会议。会议传达学习习近平总书记在庆祝中国共产党成立100周年大会上的重要讲话、中国共产党康马县第十次代表大会精神。听取县委组织部所作的人事任职说明及县人大常委会主任会议关于康马县第十四届人民代表大会常务委员会代表资格审查委员会组成人员的说明，审议通过县人民政府县长及县委监委主任提请的人事任职议案及康马县第十四届人民代表大会常务委员会代表资格审查委员会组成人员名单。

第十四届人大常委会第二次会议　9月30日召开，县人大常委会主任达瓦平措主持，县人大常委会副主任尼平、拉琼次仁、坚参，县人大常委会委员出席会议。县委监委、县人民政府办、县人民法院、县人民检察院、县委组织部、县发改委、县财政局负责人和部分基层人大代表列席会议。会议传达学习习近平总书记在西藏考察时的重要讲话精神、《中共中央、全国人大常委会、国务院、中央均为关于庆祝西藏和平解放70周年的贺电》、国务院副主席汪洋在庆祝西藏和平解放70周年大会上的讲话精神，听取和审议县人民政府《关于康马县2021年上半年经济运行情况分析及下一步经济工作建议的报告》《关于康马县2021年1—7月财政收支预算执行情况的报告》。

第十四届人大常委会第三次会议　12月28日召开，县人大常委会党组书记、主任达瓦平措主持，县人大常委会副主任尼平、拉琼次仁、坚参，县人大常委会委员出席会议。县人民政府副县长闫会峰、县人民法院院长边多，县委监委、县人民政府办、县委组织部、县民宗局、县司法局、县财政局负责人和部分基层人大代表出席会议。会议传达学习中国共产党第十九届中央委员会第六次全体会议、中央人大工作会议、中国共产党西藏自治区第十次代表大会、中国共产党日喀则市第二届委员会第五次全体会议和日喀则市第二届人民代表大会第二次会议精神，听取审议县人民政府《关于康马县2020年财政决算（草案）报告》《2021年法治政府建设情况报告》《民族团结进步创建工作情况报告》和县委组织部所作的人事任免职说明，审议通过县人民政府提请的人事任免职议案。县人大常委会党组书记、主任达瓦平措为新任职人员颁发任命书，县水利局局长贵桑作为新任职人员代表作表态发言。

履职履责

【依法监督】

深入调查研究工作　2021年，县人大常委会主任会议成员多次到8个乡1个镇及部分村（居），围绕稳定发展生态强边各项工作开展调研，全面了解县域基本情况及乡（镇）人大工作开展情况，并提出符合县域实际的工作意见建议20件，涵盖基础设施建设、民生改善、产业发展、民主法治建设等相关领域的实际问题。

听取审议专项工作报告　2021年，县人大常委会听取和审议县人民政府关于法治政府建设、巩固拓展脱贫攻坚成果同乡村振兴有效衔接、民族团结创建、代表建议办理及人民法院民事审判、人民检察院公益诉讼等专项工作报告7项，提出审议意见3件，交由“一府两院”研究处理。

保障法律贯彻实施　2021年，县人大常委会开展《西藏自治区药品管理条例》《日喀则市文明行为促进条例》立法前调研2次、《日喀则市市容和环境卫生管理条例》立法后评估1次、《中华人民共和国宪法》《中华人民共和国国歌法》《中华人民共和国国旗法》《中华人民共和国食品安全法》《西藏自治区民族团结进步模范区创建条例》执法检查4次、规范性文件备案审查1件。

协助上级人大开展监督等工作　2021年，县人大常委会组织开展或协助自治区、市人大开展“七五”普法、宪法宣誓制度实施、义务教育均衡发展、强边工作、边境小康村建设、法检工作等专题调研10次；根据自治区、

2021年7月8—9日，市人大教科文卫检查组到康马县检查教育经费投入和使用情况　（县人大办　提供）

市人大工作要求，围绕民营经济发展、外事工作、高校毕业生就业创业、人民法院刑事审判工作和切实解决执行难工作、检察公益诉讼和检察机关民事诉讼和执行活动法律监督工作情况开展一系列监督检查工作；及时开展代表履职、代表联系群众、立法前期调研工作。

2021年6月11日，县人大常委会组织召开代表选举工作培训会

（县人大办　提供）

【重大事项决定和人事任免】 2021年，县人大常委会加强对国民经济和社会发展计划、财政预算执行情况及决算的审查和监督，听取审议计划执行情况报告，审查批准年度本级预决算、预算调整和执行情况报告。在常委会作出决议决定前，通过调查研究等方式，广泛征求和充分听取各方面意见，最大限度吸纳民意、汇集民智，科学决策，促进重大决策民主化、法治化。全年作出决议决定3项，提出审议意见5件；县人大常委会始终坚持党管干部原则，全年依法任免国家机关工作人员28人次。根据市委、县委重要人事安排，县人大常委会接受市级人大代表辞职1名、补选县十三届人大代表2名。

【代表工作】

拓宽代表知情知政渠道　2021年，县人大常委会邀请代表列席常委会会议，组织开展或协助自治区市人大代表在康马县开展视察、调研、执法检查等150人次，参加县委、县人民政府重要会议、重大活动20人次；组织代表参加人民法院庭审旁听、检察院开放日活动5人次。

丰富代表履职方式　2021年，县人大常委会将“代表之家”拓展为“学习培训之家”“履职交流之家”“服务群众之家”“共同富裕之家”“共守和谐之家”“生态文明之家”，不断丰富活动内容，拓宽代表知情、知政渠道，促进代表履职经常化、规范化；坚持常委会组成人员联系代表、代表联系选民、邀请代表列席常委会会议等制度，组织代表开展调研视察，参与人大常委会和专门委员会相关工作，让代表更多地了解中心工作、参与决策过程、掌握工作进度，从各层次各领域扩大人民有序参与。

强化代表素质培训　2021年，县人大常委会通过以会代训、集中培训、参观考察、请进来走出去等多种方式，不断增强代表培训的针对性和实效性。

加强代表建议办理答复工作　2021年，县人大常委会班子成员带队到部分代表意见承办单位，加强督促指导，促进相关部门进一步完善代表建议办理程序，改进办理方式，提升办理效果，做到办前有沟通、办中有交流、办后有反馈。全年县人大代表所提的135件意见建议，全部得到答复。

做好代表补选工作　2021年，县人大常委会在代表名额分配不变、代表候选人结构要求不变、应选代表界别不变的原则下，在相关选区采取无记名投票等额选举方式，依法补选县十三届人大代表2名。至年末，全县实有县级人大代表127名。

康马县人民政府

冲巴雍错 （县融媒体中心 提供）

综　述

【概　况】 2021年，康马县人民政府（简称“县人民政府”）在以习近平同志为核心的党中央的亲切关怀下，在区党委、区人民政府和市委、市人民政府的坚强领导下，在县委的正确领导、县人大和县政协的有力监督支持下，在黑龙江省牡丹江市的大力援助下，始终坚持以习近平新时代中国特色社会主义思想为指导，深入贯彻落实中共十九大和十九届历次全会精神，贯彻落实习近平总书记考察西藏重要讲话精神，贯彻落实西藏自治区第十次党代会精神，坚定不移推进“经济强、生态美、百姓富、产业兴、环境优、活力足”可持续高质量发展之路，疫情防控和经济社会发展取得全方位进步。

【经济发展】 2021年，康马县深入落实消费帮扶措施，继续通过县总工会、县干部职工食堂等途径加大对当地土特产及当地各类餐饮食品的购买力度。举办冬季物资交流会，参与个体商户达300余户，实现交易总额800余万元。新设拉萨飞地实体销售店。丰富青稞、油菜、香料等加工包装产品的种类，大学生创业项目——纸盒包装设计填补了市场空白。县城民间投资各商业用房基本建成并基本完成招商租赁，餐饮、娱乐等消费场所进一步增多。全年累计完成全社会固定资产投资3.54亿元，同比减少53%，其中规划项目库内开工项目31个，总投资1.48亿元，开工率10%；工业产值完成2512.11万元，同比下降40.1%；全县接待游客5.66万人次，旅游综合收入273.25万元，分别增长69.65%、38.5%。

【生态建设】 2021年，康马县持续深入学习贯彻习近平生态文明思想，树牢“两山”理念，全年投入261万元实施多庆错湿地保护工程，投入190.1万元实施县域绿化工程，累计植树18.76万株，森林覆盖率进一步提高，投入226.08万元采购配备村级钩臂垃圾车20辆，配套垃圾箱146个，城乡生活垃圾无害化处理率和县城污水处理率稳步提升。国土空间总体规划编制初步完成，“三线一单”划定工作全面完成，制定印发《康马县生态环境保护责任清单》，明确环保责任276项，完成环保督察全部整改任务。持续落实生态环境质量监测，年内开展生态环保监管执法83次，下发整改通知书11份，办理环境违法立案1件，罚金0.1万元。深入推进农村清洁行动，提高畜禽粪污资源化利用率，初步实施污水治理，完成农户改厕1135户。开展环境质量监测与公告工作，加强环境质量监测力度。

【乡村振兴】 2021年，康马县全力推动巩固拓展脱贫攻坚成果同乡村振兴有效衔接，制发有效衔接乡村振兴“十四五”规划、乡村振兴“三年行动”方案等指导性文件。开展返贫致贫风险动态监测，消除返贫致贫风险户；消费帮扶产品线上线下销售创收160.1万元，受益356户建档立卡户和边缘户。易地搬迁后续扶持管理全力推进，基础设施建设“回头看”全面完成，落实扶贫项目资产确权移交136项，为113户发放扶贫小额信贷资金520.4万元；发放生态岗位资金762.3万元；编制上报乡村振兴“十四五”专项规划项目库，项目库涉及规划总投资4.01亿元。年内，朗巴村乡村振兴示范村建设项目等14个项目开工建设，12个项目已顺利竣工。

【社会事业】 2021年，康马县完成农牧民技能培训1456人、转移就业7806人，劳务收入9180.68万元，242名康马籍大学生就业创业率95.59%；先后投入3039.95万元推动教育均衡发展，全年教育基础设施投入排名全县第一；义务教育阶段学生入学率、巩固率和升学率均达到100%；在年度全市小学毕业班学业水平测试中康马县排名第二，全县3所小学名列全市前10名，康如乡小学获“自治区级文明校园”荣誉称号；设立“育才基金”，全年发放奖励资金260万元，助力334名康马籍学子人生出彩；完成377户农村住房改造加固工程，对入户排水、入户硬化等一批基础设施进行查漏补缺，实施一批村庄防洪防涝工程，有效保障居住环境安全；全面落实各项惠民政策，特困人员有意愿集中供养率达到100%，民政领域落实临时救助、城乡低保、儿童福利、残疾人“两项补贴”（困难残疾人生活补贴和重度残疾人护理补贴）等各类资金共计403.2万元，惠及群众1602人次。退役军人权益得到全面保障，县退役军人服务中心示范化创建通过自治区初验，退役军人实现稳定就业，各类优抚资金得到落实。县新时代文明实践中心、县级融媒体中心、乃宁曲德寺抗英遗址爱国主义示范展厅等建设项目得到提质提标，县艺术团、村文艺队创作文艺精品达90余部，演出310次。全面推广普及国家通用语言文字，针对农牧民群众、青少年学生、寺庙僧尼等群体，深入开展以铸牢中华民族共同体意识为主题的系列活动，意识形态工作更加深入具体。康马县获“第五届自治区文明城市”“第二届未成年人思想道德建设工作先进城市”“自治区拥军模范县城”荣誉称号。

重要会议

【常务会议】

第十三届康马县人民政府第二十四次常务会议　3月13日召开，县委副书记、县人民政府县长扎西多布拉主持。县委常委、县人民政府副县长李修峰、闫会峰，县人民政府副县长曹华理、扎西、普珠、边巴卓玛、陈宇出席会议。会议传达学习中央有关会议精神、《中华人民共和国行政处罚法》等内容；研究康马县声环境功能区划分、高标准农田建设等工作；听取《康马县2020年法治政府建设报告》《康马县2020年国民经济和社会发展计划执行情况与2021年国民经济和社会发展计划草案的报告》，审议2020年度《政府工作报告》。

第十三届康马县人民政府第二十五次常务会议　4月16日召开，县委副书记、县人民政府县长扎西多布拉主持。县委常委、县人民政府副县长李修峰、闫会峰，县人民政府副县长曹华理、扎西、普珠、边巴卓玛、胡晓华、陈宇出席会议。会议传达学习李克强总理对全国安全生产电视电话会议作出的批示精神、自治区主席齐扎拉发表的庆祝西藏百万农奴解放62周年电视讲话精神及《西藏自治区行政规范性文件制定和备案监督管理办法（修订）》等内容；研究康马县项目建设、政府采购、资金支出等有关工作；审议项目概算、管理等方案意见。

第十三届康马县人民政府第二十六次常务会议　5月20日召开，县委副书记、县人民政府县长扎西多布拉主持。县委常委、县人民政府副县长李修峰，县人民政府副县长曹华理、扎西、普珠、边巴卓玛、胡晓华、陈宇出席会议。会议传达学习李克强总理在国务院第四次廉政会议上的讲话精神等内容；研究审议康马县环境质量监测、涅如麦乡职工之家改造等事宜。

第十四届康马县人民政府第一次常务会议　7月2日召开，县委副书记、县人民政府县长祝涛主持召开。县委常委，县人民政府副县长李修峰、闫会峰，县人民政府副县长次仁加布、索朗次仁、陈宇，县人民政府副县长、少岗乡党委书记李延斌，县人民政府副县长曲珍出席会议。县人大常委会副主任坚参，县政协提案经济法治委员会副主任巴罗，康马镇、县委办、县人民政府办、县人民法院、县财政局、县审计局、县司法局、县教育局、县农业农村局、县林草局负责人参加会议。会议传达学习《中华人民共和国草原法》（2021年修正）和《中共中央办公厅关于加强调查研究提高调查研究实效的通知》等中央、自治区、市有关文件，研究康马县首届农牧民运动会举办、项目征地补偿、县城路灯维护维修、草原有害生物防治项目实施等有关事宜，并就相关工作进行安排部署。

【党组会议】

县人民政府党组2021年第一次会议　1月30日召开，县委副书记、县人民政府党组书记、县长扎西多布拉主持。县人民政府副县长曹华理、普珠、边巴卓玛、陈宇出席会议。县人大常委会副主任洛桑旦达受邀参加会议。县人民政府办、县财政局、县审计局、县水利局、县自然资源局等相关部门负责人列席会议。会议传达学习中央农村工作会议和有关文件精神，研究康马县河流管理范围划定、石材产业发展等有关工作，研究部署政府党组班子2020年度民主生活会相关事宜。

县人民政府党组2021年第二次会议 2月26日召开，县委副书记，县人民政府党组书记、县长扎西多布拉主持。县委常委，县人民政府副县长闫会峰，县人民政府副县长曹华理、扎西、普珠、边巴卓玛、陈宇出席会议。会议传达学习习近平总书记在全国脱贫攻坚总结表彰大会上的重要讲话、《中共中央关于在全党开展党史学习教育的通知》、《中共西藏自治区委员会印发〈关于在全区开展“政治标准要更高、党性要求要更严、组织纪律性要更强”专题教育的实施方案〉的通知》、《关于四起扶贫领域腐败和作风问题典型案例的通报》，研究康马县“雪亮工程”、水利工程建设等有关工作。

县人民政府党组2021年第三次会议 3月13日召开，县委副书记，县人民政府党组书记、县长扎西多布拉主持。县委常委，县人民政府副县长李修峰、闫会峰，县人民政府副县长曹华理、扎西、普珠、边巴卓玛、陈宇出席会议。会议传达学习习近平总书记在中央党校（国家行政学院）中青年干部培训班开班式上的重要讲话精神、中国共产党党史、《中国共产党章程》部分内容等；研究涅如麦乡便民服务中心建设、涅如堆乡万亩草业基地道路建设等工作，听取康马县2020年财政收支预算执行情况和2021年财政收支预算的报告。

县人民政府党组2021年第四次会议 4月16日召开，县委副书记、县人民政府党组书记、县长扎西多布拉主持。县委常委、县人民政府副县长李修峰、闫会峰，县人民政府副县长曹华理、扎西、普珠、边巴卓玛、胡晓华、陈宇出席会议。会议传达学习习近平同志《论中国共产党历史》部分内容、习近平总书记参加首都义务植树活动时的重要讲话精神、《中共中央办公厅印发关于庆祝中国共产党成立100周年组织开展“永远跟党走”群众性主题宣传教育活动的通知》；研究康马县造林绿化、项目建设等有关工作；审议康马县人民政府党组班子中央第十巡视组反馈意见整改专题民主生活会对照检查材料。

县人民政府党组2021年第五次会议 7月27日召开，县委副书记、县人民政府党组书记、县长扎西多布拉主持。会议传达学习习近平同志《论中国共产党历史》节选篇章、《中国共产党问责条例》和自治区纪委有关文件精神，研究涅如堆和嘎拉乡供水工程等资金请示方案，审议《康马县国民经济和社会发展第十四个五年规划和二〇三五年远景目标纲要》、十三届县人民政府《政府工作报告（审议稿）》等，安排部署新冠肺炎疫情防控等近期重点工作。

十四届康马县人民政府党组2021年第一次会议 6月30日召开，县委副书记、县人民政府县长祝涛主持。县委常委、县人民政府党组副书记、副县长李修峰，县委常委、县人民政府党组副书记、常务副县长贡布多杰，县委常委、县人民政府党组副书记、副县长闫会峰，县人民政府党组成员、副县长次仁加布、索朗次仁、陈宇，县人民政府党组成员、副县长，少岗乡党委书记李延斌，县人民政府党组成员、副县长曲珍出席会议。会议传达学习习近平总书记关于党的政治建设、纪律规矩建设等重要论述和在“七一勋章”颁授仪式、中共十九届中共中央政治局第三十一次集体学习、纪念马克思200周年诞辰大会及青海考察时的重要讲话精神，《党委（党组）落实全面从严治党主体责任的规定》《中国共产党党组工作条例》等党内法规制度文件，研究全县人民政府系统党史学习教育“我为群众办实事”实践活动巩固拓展事宜，听取新冠肺炎疫情防控、安全生产等工作情况汇报，并就相关工作进行安排部署。

十四届康马县人民政府党组2021年第二次会议　7月2日召开，县委副书记、县人民政府县长祝涛主持。县委常委、县人民政府党组副书记、副县长李修峰，县委常委、县人民政府党组副书记、副县长闫会峰，县人民政府党组成员、副县长次仁加布、索朗次仁、陈宇，县人民政府党组成员、副县长，少岗乡党委书记李延斌，县人民政府党组成员、副县长曲珍出席会议；县人大常委会副主任坚参、县政协提案经济法治委员会副主任巴罗受邀出席会议；县人民政府办、县财政局、县审计局、县司法局等负责人参加会议。会议专题传达学习习近平总书记在庆祝中国共产党成立100周年大会上的重要讲话，并就全县人民政府系统学习宣传贯彻落实重要讲话精神进行安排部署。

十四届康马县人民政府党组2021年第三次会议　8月18日召开，县委副书记、县人民政府党组书记、县长祝涛主持。县委常委、县人民政府党组副书记、常务副县长贡布多杰，县委常委、县人民政府党组副书记、副县长李修峰，县人民政府党组成员、副县长索朗次仁、陈宇出席会议。县人大常委会副主任张丽华、县政协提案专委会副主任巴罗受邀出席会议。会议传达学习习近平总书记在中央财经委员会第十次会议、7月30日中共中央政治局会议上的重要讲话精神和关于党的政治建设的重要论述，《法治政府建设实施纲要（2021—2025年）》，中央、自治区有关重要文件和中国共产党日喀则市第二届委员会第三次全体会议精神，研究康马籍农牧民子女助学奖励、山洪灾害治理、乡村振兴示范引领点建设等事宜，并就相关工作进行安排部署。

【专题会议】

十四届康马县人民政府第10次专题会议暨住建部和康马县部县联席会议议定事项任务推进会　10月15日召开，县委副书记、县人民政府县长祝涛主持会议并讲话。县委常委、县人民政府副县长闫会峰，县委常委、组织部部长高志平，县人民政府副县长次仁加布、陈宇、李延斌出席会议，县人民政府有关部门和单位负责人参加会议。会议传达学习《日喀则市人民政府专题会议》文件精神，全面总结完善住建部帮扶康马调研接待工作，研究审议住建部和康马县部县联席会议议定事项推进相关事宜。

十四届康马县人民政府第十一次专题会议暨2021年第一次“农牧民增收”季度调度会议　10月20日召开，县委副书记、县人民政府县长祝涛主持。县领导贡布多杰、闫会峰、高志平、顿珠旺加、梅付光出席会议，各乡（镇）、县人民政府有关部门主要负责人或相关负责人参加会议。会议听取全县2021年1—10月农牧民增收工作开展情况通报和各乡（镇）政府、县人

2021年10月20日，十四届康马县人民政府2021年度第11次专题会议暨2021年第一次“农牧民增收”季度调度会议召开

（县政府办　提供）

2021年11月23日，康马县召开县人民政府第16次专题会议暨康马县雅江雪牛“十位一体”全产业链规范化养殖专题会议

（县政府办　提供）

民政府各有关部门关于促进农牧民增收工作成效及具体措施，科学分析研判全县“农牧民增收”形势，就第四季度工作进行安排部署。

十四届康马县人民政府第十五次专题会贯彻中共十九届六中全会精神暨全县冬季五类重点任务交办会议　11月15日召开，县委副书记、县人民政府县长祝涛主持会议。县委常委、县人民政府常务副县长贡布多杰，县委常委、县人民政府副县长李修峰，县人民政府副县长索朗次仁、李延斌、曲珍出席会议；县政协副主席、县农业农村局局长顿珠旺加及县直有关部门负责人参加会议。会议全文传达学习《中国共产党第十九届中央委员会第六次全体会议公报》，并就抓好学习贯彻中共十九届六中全会精神，结合当前工作进行安排部署。

十四届康马县人民政府第十六次专题会议暨雅江雪牛“十位一体”全产业链规范化养殖专题会议　11月23日召开，县委常委、县人民政府常务副县长贡布多杰主持会议。县委副书记、县人民政府县长祝涛出席会议，县人民政府办、县农业农村局、县专合办、县商务局、县市场监管局、县农牧综合服务中心主要负责人，相关乡（镇）、合作社主要负责人参加会议。会议以现场查看、座谈相结合的形式召开，实地了解康马县“雅江雪牛”产业发展现状及存在问题困难，聚焦全产业链规范化养殖方向，实事求是解决存在的困难，统一思想认识、理清发展思路，开启雅江雪牛“十位一体”全产业链规范化养殖体系探索建设之路。

十四届康马县人民政府第二十一次专题会议暨根治欠薪冬季专项行动农民工工资清欠第一次结账会议　12月2日召开，县委常委、县人民政府副县长李修峰主持会议。县委副书记、县人民政府县长祝涛出席会议；各乡（镇）党政负责人，县人民政府办、县人社局、县发改委、县教育局、县住建局等项目部门负责

2021年12月9日，康马县召开县人民政府第23次专题会议暨2022年第一批集中储备计划建设项目任务部署会　（县政府办　提供）

人参加会议。会议通报康马县2021年根治欠薪冬季专项行动推进情况；听取各工程建设领域行业主管部门关于根治欠薪冬季专项行动推进或完成情况的汇报及相关行业主管部门关于未落实农民工工资专用账户、农民工实名制管理等规定的解释说明。

十四届康马县人民政府第二十三次专题会议暨2022年第一批集中储备计划建设项目任务部署会 12月9日召开，受县委副书记、县人民政府县长祝涛委托，县委常委、县人民政府常务副县长贡布多杰主持。17家县直单位主要负责人参加会议。会议通报2021年全县固定资产投资完成情况，逐一研讨各单位2022年第一批储备计划建设项目倒排时间表及项目进度调度表情况。参会单位进行汇报并作出承诺。

综合事务

【政务工作】 2021年，康马县人民政府办公室（简称“县人民政府办”）全年下发县人民政府文件231份，印发、转发上级文件5份，下发各类通知48份；登记、传阅中央、自治区、市等上级文件894份，领导专门批示文件367份，督促办理文件事宜部署63件；接收办理县直各部门文件通知315份，按照文件要求办理事项345件，上报相关材料127份；承办各类会议27场，协调相关部门办理会议21场。

【督查督办】 2021年，县人民政府办通过跟踪督查、重点推进、及时反馈等手段，促进政府各项决策的落实。督促协调各有关单位，全面完成2021年自治区、市、县18项为民办实事项目。认真征集、精心编制2022年为民办实事项目计划，将社会保障、教育文化卫生、水利交通等十大项列入2022年县本级为民办实事项目计划。

【政务信息】 2021年，县人民政府办进一步完善“班子领导分组带队，人人都是信息员”的工作机制，全年组织办公室向自治区政府办公厅、市政府办公室报送政务信息241条，市委办公室信息中心采用信息18条，网络平台公布康马信息1982条。

外事　边境事务协调

【组织建设】 2021年4月，康马县外事办公室（简称“县外事办”）成立党支部，以集中学习和自学、规定动作和自选动作相结合的方式，开展党史学习教育集中学习23场次、专题研讨8场次、为民办实事7件，投入资金4500元，受教育550人次。

【边境一线综合调研】 2021年4月7—8日，县外事办对3个边境乡（镇）一线丙类村进行摸底调研，精准掌握对外山口（通道）最近的村（居）距离、人口等详细情况，收集对边境一线丙类村（居）划分工作的意见建议；6月23—24日，县外事办对2个乡（镇）、7个行政村进行实地调研。深入了解农牧民群众对国外新冠肺炎疫情防控，特别是不丹

2021年8月16日，外事办四级主任科员索朗德吉（右一）到嘎拉乡琼桂村边民家中宣传疫情防控知识　（县外事办　提供）

王国新冠肺炎疫情防控的认识情况，对中华人民共和国与不丹国国防安全方面的认识程度及对边民普惠政策的掌握情况。

【项目申报】 2021年，县外事办根据市外办工作要求，经请示主要领导和分管领导并协调沟通县公安局、涉边乡（镇）、抵边一线村等部门，通过实地调研和勘查，结合边境农牧民生产生活的实际需求，申报嘎拉乡琼桂村求马牧道桥梁4座，项目资金200万元；协调县国安办、县公安局、县边境管理大队、涉边乡（镇）村等部门选拔外事巡边员，并起草外事巡边员管理办法。

【涉外新冠肺炎疫情防控】 2021年，县外事办加大对边民的新冠肺炎疫情防控知识宣传工作力度，发放财政补助优惠政策明白卡50册、新冠肺炎疫情防控宣传资料400份，张贴宣传海报30份，对150名边民进行宣传教育。每天通过网络、电视新闻等媒体渠道，全面了解和掌握不丹王国新冠肺炎疫情情况。

行政审批局和便民服务

【概　况】 2021年，康马县行政审批和便民服务局（简称“县行政审批和便民服务局”）围绕“便民、高效、廉洁、规范”的服务宗旨，狠抓“服务型”政府建设。全年集中学习贯彻习近平新时代中国特色社会主义思想和中共十九大及历次全会精神，特别是习近平总书记关于新时代党的治藏方略重要论述和在西藏考察时的重要讲话精神、党章党规12次，讲党课3次，中共十九届六中全会专题研讨1次；召开专题组织生活会3次；到乡村开展党员志愿服务活动4次；按照党史学习教育总体要求和周工作组织党史专题学习33次、专题研讨13次、专题测试3次、专题讲党课1次、廉政教育集中学习12次、作风建设专题会议1次、专题讲党课1次、窗口服务人员改进工作作风行为规范培训1次。到偏远行政村开展解民忧、暖民心帮办代办医疗报销服务活动3次，代收群众医疗报销票294张，报销金额33567.95元，涉及3个乡（镇）5个行政村；开展结对户帮扶慰问活动5次、高校未就业大学生结对帮扶1次，为未就业大学生送去慰问金1200元。

【政务服务体系建设】 2021年，县行政审批和便民服务局聚焦“放管服”改革、推进政府职能转变，围绕“互联网+政务服务”，立足实际，创新工作，有力提升群众服务效能。实现市监窗口压缩企业开办时间1个工作日，开通医疗报销“一站式”结算服务窗口，办事时限平均缩减率达58.69%，减少材料170个；按照公共资源交易相关法律法规，完成政府投资400万元以下基建项目的联审联批招标项目32项，交易总额达4784.18万元；梳理实行告知承诺制事项12项，证明材料16个，梳理行政审批告知承诺制7项，并予以公布；规范审批程序，落实首问负责制、即时办理制、承诺办结制和一次性告知制“四项制度”，避免办事群众、企业来回奔波；向县人民

2021年3月22日，康马县召开全面推行证明事项告知承诺制工作会
（县行政审批和便民服务局　提供）

政府争取资金15.5万元，招聘3名康马籍未就业大学生，开通3个帮办代办综合服务窗口（跨省通办）；制定政务服务“好差评”管理办法（试行），制作评价二维码，实行“一事一评”制，引导群众、企业对窗口工作人员的服务态度、服务质量、服务效率等方面进行评价。

【“一网通办”】 2021年，县行政审批和便民服务局梳理数据资源目录和编制供需对接881项，完成“一网通办”累计录入、导入办件112007件，办结112007件，办结率100%；办理事项累计评价37254条，均为好评；电子证照已采集总量44725个、签发总量42205个。

2021年8月11日，康马县召开进一步深化“放管服”改革、推进政府职能转变、强化“互联网+政务服务”协调推进会

（县行政审批和便民服务局　提供）

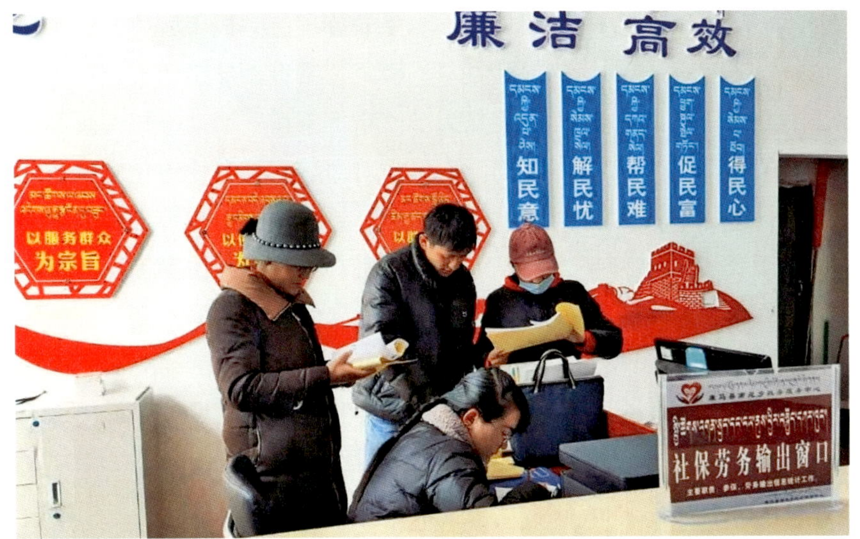

2021年3月18日，县行政审批和便民服务局局长米玛片多（左二）带领工作组到各乡（镇）政务服务中心、村级政务服务站了解乡、村两级政务服务中心（站）运行情况、减证便民优化服务情况，并指导“互联网+政务服务”系统操作

（县行政审批和便民服务局　提供）

【“减政便民”】 2021年，县行政审批和便民服务局围绕减政便民总体要求和为方便群众办事的宗旨，梳理乡、村、相关单位事项证明类172项，其中保留45项，取消127项，并按照相关法律法规和“减政便民”有关政策要求，完成社会公告，印发至各乡（镇）、各单位执行。

【新冠肺炎疫情防控】 2021年，县行政审批和便民服务局加强外来人员管理登记及体温测量工作，同时讲解个人防护的相关知识；常态化抓好政务服务中心消毒通风、清洁卫生和“两码”检查等工作；通过温馨提示、电子显示屏、发放宣传单等方式，大力宣传新冠肺炎疫情防控知识，努力营造共同筑起安全屏障的浓厚氛围。

信访工作

【概　况】 2021年，康马县信访局（简称“县信访局”）坚持“以人民为中心”的发展理念，建立健全并完善康马县信访工作联席会议、康马县信访工作“五访”工作法、康马县乡（镇）信访工作联席会议、康马县信访联

2021年9月27日，日喀则市信访工作经验现场交流会在康马县信访接待中心召开　（县信访局　提供）

络员等制度，畅通信访渠道，强化源头治理、推动重心下移、树立法治导向，着力解决信访突出问题。全年全县受理国家信访局系统内转办1件（已办结）。年内，县委、县人民政府分别研究和学习信访工作10次，顺利召开全市信访工作经验现场交流会；自治区、市、县级领导调研信访工作8次20人次，县信访工作联席会议召开信访联席及信访专题会议7次，十四届县人民政府周一“碰头会”分析信访工作10次；县级领导批示信访文件（工作）30次，县信访接待中心工作人员参加市信访局举办的业务培训和跟班培训2次，县信访联席办举办“五访”工作法和网上信访信息系统操作业务培训会3次，参训共计200余人，涉及县、乡成员单位40余家和驻村工作队49个。落实“日调度、周分析、月总结、季度通报”制度，形成周动态38期、月总结9期、季度通报3期、信访复函44期。

【信访接待与办理】　2021年，国家信访局系统内转办1批1人次（劳动保障类），同比下降50%，及时受理率、按期办结率、群众满意率达100%。全年处理矛盾纠纷隐患14件，同比下降17.7%，问题性质均属于建筑领域“双拖欠”范畴，化解率达100%。

【信访工作】　2021年，县信访局坚持抓源头预防，形成“5+3+N”的信访工作模式，重点突出建筑领域“双拖欠”、民生保障、乡村振兴、恒大集团等重点矛盾纠纷排查化解；围绕“十四五”起好步、开新局目标要求，结合县人民政府“五项具体任务”，先后参加全国两会，中国共产党成立100周年，西藏和平解放70周年，西藏自治区第十次党代会，区、市两会期间信访值守5次。结合党史学习教育“我为群众办实事”活动，全县共出动460人次，开展矛盾纠纷隐患排查320次，排查出矛盾纠纷隐患14件，全部化解；协助责任单位发放群众“双拖欠”金额156.54万元，受益群众89人；协助项目监管单位与施工企业签订《建筑领域不发生“双拖欠”承诺书》20余份；做好400万元以下项目联审联评工作，全年审核建筑企业50余家；联合县公安局、县人社局开展“冬季欠薪专项行动”，通过设立维权公告、搭建线索平台、公开举报投诉电话等方式，进一步拓宽维权通道，提高群众知晓率。

【领导干部接访下访】　2021年，县信访局按照“一站式接待、一条龙办理、一揽子解决”的工作模式，县级领导定期不定期开展“干部下访”活动，与人民群众面对面、有针对性地化解信访问题，接待中心形成带班有领导，值班有人员、来访勤接待、接待有效率的接访格局。全年县级领导开展干部下访活动63次，面向包乡县级领导下发“温馨提示”矛盾纠纷台账8份。

【阳光信访宣传】　2021年，县信访局通过发放“阳光信访联系卡”“阳光信访宣传画报”，设立“阳光信访意见箱”等方式畅

2021年8月23日，县委书记扎西多布拉（右三）深入信访接待中心调研信访工作　（县信访局　提供）

通信访渠道，让群众通过更便捷的方式提出问题、咨询政策，确保群众在第一时间能够表达合理诉求，实行信访信息“日调度”制度。全年共开展各类信访宣传活动10次，发放“阳光信访联系卡”及各类宣传资料4500份。

【信访接待场所改造】 2021年，县信访局坚持以“十四五”起好步、开新局，深化“放管服”改革，以人民满意的信访接待窗口及“信访示范县”创建活动为标准，县人民政府先后投入21万元，分别用于改造维修县信访接待中心办公环境和办公设备配置，提升全县整体信访工作能力。

乡村振兴

【概　况】 2021年5月31日，康马县乡村振兴局（简称“县乡村振兴局”）挂牌成立。县委副书记王瑞斌，县委常委、县人民政府副县长闫会峰出席挂牌仪式并为康马县乡村振兴局揭牌。年内，县乡村振兴局将学习贯彻习近平总书记关于“三农”工作、实施乡村振兴战略、西藏工作的重要论述和新时代党的治藏方略及自治区党委重要部署作为重要政治任务，组织乡村振兴专干参加履职能力提升班，召开乡村振兴专题会议12次，确保党中央重大决策和自治区党委重要部署在康马落到实处、见到实效。按照“产业兴旺、生态宜居、乡风文明、治理有效、生活富裕”的总要求，建立健全巩固拓展脱贫攻坚成果同乡村振兴有效衔接体制机制和政策体系；调整充实县委农村工作领导小组（县委实施乡村振兴战略领导小组），成立以县党政主要领导为组长的领导小组，领导班子统筹谋划、靠前指挥，相关部门各司其职，联动配合，建立上下对口、分级负责的责任体系；按照过渡期内主要帮扶政策保持总体稳定的工作要求，聚焦防止返贫动态监测和帮扶、“三保障”及饮水安全、产业发展、兜底保障、易地搬迁后续扶持、驻村帮扶等工作重点，制定并优化调整

2021年12月18日，康马县举办2021年乡村振兴专干履职能力提升班　（县乡村振兴局　提供）

《康马县巩固拓展脱贫攻坚成果同乡村振兴有效衔接的实施方案》等系列衔接方案9个，为巩固拓展脱贫攻坚成果同乡村振兴有效衔接提供坚强保障。制定实施《康马县关于国家乡村振兴局通报相关问题的整改方案》，对存在的4个问题进行逐一分析，逐一研究，细化实化整改措施16项，至年末全部完成整改。

【防止返贫动态监测】 2021年，县乡村振兴局建立防止返贫监测和帮扶机制并实现工作常态化，把12户43人边缘易致贫人口、脱贫不稳定人口全部纳入动态监测范围，立体化动态监测、全方位精准帮扶、全过程跟踪销号，坚决守住防止规模性返贫底线；1452名帮扶责任人与885户3338名脱贫户及监测户结对认亲，以思想帮扶为主，开展入户帮扶1200次，确保动态监测更加精准，数据更加完善。至年末，全县脱贫户人均可支配收入达6000元，实现脱贫户持续稳定增收。

【产业扶贫】 2021年，县乡村振兴局对接自治区、市相关部门，科学谋划、充分论证、优化形成康马县“十四五”巩固拓展脱贫攻坚成果同乡村振兴有效衔接规划项目58个，计划总投资40073万元。全年统筹整合项目23个，总投资8666.69万元。经研究讨论、实地核查、确权移交，全面梳理登记中共十八大召开后全县的扶贫项目资产，对能确权移交的136个项目完成移交。按照“产业兴旺、生态宜居、乡风文明、治理有效、生活富裕”总体要求，实施少岗乡朗巴村乡村振兴示范引领试点村建设项目，总投资3400万元。

【金融扶贫】 2021年，康马县金融及保险机构全方位参与脱贫攻坚成果巩固，推进乡村振兴战略实施。全年完成贷款113户，贷款金额520.4万元。至年末，全县不存在建档立卡户贷款逾期未还现象。

【教育帮扶】 2021年，康马县全面落实“双线四包”控辍保学工作机制，义务教育阶段入学率与在校生巩固率均达100%；全年发放免费教育补助资金72.3万元；投入本级财政资金174.1万元，助力240名康马籍应届高中毕业农牧民子女上大学。

【健康扶贫】 2021年，康马县推进“大病集中筛查救治一批，慢性病签约服务一批，重大疾病保障一批”工作机制，持续巩固家庭医生100%签约率成果；先后报销脱贫人口医疗费用459人次119.83万元；充分发挥医疗救助兜底保障作用，救助脱贫户277人次，救助金额20.58万元。

【住房保障】 2021年，康马县制发《康马县农村危房改造实施方案》，全面完成全县9个乡（镇）住房安全大排查工作，鉴定危房462户，拨付改造资金632.88万元。

【饮水安全保障】 2021年，康马县先后投资330万元推进农村安全饮水提升工程，全面完成维修养护工程，使全县广大群众喝上放心水。

【易地扶贫搬迁】 2021年，康马县成立易地搬迁集中安置点基层党组织4个；全面配齐配强村第一书记、村“两委”班子、驻村工作队等工作力量。不断巩固提升“水电路讯网、科教文卫保”成果。至年末，广大搬迁群众基本住进来、稳下来。

【就业扶贫】 2021年，康马县完成脱贫户技能培训400人，订单定岗15人，实现就业11人；完成脱贫户“以工代训”49人。脱贫户应届高校毕业生29人全部实现就业；2045名脱贫户和监测户外出务工，完成年度目标任务，实现人均增收28965元。

【社保兜底】 2021年，康马县按时足额发放80户152人城乡居民低保补助金28.95万元；组织社会各界筹集资金36.72万元，成功救助1名监测对象完成肾移植手术；临时救助困难群众112户，发放资金94.85万元。

应急管理

【概　况】2021年，康马县应急管理局（简称“县应急管理局”）落实市委、市人民政府对安全生产工作一系列安排部署，坚持“安全第一、预防为主、综合治理”的方针，把“安全生产责任重于泰山”的思想贯穿于各项安全管理工作中，全面落实安全生产责任制，深入开展隐患排查治理工作，不断强化安全监管，推进工作创新，努力探索和构建长效管理机制，保障全县人民群众的生命和财产安全，全年全县未发生各类安全生产事故，继续保持安全生产“零事故”“零死亡”。

【安全生产责任体系建设】2021年，县应急管理局健全完善安全生产责任体系和分级管理、层层负责的工作机制，明确部门职责，凝聚工作合力。县委常委会、县人民政府常务会多次专题听取安全生产工作汇报，学习习近平总书记、李克强总理关于安全生产重要指示批示精神，并对安全生产工作进行研究部署；持续推进企业落实安全生产责任制度，明确企业法定代表人和实际控制人同为安全生产第一责任人，企业对本单位安全生产和职业健康负全面责任，严格履行企业安全生产法定责任，建立健全自我约束、持续改进的内生机制；县委每年拨付37.4万元用于安全生产经费，保障安委会、各乡（镇）、各村的安全生产经费，实现县、乡、村三级经费全覆盖，所有资金均用于安全宣传、购买安全器材。

【重点行业领域专项治理】2021年，康马县各行业监管部门深入开展安全隐患排查常态化整治行动，有步骤、有计划地采用联合执法、部门执法等方式，严厉打击安全生产非法违法行为。全县各级各部门共出动执法人员2928人次，排查安全隐患554处，整改隐患518处，下发责令整改通知书476份。

道路交通安全监管　出动警力2190人次、警车710台次，检查过往车辆22980辆，查处交通违法行为361起（无证驾驶30起、醉驾3起、饮酒驾驶6起、准驾不符2起、使用伪造变造机动车驾驶证1起、非法安装警报器5起、超速34起、超员23起、逾期未年检117起、违停119起、其他违法行为21起），行政拘留33人，电子监控处理1271起，处理交通事故65起，罚款总额293620元；办理机动车六年免检业务56起、AB类驾驶证审验教育业务120起；排查隐患路段25处，整改7处、未整改18处（均通报相关部门整改）。

消防安全监管　各乡（镇）、县直各部门开展火灾隐患检查504家次，发现火灾隐患及违法行为1142起，下发责令整改指令书448份，下发行政处罚12份、临时查封决定书4份、行政强制决定书1份，责令“三停”单位8家、罚款4.6万元。

食品卫生安全监管　共检查243家次，出动执法人员52人次，查处超过保质期、“三无”、假冒伪劣食品12种，重量150千克，

2021年12月10日，市援藏工作队和第三方专家组到康马县2座加油站检查指导工作　（县应急管理局　提供）

2021年6月18日，自治区督导组到康马县农牧民家中开展安全防范意识宣传教育活动 （县应急管理局 提供）

折价4905.5元；与各乡（镇）签订责任书18份，下达责令整改通知书18份，下发函1份，共立案3件。

非煤矿山安全监管　重点检查少岗乡安岱山采石场、涅如堆乡采沙场和少岗乡康诺玛尼石传统手工艺加工有限公司，出动执法人员48人次，检查13次，排查安全隐患16处，下发责令整改指令书6份，至年末整改15处，1处限期整改（未办安全许可证）。

危险化学品安全监管　共开展危险化学品、零散成品油安全检查14次，出动执法人员52人次，排查安全隐患40项，至年末整改4项，36项整改中，下达责令整改通知书4份。

校园安全监管　开展各乡（镇）、县直各部门检查180次，出动执法人员625人次，排查隐患100项，至年末整改98项，2项限期整改；开展应急演练21次，4500人参加。

寺庙安全隐患排查　对内乃宁寺、藏扎寺、查玛寺等8家寺庙进行安全隐患排查6次，出动执法人员13人次、执法车辆5辆。

家用电器、机械电线老化使用情况　各乡（镇）协助驻村工作队伍、乡村振兴专干对全县所有行政村入户家用电器、电线、电动三轮车充电线老旧、破损仍用现象开展排查，全县有20户使用老旧破损电线或乱接现象，工作人员当场提出整改要求，不能及时整改的要在限期内整改，并对农牧民开展安全防范意识的宣传教育。

【安全生产专项整治】　2021年，县安委办印发《康马县安全生产专项整治三年行动“集中攻坚”工作方案》，全县各领域采取边查边改、立查立改的方式进行问题排查和隐患治理，建立问题隐患和制度措施“两个清单”，推进隐患排查治理。共排查出安全隐患59项，至年末，整改57项，2项移交市交运局，1项待整改。

【自然灾害风险普查】　2021年，县应急管理局根据自治区、市两级自然灾害综合风险普查工作方案，完成日喀则市普查办核查组

2021年3月28日，县应急管理局深入康马镇格龙村开展安全生产知识答题活动 （县应急管理局 提供）

开展的自然灾害综合风险普查数据质检核查工作。全年共发生自然灾害11起。

【防灾减灾救灾】 2021年，县安委办向县人民政府党组会提交《康马县应急物资管理规定》，并制发《康马县关于做好2021年度防汛抗旱工作通知》《关于切实做好自然灾害灾情报送工作的通知》《康马县应急管理局冬春救助物资发放要求的通知》，针对年内发生的11起自然灾害，及时进行核灾报灾，确保灾情迅速、准确上报。根据全县地质灾害情况，由各乡（镇）负责安全生产分管领导和相关工作人员对河道、地质灾害点、滑坡等进行全面检查，并在危险区域设置警示标志；坚持“防患未然、平战结合、加强储备”的原则，积极储备应急物资和各类生活必需品，确保储备物资能够满足应急需求，为救援所用；落实24小时值班制度，建立健全灾情速报制度，保障紧急情况信息报送渠道畅通。

【应急救援】 2021年，县应急管理局修订完善各类应急预案，完善充实应急志愿服务队，成立县应急救援队伍1支、乡（镇）应急救援队伍9支、行政村应急救援队伍48个、中学师生组建应急救援队伍1支、企业和个体工商户组建的应急救援队伍各1支，共710人。

【安全生产宣传】 2021年，县应急管理局以安全生产月、全国防灾减灾日、安全生产三年专项整治行动及各单位宣传日为契机，宣传安全生产法律法规和安全常识，累计发放宣传资料3800份、宣传袋590份、宣传帽480顶，悬挂宣传标语48条，受教育6500人次。

【消防救援】

概　况　2021年，康马县消防救援大队（简称“县消防大队”）有车辆5辆，其中水罐消防车1辆（6吨水）、水罐泡沫车1辆（5吨水、3吨泡沫）、猛禽车1辆、多功能勤务保障车1辆、皮卡车1辆；有人员15人，其中干部4人、消防员6人、专职消防

2021年9月24日，县消防大队到县农牧区开展消防安全宣传工作（县消防大队　提供）

2021年3月12日，县消防大队到县寺庙开展消防安全检查（县消防大队　提供）

员4人、文员1人。年内，县消防大队全面加强队伍软件、硬件建设，着力提升队伍打赢能力和防火、灭火及多样化救援能力，为全县各族人民安居乐业和当地经济建设保驾护航。

社会面火灾防控 2021年，县消防大队以“预防为主，防消结合”的原则，多次联合相关职能部门开展乡（镇）、农牧区、易燃易爆场所、娱乐场所及文物古建筑单位的监督检查，发现并清除一批火灾隐患。全年共开展执法检查504家次，督促整改火灾隐患1142处，责令“三停”8家，罚款4.6万元，下发责令改正通知书448份，下发行政处罚决定书12份，下发临时查封决定书4份，下发行政强制决定书1份，出动消防员1285人次，开展“六熟悉”和灭火演练76次；修订灭火救援应急预案24份；出动车辆8辆次，出动人员24人，参加抢险救援1起，扑救火灾2起，参加跨区域增援2起，抢救被困人员1人，抢救财产2万元。

消防宣传 2021年，县消防大队开展消防宣传28次，针对寺庙文物古建筑单位开展消防宣传及培训11次；在综治维稳月、安全生产月等重大节点，在县城主要街道设立宣传点，发放宣传资料4250份，受教育2600人次；多次联合公安等相关职能部门深入学校、医院、易燃易爆场所、重点单位及农牧区开展消防宣传及培训。

消防安全保卫 2021年，县消防大队完成春节、藏历新年、综治维稳月、元宵节、县小学和中学小考、中考、全国两会、西藏和平解放70周年各类活动的消防安保工作，共出动消防车95次、指战员475人次。

自身建设 2021年，县消防大队建设电子阅览室、娱乐室，添置柜式空调3台、取暖器3台，分别放置于战斗班、餐厅、会议室、值班室；开展大队正规化建设，进一步完善消防救援队伍建设。

机关事务管理

【概　况】 2021年，康马县机关后勤服务中心（简称“县机关后勤服务中心”）在县委、县人民政府的领导下，年初，召开后勤保障工作年初动员部署会议暨党建工作部署会议。年内，完成党建、党风廉政建设、县直机关公车管理、餐厅接待服务管理、职工食堂管理、县级领导住宿区的服务管理及其他后勤相关服务工作，促进机关事务和后勤保障工作健康有效开展。

【车辆管理】 2021年，县机关后勤服务中心与驾驶员签订《道路交通安全目标责任书》，安排调度公务车辆3000余辆次；投入车辆修理费204535元、轮胎补修和更换费54550元、车辆保险费158346.19元。

【服务接待】 2021年，县机关后勤服务中心全年接待各级工作组720次，接待1442人次、安排住宿420人次、收取工作组伙食费63590元、接待支出512027.2元。

【食堂管理】 2021年，县机关后勤服务中心累计提供就餐850

2021年1月，县机关后勤服务中心召开后勤保障工作年初动员部署会议暨党建工作部署会议　（县机关后勤服务中心　提供）

次，完成2.85万人次的就餐任务，伙食补贴费1035600元、机关食堂支出1310600元。

【驻村工作】 2021年，县机关后勤服务中心在坚持日常工作与驻村工作“两不误”前提下，组织党员干部到驻村点宣讲新冠肺炎疫情防控相关指南知识，邀请边那仓藏医院对驻村点进行健康义诊，组织支委会班子成员到驻村点看望慰问五保户。

【为民办实事】 2021年，县机关后勤服务中心完成办实事5件，受益600余人次，受益60余户，涉及资金15000余元。

2021年2月，县领导到机关干部职工食堂检查疫情防控期间后勤保障工作开展情况 （县机关后勤服务中心 提供）

2021年9月，县机关后勤服务中心主任占堆（右一）到康如乡库青村看望慰问结对帮扶户 （县机关后勤服务中心 提供）

中国人民政治协商会议
康马县委员会

冲巴雍错 （县融媒体中心 提供）

综　述

【概　况】 2021年，中国人民政治协商会议第三届康马县委员会第一次会议提名推荐委员101人，比换届前增加19人，在上一届委员中根据委员履职能力继续提名41人，提名致富能手和新生阶层及各领域60人；三届县政协常委会设置界别14个，各乡（镇）联络办有1名工作人员提名为三届县政协委员会委员。

【综合事务】 2021年，中国人民政治协商会议康马县委员会（简称“县政协”）制定出台《康马县政协常委履职述职点评办法》《康马县政协委员履职服务管理办法》《康马县政协主席班子成员联系常委 常委联系委员 党员委员联系党外委员 委员联系群众工作制度》《康马县政协联系界别工作方案》《政协康马县委员会反映社情民意信息工作办法》，掌握并全面客观地记录委员履职情况，建立委员档案，健全完善考核机制，引导委员担负起政协制度的参与者、实践者、推动者的政治责任；完善社情民意收集工作和委员履职登记制度，从各乡（镇）政协委员中特聘27名政协委员担任社情民意收集工作。全年基层政协委员向县政协上报社情民意信息9条，向市政协提交社情民意信息2条。党组班子成员赴市委党校理论学习5人次，部分政协主席班子成员赴市政协业务培训3人次；县政协党组召开集中学习会议16次、专题研讨12次，撰写研讨材料60篇，召开常委会4次、全体会议2次，观看党史和爱国教育影片6次，召开机关支部集中学习会议23次，形成简报62篇；围绕习近平总书记重要讲话精神撰写心得体会20篇，围绕中共十九届六中全会精神撰写心得体会10篇；宣传中共十九届六中全会和自治区第十次党代会精神30场次，受教育2000余人次；对新当选的常务委员、新提名委员和联络办工作人员及其他委员共开展培训4次，参训200余人；向县委请示报告14件，汇报党组工作开展情况1次；新冠肺炎疫情防控期间捐款捐物价值32.83万元。

2021年4月27日，县政协办组织党员干部集中观看警示教育片《警钟》　（县政协办　提供）

【乡（镇）“委员之家”】 2021年，县政协在全县8个乡1个镇设立政协“委员之家”，协助各乡（镇）解决建设经费各5万元用于装修“委员之家”并购买办公设备。

重要会议

【全体会议】 2021年，县政协共召开全体会议2次，分别为政协第二届康马县委员会第六次会议、政协第三届康马县委员会第一次会议。

政协第二届康马县委员会第六次会议 3月16—18日，在县第二会议室召开。会议应到委员81人，实到委员70人，县政协副主席米玛主持会议。会议审议通过《中国人民政治协商会议第二届康马县委员会常务委员会工作报告（草案）》《中国人民政治协商会议第二届康马县委员会常务委员会关于政协二届五次会议以来提案工作情况的报告（草案）》；列席康马县第十三届人民代表大会第八次会议；听取并讨论《康马县人民政府工作报告》及其他报告；审议通过《中国人民政治协商会议常务委员会工作报告决议（草案）》《中国人民政治协商会议提案工作情况报告的决议（草案）》《中国人民政治协商会议二届六次会议提案审查情况报告》《中国人民政治协商会议二届六次会议政治决议（草案）》《中国人民政治协商会议第二届康马县委员会2021年协商计划》。

政协第三届康马县委员会第一次会议 6月26—29日，在县第二会议室召开。会议应到委员101人，实到委员89人，县政协副主席米玛主持会议。会议审议通过《中国人民政治协商会议第二届康马县委员会常务委员会工作报告（草案）》《中国人民政治协商会议第二届康马县委员会常务委员会关于政协二届一次会议以来提案工作情况的报告（草案）》；列席康马县第十四届人民代表大会第一次会议；听取并讨论《康马县人民政府工作报告》及其他报告；选举产生政协第三届康马县委员会主席、副主席、常务委员；审议通过《中国人民政治协商会议第三届康马县委员会常务委员会工作报告决议（草案）》《中国人民政治协商会议第三届康马县委员会提案工作情况报告的决议（草案）》《中国人民政治协商会议第三届康马县委员会一次会议提案审查情况报告》《中国人民政治协商会议第三届康马县委员会第一次会议政治决议（草案）》。

【常委会会议】

政协第二届康马县委员会常务委员会第十三次会议 3月16日召开，由县政协主席扎西多吉主持会议。会议应到常委16人，实到常委16人。会议审议通过《中国人民政治协商会议第二届康马县委员会常务委员会第十三次会议议程（草案）》《中国人民政治协商会议第二届康马县委员会第六次会议议程（草案）》《中国人民政治协商会议第二届康马县委员会常务委员会工作报告及报告人建议名单（草案）》《中国人民政治协商会议第二届康马县委员会常务委员会关于政协二届五次会议以来提案工作情况报告及报告人名单（草案）》《中国人民政治协商会议第二届康马县委员会第六次会议提案审查委员会组成人员名单（草案）》《中国人民政治协商会议第二届康马县委员会第六次会议分组办法和小组召集人名单（草案）》。

政协第二届康马县委员会常务委员会第十四次会议 3月17日召开，由县政协主席扎西多吉主持。会议应到委员16人，因事（病）请假2人，实到常委14人。会议审议通过《中国人民政治协商会议第二届康马县委员会常务委员会第14次会议议程（草案）》《中国人民政治协商会议第二届康马县委员会第六次会议关于政协第二届康马县委员会常务委员会工作报告的决议（草案）》《中国人民政治协商会议第二届康马县委员会第六次会议关于二届五次会议以来提案工作情况报告的决议（草案）》《中

2021年6月27日，政协第三届康马县委员会第一次全委会召开 （县政协办 提供）

国人民政治协商会议第二届康马县委员会提案审查委员会关于政协二届六次会议提案审查情况的报告》《中国人民政治协商会议第二届康马县委员会第六次会议政治决议（草案）》《中国人民政治协商会议第二届康马县委员会2021年协商计划》。

政协第二届康马县委员会常务委员会第十五次会议　6月23日召开，由县政协主席扎西多吉主持。会议应到常委16人，因事（病）请假2人，实到常委14人。会议审议通过《中国人民政治协商会议第二届康马县委员会常务委员会关于召开政协三届一次会议的决定（草案）》《中国人民政治协商会议第三届康马县委员会委员推荐人选建议名单及界别（草案）》《中国人民政治协商会议第二届康马县委员会常务委员会工作报告及报告人名单（草案）》《中国人民政治协商会议第二届康马县委员会常务委员会关于提案工作情况的报告及报告人名单（草案）》《中国人民政治协商会议第三届康马县委员会第一次会议议程（草案）和日程（草案）》《中国人民政治协商会议政协第三届康马县委员会第一次会议列席人员名单（草案）》，听取审议《中国人民政治协商会议第二届康马县委员会提案经济法制委员会工作总结》。

政协第三届康马县委员会常务委员会第一次会议　6月30日，在县政协委员活动室召开，由县政协主席扎西多吉主持会议，会议听取县委组织部相关负责人对设置政协第三届康马县委员会提案经济法制委员会的决定和政协第三届康马县委员会提案经济法制委员会组成人员建议名单所做的说明；与会人员共同讨论政协第三届康马县委员会领导班子成员分工调整情况。

政协第三届康马县委员会常务委员会第二次会议　10月21日召开，县政协主席扎西多吉主持会议，各乡（镇）政协联络办专干、县政协办、县政协提案经济法治委员会负责人列席会议。会议传达学习习近平总书记在中央民族工作会议上的重要讲话精神、习近平总书记在2021年秋季在中央党校（国家行政学院）中青年干部培训班开班仪式上发表的重要讲话精神、关于3起违反中央八项规定精神典型问题的通报、《康马县政协专委会联系界别工作方案》和《中国人民政治协商会议康马县委员会反映社情民意信息工作办法》；审议通过《康马县政协常委履职述职点评办法》《康马县政协委员履职服务管理办法》《康马县政协主席会议成员联系常委　常委联系委员　党员委员联系党外委员　委员联系群众工作制度》。

政协第三届康马县委员会常务委员会第三次会议　12月23日召开，县政协主席扎西多吉主持会议。会议传达学习习近平总书记在中央民族工作会议上的重要讲话精神、西藏自治区第十次党代会精神、政协第二届日喀则市委员会第二次会议常务委员会工作报告精神、土旦次仁在政协第二届日喀则市委员会第二次会议闭幕会上的讲话精神、中共康马县委统一战线工作领导小组关于印发《中共康马县委统一战线

2021年12月23日，政协第三届康马县委员会常务委员会第三次会议召开　（县政协办　提供）

工作领导小组关于学习宣传贯彻〈中国共产党统一战线工作条例〉的实施方案》的通知。

【主席会议】

政协第三届康马县委员会第二次主席会议　6月27日召开，县政协党组书记、主席扎西多吉主持，县委组织部、县委统战部负责人列席会议。会议应到主席团成员17人，实到17人。审议通过政协第三届康马县委员会第一次会议主席团常务主席名单（草案）、政协第三届康马县委员会第一次会议主席团常务主席会议主持人名单（草案）、政协第三届康马县委员会第一次会议各次大会执行主席和主持人名单（草案）、政协第三届康马县委员会第一次会议委员分组及小组召集人名单（草案）。

政协第三届康马县委员会第二次主席会议　10月21日召开，县政协主席扎西多吉主持。县政协主席班子成员参加会议。县政协办负责人列席会议。会议传达学习习近平总书记在中共中央政治局第八次集体学习时和中央人才工作会议上的重要讲话精神，研究讨论《康马县政协常委履职述职点评办法》《康马县政协委员履职服务管理办法》《康马县政协主席会议成员联系常委　常委联系委员　党员委员联系党外委员　委员联系群众工作制度》《康马县政协专委会联系界别工作方案》《康马县政协反映社情民意信息工作办法》。

重要活动

【提案交办】　2021年7月7日，县政协召开政协第二届康马县委员会第六次会议和政协第三届康马县委员会第一次会议提案交办会。县政协主席扎西多吉，联系政协工作的县委常委、县人民政府副县长李修峰出席会议。县政协办、政协专委会、县水利局、县住建局等17家承办单位负责人参加会议，索朗多布杰等4名政协委员列席会议。会议由米玛副主席主持会议。政协第二届康马县委员会第六次会议期间共收到委员提案54件，立案41件，占提案总数的75.9%；政协第三届康马县委员会第一次会议期间共收到委员提案35件，立案32件，占提案总数的91.4%。73件提案会上全部交给相关承办单位办理。对如何落实好委员提案办理工作提出具体要求，各承办单位要充分认识提案办理工作的重要性，增强办理提案工作的自觉；要压实责任，将提案办理工作与本单位业务工作同部署、同落实；要加大重点提案办理力度，切实提高办理实效，突出抓好事关全县中心工作、涉及人民群众切身利益、社会普遍关注的重点提案的办理和落实，坚持把握重点、以点带面促进提案办理成效。

【重点提案督办】　2021年，县政协专委会以分管副主席包抓提案为主要内容，组织相关部门、提案人对乡（镇）卫生院建设规范的预检分诊室的提案等3件重点提案进行现场督办。

【委员培训】　2021年，县政协采取以会代训、专题培训、专干培训的方式，组织新当选的常务委

2021年8月，县政协办组织委员开展调研活动

（县政协办　提供）

员、新提名委员和联络办工作人员，围绕政协综合业务知识、撰写提案、文史资料及考察调研工作等内容，对政协性质定位、委员职能职责和社情民意信息及委员经常性工作、《康马县政协委员履职服务管理办法》《康马县政协主席班子成员联系常委 常委联系委员 党员委员联系党外委员 委员联系群众工作制度》等5项内容进行培训4次，参训200余人次。

【考察调研】 2021年，根据《中国人民政治协商会议第二届康马县委员会2021年协商计划》安排，县政协委员围绕公立医院信息化建设及工作开展情况，加大创业主体培育，助力乡村振兴，在畜牧业生产方式对草原生态环境影响情况和“四标”及宗教与社会主义社会相适应方面开展考察调研，形成调研报告4篇，提出意见建议12条。

【联谊交流】 2021年，县政协接待政协自治区委员会、政协日喀则市委员会调研考察8次，接待考察学习活动4次；组织委员到拉萨市、山南市、阿里市和日喀则市部分县开展合作社运营、民族宗教工作等考察调研，形成调研报告2篇。

【慰问帮扶】 2021年5月13日，县政协机关支部党员干部前往驻村点康如乡边加村开展慰问老党员活动，自筹资金为老党员卓嘎购买洗衣机1台；9月24日，县政协机关党支部开展“助农秋收”党员志愿服务活动，解决驻村点白加村措姆家农忙时无劳力的实际困难。全年县政协开展走访慰问20户，送去衣服、蔬菜等生活用品，价值6410元。

【文史资料编辑】 2021年，县政协发挥“存史、资政、团结、育人”的独特功能，着力深挖掘、重特色、出精品，着力提高文史资料编撰质量。编辑出版《嘎拉谐钦》《朗通庄园》《乃宁果谐》等文史资料。

2021年10月，县政协办组织委员到县外开展考察学习活动

（县政协办　提供）

纪检监察·巡察

冲巴雍错 （县融媒体中心 提供）

综　述

【概　况】 2021年，中共康马县纪律检查委员会、康马县检察委员会（简称“县纪委监委”）贯彻中共十九大，十九届二中、三中、四中、五中、六中全会精神和中央第七次西藏工作座谈会、习近平总书记考察西藏时的重要讲话精神，自治区第十次代表大会精神，按照中央纪委、自治区纪委、市纪委全会工作部署要求，完成十届县纪委换届选举工作，选举产生新一届纪委常委、书记、副书记；召开县纪委监委机关党支部党员大会，选举产生新一届党支部党委会委员；严格执行“两为主一报告”“三为主一报告”，完善班子成员包片联系乡（镇）工作机制，强化对乡（镇）纪委的指导。提拔乡（镇）纪委书记4名，审查调查室主任1名，进一步任用2名，晋升职级1名。

【党风廉政建设】 2021年，县纪委监委坚持理论学习中心组和个人自学相结合，坚持把习近平总书记重要讲话精神及党中央、自治区党委、市委关于党风廉政建设和反腐败工作系列会议精神、各类警示教育通报列为县委理论学习必学篇目；县委书记以“学党史悟革命道路，深刻铭记中国共产党百年奋斗的光辉历程”为主题，结合党史学习教育、“政治标准要更高、党性要求要更严、组织纪律性要更强”专题教育、政法队伍教育整顿工作，给全县科级领导干部讲专题党课，要求全县各级党组织和广大党员干部深入学习贯彻习近平新时代中国特色社会主义思想，传承红色基因、牢记初心使命、坚持正确方向，持续在学史明理、学史增信、学史崇德、学史力行上下功夫，坚决做到思想一致、行动一致、步调一致。县委常委、纪委书记、监委主任以“知责于心、担责于身、履责于行”为主题，给全县纪检监察干部讲专题党课，要求全县纪检监察干部坚持原则、勇担使命、忠诚履职，切实把想法变成务实办法，把思路变成具体行动，把举措变成实际成效，奋力推动全县纪检监察工作高质量发展；以“党风廉政建设永远在路上”为题，为全县政法队伍作廉政报告，督促全县政法工作者坚持把党的纪律和规矩挺在前面，筑牢拒腐防变思想防线。按照党风廉政建设责任制规定，县委将党风廉政建设工作纳入经济社会发展和党的建设总体工作规划，召开中国共产党康马县第九届纪律检查委员会第六次全会，总结全县2020年党风廉政建设和反腐败斗争工作成绩，部署2021年纪检监察工作；听取党风廉政建设和反腐败工作汇报；召开开展公务接待中“吃公函”问题专项检查工作部署会议，自觉抵制形形色色的“舌尖上的腐败”。全年开展集中学习17次。其中，学习各类典型案例通报11份，学习中央关于巡察讲话精神1次，专题学习研讨制定巡视工作规划1次。开展党史学习教育专题16次、研讨10次、“三更”专题学习教育10次、研讨4次、党支部集中学习18次、主题党日学习12次。

【监督检查】 2021年，县纪委监委坚持党中央重大决策部署到哪里，监督检查就跟进到哪里，聚焦党中央大政方针政策、自治区党委重大决策部署、市委各项工作要求及县委具体安排部署情况，加强对党员干部的日常政治监督，持续严明政治纪律和政治规矩，开展“制定一个专项排查方案、开展一次联合协助检查、进行一次排查意见反馈”三步走活动。聚焦新冠肺炎疫情防控、维护社会稳定、换届工作、脱贫攻坚、保障和改善民生及私车公养、工资津贴补贴、“村霸”“砂霸”排查、农村乱占耕地建房等重大工作任务及廉洁过节问题，开展各类监督检查140次，发现问题73个，责令相关单位立行立改50个，限时整改23个。发放藏语和汉语“康马县村组织换届纪律换届明白卡”1300张，协同县委组织部发放县、乡换届明白卡1600张，在“康马县发布”微信公众号滚动发布严明换届“十严禁”公告，让党员群众知晓哪些行为合法、哪些行为

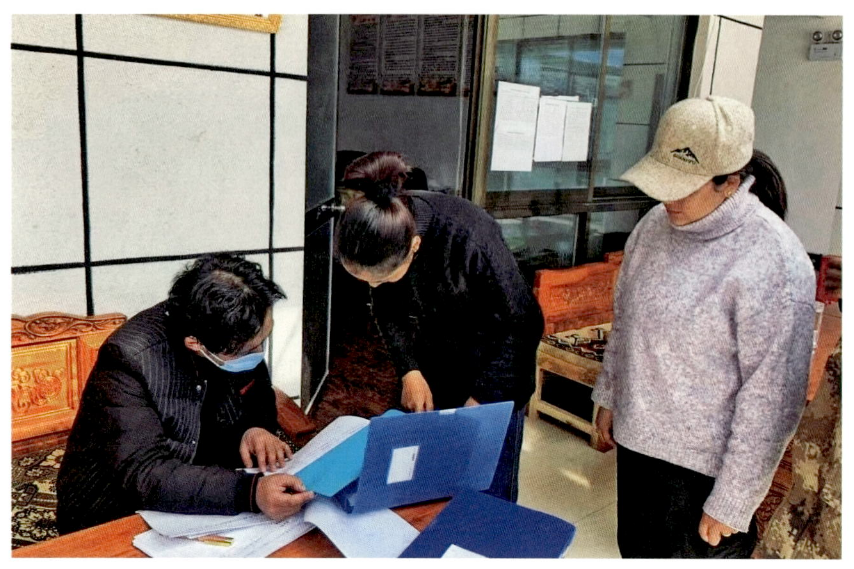

2021年3月25日，县纪委监委组织工作人员深入乡（镇）开展监督检查工作 （县纪委监委 提供）

违法，实现换届规定、政策广泛知晓；对会风会纪存在的问题进行谈话，提醒4人；加强对“一把手”和领导班子的监督，研究制定县纪委工作台账，明确监督措施、完成时效、责任领导、责任部门，并对各乡（镇）、县直各单位负责人进行“一对一”谈话；联合县委组织部、县委巡察办对3个乡（镇）、12个县直单位巡察反馈意见整改落实情况开展督查，共发现共性问题8个、个性问题34个，责令相关乡（镇）、单位立即整改，并适时开展“回头看”工作。严格按规定程序回复党风廉政意见137份，涉及1705人次、38家单位、5个乡（镇）11个村。

【巩固拓展脱贫攻坚成果同乡村振兴有效衔接】 2021年，联合自治区纪委监委驻康马县萨马达乡萨马达村工作队到县发改委、县教育局、县财政局等项目单位及村级组织、合作社开展实地调研检查，检查2020年全区脱贫攻坚检查中发现的问题及整改落实情况，关注2019—2021年各项目竣工情况及未竣工项目的进展情况，重点调研检查是否存在工程建设领域腐败问题、是否存在民生领域啃食群众利益的微腐败、是否存在利用国有投资平台公司搞利益输送的新型腐败、是否存在违反政治纪律的人和事，并针对实地调研检查发现的问题积极探索解决方案。加强与组织、财政、统计、审计、信访等部门的协同配合，组织全县纪检监察干部18人开展脱贫攻坚成果同乡村振兴有效衔接专项监督培训。围绕易地扶贫搬迁安置点住房建设、公共服务设施建设、实际搬迁入住、基层组织建设等情况，开展专项监督检查2次，发现问题3个，立行立改2个，限时整改1个。

【深化“三项改革”】 2021年，县纪委监委继续推行县、乡纪检监察力量分片协作试点工作，提升县、乡纪检监察机关监督能力和治理效能，全年整合乡（镇）纪检监察干部参与日常监督检查、专责监督检查、专项监督检查及干部考察30人次；坚决并长期巩固议事协调机构清理成果，保留或继续参与议事协调机构9个。围绕执纪监督、案件审理、监督管理和移送司法等关键环节，细化、规范、再造内部工作流程，推动执纪审查和依法有序对接相互贯通。配合市纪委推进安可替代项目工程建设，加强纪委监委机关安全防范意识教育，提升纪委监委机关全体纪检监察干部的安全保密意识。

【纪检干部队伍建设】 2021年，县纪委监委探索培训培养纪检监察干部的方法，注重在监督执纪、审查调查中培养优秀干部，特别是年轻干部，常态化开展跟班、跟案，选调干部到县纪委监委学习8人次；采取以老带新、以案代训的方式，选派干部参加上级各项跟班学习、跟案锻炼、业务培训15人次。常态化开展“提升工作质效，干部自查自纠”，县纪委监委主要领导带头自查自摆问题，带头大力弘扬好的传统、好的作风，带头加强自身建设，不断提高执行政策能力、执纪执法能力、思想政治工作能力，推动全县纪检监察干部工作作风、精神面貌持续改进。坚持用心保障促待遇落实，用情关爱促鼓劲提起，正向激励促主动作为，县纪委监委主要领导利用节假日对列定村驻村工作队进行慰问，并督促驻村工作队做好与村“两委”及群众的沟通，配合做好新冠肺炎疫情防控工作，促使列定村各项工作迈上新台阶、走向新高度。

【第九届纪律检查委员会第六次全体会议】 2021年3月16日，中共康马县第九届纪律检查委员会第六次全体会议召开。由县纪律检查委员会常务委员会主持。县委副书记、县人民政府县长扎西多布拉，县委常务副书记于德波，县委常委多吉次仁、潘克祥、达瓦、闫会峰、惠建妮及有关县级领导，九届县纪委委员、监委委员出席会议。各乡（镇）党委书记、纪委书记，县（中、区）直各党组织书记列席会议。市人民政府副市长、县委书记李仁新出席会议并讲话。县委常委、纪委书记、监委主任惠建妮代表九届县纪委常委会作题为《突出中心任务 强化执纪监督 坚定不移推进纪检监察工作高质量发展》的工作报告。

执纪问责

【概　况】 2021年，县纪委监委坚持全面提升案件质量，以严肃问责督促党员干部忠诚干净担当，推动管党治党责任落到实处。全年共受理问题线索28件。其中，谈话函询了结1件1人，初核了结11件5人、1家单位、2个行政村，初核8件6人、1个行政村，立案8件（送市纪委协审3件3人、办结1件1人、审查调查4件），向县人社局移交问题线索1件。办理2020年未办结问题线索12件。其中，了结5件4人，初核2件2人，立案5件3人（办结2件2人，审查调查3件1人）。

【自查自纠】 县委将开展违反中央八项规定精神问题自查清理纠治“回头看”工作作为落实全面从严治党主体责任的重要抓手，召开全县违反中央八项规定精神整改部署会，先后召开康马县违反中央八项规定精神集体约谈会议2次，对涉及问题的时任各党委（党组）、党支部书记、财务审核人员及报销人员进行处置。其中，由县委组织集体约谈156人、书面检讨66人，由县纪委监委谈话提醒5人、批评教育4人。全县共自查问题676条，涉及单位49家，资金1560657.8元。至年末，上缴各类违规资金1560657.8元。按照干部管理权限，向市纪委移交涉嫌违反中央八项规定精神问题线索3件；聚焦开展“吃公函”问题专项检查工作，督促各乡（镇）、县直各单位自查发现问题用餐48次，县纪委监委按照不低于10%的要求进行抽查，并对12家涉及问题单位主要负责人进行谈话提醒，对县教育局、县民政局、县财政局财务人员进行提醒谈话。

【专项整治】 2021年，县纪委监委贯彻落实党中央和习近平总书记重要指示批示精神、维护国家粮食安全，立足职能定位，把粮食领域腐败问题专项整治作为深入推进党风廉政建设和反腐败斗争的一项重点工作，作为推动全面从严治党的重要举措，研究制定《康马县粮食购销领域腐败问题专项整治工作方案》，围绕责任、作风、腐败等问题，明确整治重点、措施步骤，对整治粮食购销领域腐败问题盯住不放、持续狠抓，一严到底。督促粮食业务主管监管部门、国有粮食企业等部门，进一步提高政治站位，坚持问题导向，聚焦粮食购销领域重点环节，开展自查自纠，全面查找问题，切实增强粮食购销领域腐败问题专项整治的责任感、紧迫感，推动粮食购销领域腐败问题专项整治工作落地开花结果。至年末，共发现问题3个，立行立改1个，限时整改2个。召开康马县2021年开展惠民惠农财政补贴资金“一卡通”管理问题专项治理工作推进部署会，结合党史学习教育“我为群众办实事”活动，准确把握任务要求，坚决整治群众身边腐败和不正之风问题；组织全县纪检监察干部召开2021年案管工作专题会议，推动纪检监察工作高质量发展。

【教育整顿】 2021年，县纪委监委深入学习贯彻习近平总书记关于加强政法队伍建设的重要指示精神，县纪委监委协同县党史学习教育领导小组办公室、县委宣传部、县广播电视台，组织县级领导干部及县直单位主要负责人80余人观看警示教育专题片《全面从严治党在西藏》；县纪委监委牵头组织全县县级领导干部、部分廉政风险较高的单位主要负责人及各乡（镇）党政负责人60余人赴日喀则市反腐倡廉警示教育基地参观学习；县纪委监委机关班子成员带头，面向政法干警作廉政报告1次，受教育80余人次；作政策宣讲1次，受教育70余人次；组织政法干警观看警示教育片，受教育170人次；组织政法干警参观警示教育基地，受教育55人次。列席政法队伍教育整顿法治生活会5次，提出意见建议5条；开展政法系统监督检查4次，发现问题5条，提出意见建议5条。开展政法队伍建设专项巡察，发现问题3条，提出意见建议3条。

【回访教育和帮扶转化】 2021年，县纪委监委联合组织、人社部门对2015—2021年受到党纪处分且处分期满的7名党员开展回访教育和转化帮扶工作。

【澄清正名】 2021年，县纪委监委精准处置各类问题线索，加强对问题线索的分析甄别。采取当面澄清、会议澄清等相结合的方式为3名党员、干部澄清正名，形成激浊扬清、干事创业的良好环境。

【建立廉政档案】 2021年，为进一步提升日常分析研判、处置问题线索能力，适应监督全覆盖的新形势，县纪委监委建立健全四级主任科员至四级调研员全覆盖的廉政档案。全年建立健全党员干部廉政档案298份，并实行动态管理。

【廉洁从政】 2021年，县纪委监委坚持把纪律挺在前面，突出抓早抓小，通过“康马县发布”微信公众号发布廉洁公告7期，发送廉政短信10208条；聚焦“四风”顽疾问题，明确“禁止行为”，推动作风建设常态化、长效化。带头落实基层减负工作要求，集中整治不作为、慢作为、文山会海等形式主义和官僚主义，督促各乡（镇）、县直各单位落实基层减负各项举措。按照干部任前廉政谈话工作要求，召开新任干部任前集体廉政谈话会1次，对提拔晋升调整的72人进行任前集体廉政谈话。

【推进“两书”运用】 2021年，县纪委监委依据有关党纪法规开展纪检监察建议工作，督促有关党组织切实履行主体责任，推动全面从严治党、党风廉政建设和反腐败工作向纵深发展。全年共下发纪律检查建议书5份，推动相关党组织或单位提高执行力和落实力，压紧压实全面从严管党治党责任。至年末，涉及相关单位均按照要求进行整改，并长期坚持。

2021年4月9日，县纪委监委组织工作人员开展爱国主义教育 （县纪委监委 提供）

巡　察

【概　况】 2021年5月18日，中共康马县委员会巡察办公室巡察组［简称“县委巡察办（组）”］支部任期届满，在机关工委的指导下，顺利完成换届工作。按照市委统一部署，县委授权开展第一次市、县统筹巡察，设立巡察组3个、巡察党组织9家。

【巡察干部业务能力建设】 2021年，县委巡察办（组）把政治建设摆在首位，深入开展党史学习教育，引导巡察干部以实际行动践行初心使命。全年组织集中学习34次，观看影片3次，开展测试3次，开展交流研讨12次，召开组织生活会3次，撰写学习体会16篇；开展“为民办实事”16件。把党的理论和路线方针政策、党中央重要决策部署、讲话精神等纳入巡察学习内容，全年以学带训5次，参加市级培训2次，参加市委巡察1人次，参加县级巡察3人次，参加交叉巡察2人次。选好配强巡察办和巡察组工作人员，年内提拔并调出干部2名，调进干部3名。

【巡视巡察】 2021年2月，县委巡察办（组）开展九届县委最后1轮巡察，选派3个巡察组，对5个党组织开展常规巡察，对3个党组织开展巡察“回头看”，共发现问题145条，其中边巡边改问题45条，向纪委移交问题线索2件。8月20日，召开十届康马县委巡察工作领导小组第一次会议，深入总结九届县委五年巡察工作发展历程和基本经验，并根据《中国共产党章程》《中国共产党巡视工作条例》《中共西藏自治区委员会巡视工作实施办法》等法规制度和中国共产党康马县第十次党代会部署，研究制订十届康马县委巡察工作五年规划。9月中旬，根据《二届市委第二轮巡察暨第一次市县统筹巡察工作方案》《中共康马县委员会巡察工作规划（2021—2025年）》，正式启动第一次市县统筹巡察暨十届康马县委第一轮巡察，安排3个巡察组、20名巡察工作人员，对6家县直单位和3个村党组织开展常规巡察。巡察组运用12种方法，下发民主测评表、问卷调查表、政治生态自评表355份，个别谈话378人次，查阅资料4970份，下沉了解70次，了解掌握被巡察单位存在的共性问题和个性问题132条，其中边巡边改问题14条，向纪委移交问题线索9件15人。年内，县委常委会听取县委巡察办（组）巡察汇报1次；2月、4月、11月、12月，书记专题会和县委巡察工作领导小组分别听取九届县委第十轮、十一轮和十届县委第一轮巡察工作开展情况汇报，县委书记对巡察工作批示指示10次。

【巡视整改】 2021年，县委巡察办（组）对巡察发现的问题进行梳理、分析、归类，综合研判找准原因，实事求是撰写巡察报告；压实责任，传导压力，说透讲准巡察发现的突出问题，使其真正警醒、正视问题；加强指导引导与督查督办，对反馈的问题进行台账式管理，执行每月整改工作推进报告制；采取纪委监委、县委组织部、县委巡察办三方联动督查模式，抽调3部门9名干部成立3个专项督查组，整合监督力量，发挥领导优势和组织优势，相互协作，优势互补，增强专项督查威慑力。

人民团体

冲巴雍错 （县融媒体中心 提供）

工　会

【概　况】 2021年，康马县有工会组织77个，会员4995人。其中，机关工会小组7个，会员753人；乡（镇）工会组织9个，会员472人；村工会组织49个，农民工会员3656人；国有企业工会组织1个，会员8人；非公有制企业工会组织11个，会员106人。年内新增基层工会11个，新增会员137人。

【组织建设】 2021年，县总工会按照“哪里有职工，哪里就建工会组织”的工作方针，开展“两新”组织建会工作；8月末，完成“三有”非公有制企业工会组建工作，吸纳会员96人，选举工会主席11人，委员22人，组织覆盖率100%；在县委统一部署下，根据《中华人民共和国工会法》和《中国工会章程》规定，6月末，完成县、乡、村三级工会组织换届工作，共选举产生新一届工会委员85人，工会主席59人。并在县总工会举办为期3天的新任乡、村两级工会主席业务培训班，共54名工会主席参加培训。

【康马县工会第四次代表大会】 2021年3月23日，康马县工会第四次代表大会召开。县委副书记王瑞斌出席会议并讲话。县人大常委会副主任尼平、县人民政府副县长普珠、县政协副主席米玛出席会议。大会审议并通过《康马县总工会第三届委员会工作报告》《第三届经费审查委员会工作报告和财务工作报告》；选举产生县总工会第四届委员会委员、常务委员会委员、经费审查委员会委员和女职工委员会委员；举行县总工会第四届一次全委会议，选举产生县总工会新一届领导班子，通过县总工会第四届女职工委员会委员名单。

【工会活动】

逢节送温暖活动　2021年，县总工会以元旦、春节、“三八”国际妇女节、“五一”国际劳动节为契机，慰问节日期间值守的17家单位、49个驻村点、困难职工、劳动模范、困难农民工581人，发放慰问金和慰问品折价合计228693元。

全县工会会员生病住院、结婚、生育、会员去世或直系亲属去世慰问　2021年，全县工会会员生病住院66人，发放慰问金5.32万元；去世或直系亲属去世17人，发放慰问金1.36万元；结婚27人，发放慰问品价值1.35万元；女职工生育54人，发放慰问品价值2.7万元。

困难职工帮扶　2021年，全县有在档困难职工2人，发放金秋助学救助资金和取暖补贴、生活补贴共计41664元。

职工疗休养活动　2021年，县总工会组织28名干部职工，分2批到拉萨市、林芝市开展疗休养活动，各为期15天，支出疗养费19.18万元。

乡（镇）“职工之家”建设　2021年，县总工会投入资金66.83万元建设康如乡和涅如麦乡“职工之家”，添置健身器材、书柜、桌椅等设备。

工会志愿服务活动　2021

2021年6月1日，县总工会到雄章乡中心小学、康马镇克列村幼儿园慰问困难农牧民子女　（县总工会　提供）

年，县总工会党员通过入户走访康马镇克列村，详细了解农牧民生活生产情况，开展谈心谈话，宣传中共十九届六中全会、习近平总书记在庆祝中国共产党成立100周年上的讲话和在西藏考察时的讲话精神，并结合“四讲四爱”、新冠肺炎疫情防控、乡村振兴、安全生产等方面，面对面开展宣讲，做好政策解疑释惑工作，帮助他们算好政策账、感恩账，进一步树立“听党话、感党恩、跟党走”的信心和决心，送去慰问品价值900元。

职工志愿服务活动 2021年，县总工会开展“新时代文明实践推动日”宣传活动，发放宣传资料1430份，毛巾、环保袋、帽子、临时停车专用牌等宣传用品510份，组织20名志愿者开展职工志愿服务活动，对大庆路至日亚路沿线、擦多温泉院内外积存垃圾、地面杂物、绿化带、卫生死角进行全面清理。

【职工福利】 2021年，县总工会按照自治区市总工会《关于鼓励基层工会职工集体福利用于消费扶贫助打赢脱贫攻坚战的通知》《关于继续大力实施消费帮扶巩固拓展脱贫攻坚成果的指导意见》要求，从县农牧民合作社中购买当地农副产品菜籽油、糌粑、羊肉、矿泉水，价值65.79万元给职工，为助推县乡村振兴建设发挥工会组织作用。

【职工技能比赛】 2021年，县总工会举办“喜迎百年华诞 共筑美好康马”干部职工文体竞赛活动，县机关8个工会51名干部职工参加比赛，大赛设置项目6个，前三名获得荣誉证和价值300元、200元、100元不等奖品；组织全县49个行政村工会组织开展农民工收割技能比赛，发放活动经费12.25万元，750名农民工参加比赛。

【宣传活动】 2021年，县总工会开展“聚餐俭为先饭后‘光’为荣”创建文明城市宣传活动，为县城所有餐饮店发放“制止餐饮浪费行为倡议书”230份，“节约粮食、拒绝浪费”台签230份。利用法治宣传日等活动，向职工群众宣传《中华人民共和国劳动合同法》《中华人民共和国工伤保险法》《保障农民工工资支付条例》《外来务工人员安全教育》，发放宣传资料85份；开展全县“三有”非公有制企业“安康杯”宣传活动，发放宣传资料230份；劳动模范普琼在萨马达乡冲堆村开展宣讲活动，主要宣传宣讲习近平总书记在全国劳动模范和先进工作者表彰大会上的重要讲话精神和中共十九届六中全会精神，80人参加。

【机关党建】 2021年，县总工会组织工会成员重点学习党章党规和习近平新时代中国特色社会主义思想，微信群里经常性推送党建有关的会议文件精神、应知应会知识和先进典型经验，并督促全体党员利用“学习强国”学习平台，做好在线学习和教育。全年县总工会党支部共召开集中学习会28次，撰写心得体会10篇。按照党史每周学习安排，组织干部职工学习《论中国共产党历史》《习近平新时代中国特色社会主义思想学习问答》《关于中国共产党历史论述摘编》《中国共产党简史》33次，开展交流研讨8次、党史知识测试4次。组织干部职工学习中共十九届六中全会、习近平总书记在十九届中央纪委五次全会上的讲话精神、《中国共产党廉洁自律准则》、《中国共产党纪律处分条例》及各类通报文件，召开廉政专题学习会12次、党风党纪教育3次，集中观看警示教育片3次。

共青团

【概　况】 2021年，中国共产主义青年团康马县委员会（简称“团县委”）有干部职工6人（含3名西部计划志愿者）。其中，藏族3人，汉族3人；研究生1人，本科5人。全县共有团委10个（县团委1个、乡镇团委9个），团工委2个（教育团工委1个、“两新”团工委1个），团总支1个，团支部72个（县直机关及政法、卫生、企业系统团支部4个，西部计划志愿者团支部1个，学校领域团支部16个，基层团支部51个）。

【基层团组织建设】 2021年，康马县共分配团员发展编号50个，年内实际发展团员50名。其中，各乡（镇）团委发展团员10名，县中学团总支发展团员39名，县机关团支部发展团员1名，新发展团员全部使用并录入系统。至年末有团员1091名，团干部182名（县级团委专职团干部3人，基层团干部含兼、挂职179人）；年内推优入党38名；年内，各村选举新一届团支部书记、副书记和委员；各乡（镇）相继召开中国共产主义青年团第二次代表大会进行换届选举，新成立教育团工委、“两新”团工委、西部计划志愿者团支部；以讲座形式举办康马县2021年乡、村两级团组织书记业务培训班，以集中授课为主，重点培训党的创新理论政策、团的基本理论和基础团务工作，实现全县8个乡1个镇49个行政村全覆盖。至年末，“学社衔接”率、团支部党史学习教育6个专题及组织生活会信息录入率、“对标定级率”均达到100%。

2021年12月27日，中国少年先锋队康马县第一届一次代表大会召开 （团县委 提供）

2021年12月23日，康马县中学举行团校成立暨揭牌仪式（团县委 提供）

【少先队组织建设】 2021年，康马县召开中国少年先锋队康马县第一次代表大会，成立县级少工委1个，9所乡（镇）小学和1所中学相继召开第一次少先队代表大会，并成立学校少工委。

【县中学团校】 12月23日，根据团市委《关于转发〈关于进一步深化全区中学共青团改革的若干措施〉和〈关于加强西藏中学团校建设的实施意见〉的通知》要求，县中学举行团校成立暨授牌仪式。县中学校长，学校团总支、少工委负责人，少先队大队辅导员，团员、入团积极分子参加仪式；县中学党支部负责人宣读聘任通知，并为团校授牌；县中学负责人为聘任教师颁发聘书；参加仪式全体人员重温入团誓词。

【思想政治建设】 2021年，全县各级团组织以习近平新时代中国特色社会主义思想为指导，深入学习中共十九大和十九届历次全会精神、习近平总书记“七一”

重要讲话和习近平总书记考察西藏时的重要讲话精神。结合集中学习会、主题党、团日活动、支部党员大会、党、团课等，开展主题突出、特色鲜明、形式多样的学习活动45次；动员团员参与“青年大学习”网上主题团课学习，同时依托团属公众号“青春康马”广泛宣传线上学习内容；组织县直机关团支部团员和西部计划志愿者举行“请党放心，强国有我”主题团日活动。

【青少年服务工作】 2021年，团县委开展走访慰问全县残疾青少年活动，慰问全县44名残疾青少年（一级、二级），发放慰问金300元/人，共计1.32万元。将爱心助学工作作为重点工作来推进，多方筹募和积极争取到“国务院国资委党费专项资助”、“国酒茅台”等爱心助学项目，为全县家庭困难且品学兼优的17名学生提供资助，资助金额8.5万元。康马县预防青少年违法犯罪工作联席会议在县青年之家召开，县人民法院、县人民检察院、县司法局、县公安局、县教育局、县民政局7家预防青少年违法犯罪成员单位领导参加会议，并与各成员单位签订预防未成年人违法犯罪工作合作协议。召开中国少年先锋队康马县第一届一次代表大会，大会审议并通过《康马县第一届少工委工作报告》《康马县第一届少工委工作报告的决议》；选举康马县第一届少工委委员；县委副书记王瑞斌受县委和市人民政府副市长、县委书记李仁新委托到会并讲话。

【青年志愿者服务】 2021年，团县委协同县公安局、县新时代文明实践中心开展学雷锋志愿服务活动，在县中学设立展板，向学生讲解雷锋生前事迹及雷锋故事，要求广大学生向雷锋同志学习，把雷锋精神传递到日常学习生活中；组织学生到校园禁毒图书角，县公安局民警向学生讲解毒品的种类，毒品对社会、家庭、身体的危害，倡导广大学生远离毒品、珍惜生命；发放预防青少年犯罪常识及禁毒宣传单300余份。组织全县青年志愿者开展“植树造林，青年先行”志愿服务活动，在全县范围内种植树木1500余棵。组织80余名青年志愿者开展“我为群众办实事”之建设美丽康马志愿服务活动，将垃圾清理干净，还河道一片碧水，共同努力建设美丽康马。组织全县青年志愿者在玉朗路、察多温泉周边环境开展“爱护县城环境，共享美丽家园”志愿服务活动。组织新时代文明实践中心青年志愿服务队前往县福利院（养老院）开展“温暖冬日 爱在身边”志愿服务活动，送去价值2000元的慰问品。

2021年4月6日，康马县召开预防青少年违法犯罪工作联席会议（团县委 提供）

【活动开展】 2021年，在中国共产党成立100周年之际，团县委组织全县各行业青少年开展“我和党旗合个影、康马青少年心向党”活动；联合外事办党支部组织在家党员干部开展“喜迎百年华诞·相约共庆七一”主题党日活动；组织干部职工前往驻村点康马镇嘎江村开展“七一”

2021年8月1日，团县委组织开展康马县中学生团员“建党百年、青春追梦”主题演讲比赛　（团县委　提供）

送关怀活动，向1名老党员和2名困难党员送去价值600元的慰问品；联合县中学团总支利用课余时间，组织毕业班学生开展“轻松备考•12355与你同行”中考减压活动；开展“红领巾心向党”主题队日活动，引导广大少年儿童和少先队员厚植爱党爱国、爱社会主义的情感，让红色基因、革命薪火代代传承；按照共青团中央、教育部、全国少工委出台的《关于构建阶梯式成长激励体系增强少先队光荣感党的指导意见和入队规程》，通过入队前教育、具体的入队标准、规范的入队程序和庄严的入队仪式，有组织、分批次吸收适龄少年加入少先队；组织集中收看“红领巾心向党”主题网上云队课直播，面向少先队员集中呈现党史故事，展示各地少先队党史学习实践活动成果；联合县公安局交警大队、刑侦大队在嘎拉乡开展“我为群众办实事之青春自护•暑期安全”自护教育活动，140名青少年学生参加活动，慰问留守儿童11名，送去慰问品价值2200元；组织康马县青年讲师团、红领巾讲师团、青年志愿者到各学校开展青年宣讲进校园志愿服务活动，全县200余名小学生参加，发放宣传资料200余份；联合县公安局到南尼乡小学、县中学组织开展“珍爱生命，远离毒品”主题禁毒宣传教育活动，200余名青少年学生参加；联合县疾病预防控制中心在县中学组织开展“正青春·艾健康”主题防艾宣传教育活动，100余名青少年中学生参加；开展中学生团员“中国共产党成立百年　青春追梦”演讲比赛，颁发奖金2200元；联合县总工会、县民宗局举办康马县第七届“民族团结暨年河之源杯”足球赛，全县11支代表队，200余人参加比赛。

【西部计划西藏专项工作】　2021年，康马县共有7名（1名延长至3年的志愿者和6名2021年新分配的志愿者）大学生西部计划西藏

2021年7月16日，团县委组织召开康马县2021年西部计划志愿者迎新座谈会　（团县委　提供）

专项志愿者。年内，团县委组织7名西部计划志愿者和用人单位负责人签订服务协议，召开康马县2021年西部计划志愿者迎新座谈会、中秋座谈会。

妇联

【概　况】 2021年，康马县有妇女组织86个。其中，县妇联1个，乡（镇）妇联9个，村妇联49个，机关单位妇委会9个，各学校妇委会11个，非公有制经济领域妇女组织7个。年内，康马县妇女联合会（简称“县妇联”）借党支部换届选举之机开展9个乡（镇）妇联改革和49个村行政村“会改联”工作，选举产生乡（镇）妇联主席9名、副主席11名、妇联执委51名；村妇联主席49名，村妇联副主席66名，村妇联委员136名。

【思想引领行动】 2021年，县妇联深入学习贯彻中国妇女第十二次全国代表大会、自治区妇女第十次代表大会、日喀则市妇女第一次代表大会、县委九届六次全会精神，中央第七次西藏工作座谈会精神，以“三个注重”为抓手，以服务大局为主线，引导妇女始终与党同心、同向、同行。年内，组织妇女参加培训3人次，妇女编织合作社带头人参加创业培训6次。

【基层妇女组织建设】 2021年，县妇联依托“党建带妇建”，在符合组建条件的“两新”组织中妇联组织组建率100%；在全县中学、小学及幼儿园陆续成立妇委会，并召开妇女大会。

【关爱妇女儿童】 2021年“三大节日”期间，县妇联慰问“两癌”妇女、单亲母亲、重病妇女、贫困母亲5人，发放慰问金1700元；县妇联驻白龙村工作队员以“学党史、颂党恩、守护安全、伴成长”关爱暑假儿童教育宣传活动为契机，为学生们讲解防溺水、防交通安全、防失火、防触电等安全知识，组织学生观看关爱儿童教育片；为35名学生发放文具盒、试卷袋、笔、红领巾等学习用品，价值3955元。

2021年11月23—25日，团县委、县总工会、县妇联组成宣讲团深入乡、村两级群团宣讲党的十九届六中全会精神　（县妇联　提供）

【“三八”国际妇女节活动】 2021年“三八”国际妇女节期间，县妇联开展“纪念我们的节日”巾帼法治宣传活动，组织15名巾帼志愿者分别在县城、康马村进行巾帼志愿者巡逻宣传，发放口罩、新冠肺炎疫情防控知识宣传单及《中华人民共和国妇女权益保障法》《中华人民共和国民法典》宣传资料；组织52名巾帼志愿者到县福利院开展“巾帼心向党、暖心姐妹情”活动，为福利院老人们扫地、清洁窗户、洗头、剪指甲、包饺子，赠送洗脚盆、袜子、衬衫、邦典等慰问品，价值3285元；开展“民族团结一家亲，巾帼关爱暖人心”活动，为13名环卫工、17名后勤保洁员、4名贫困妇女、2名村妇联主席赠送洗衣液、安睡裤、湿纸巾、洗漱用具等生活必需品“暖心包”，价值7000元。

【巾帼服务活动】 2021年“三八”国际妇女节期间，县妇联组织开展“疫情防控 巾帼在行动”“乡村振兴 巾帼在行动”“维护稳定 巾帼在行动”系列活动。组织工作人员到康马镇搬迁村挨家挨户进行家庭卫生检查，发放宣传材料、洗漱用具，告知家庭要科学防护，掌握新冠肺炎疫情防控基本知识，增强防控意识，同时提醒广大群众不信谣、不传谣；依托“美丽家园 幸福人家”创建活动，各级妇联经常性组织巾帼志愿者打扫乡村公路沿线、沟渠、庭院等卫生，共投入人力2500人、经费3000元；开展家庭卫生评比活动12次，发放卫生评优流动红旗12次；组建巾帼志愿巡逻队，全年巡逻48次，投入志愿者470人次。

2021年10月28日，自治区妇联“美丽家园 幸福人家”创建工作推进会在嘎拉乡顺开展 （县妇联 提供）

【“国际家庭日”活动】 2021年“三八”国际妇女节期间，县妇联邀请全国“最美家庭”——归桑家庭讲述尊老敬老、夫妻和睦、勤俭持家、邻里友爱等方面的事迹，全县50名妇女参加。继续开展寻找“最美家庭”“五好文明家庭”“平安家庭”“无毒无家暴廉洁家庭”创建活动，普赤家庭被评为自治区级“最美家庭”，扎西次仁家庭被评为市级“平安家庭”，县妇联被评为县级文明单位。

2021年5月15日，康马县妇联开展国际家庭日家风家训宣传活动，邀请全国“最美家庭”归桑家庭宣讲家风家训 （县妇联 提供）

【“美丽家园 幸福人家”创建】 2021年10月28日，自治区“美丽家园 幸福人家”创建工作推进会在嘎拉乡嘎拉夏村举行，全区7个地（市）、34个县（区）妇联主席60余人参加会议。会议听取嘎拉乡创建“美丽家园 幸福人家”活动开展情况，充分肯定嘎拉乡嘎拉夏村妇联创建工作的成绩，特别是对嘎拉乡“姐妹之家”妇女文化建设、文明乡村创建工作、“最美颜色”国旗背后故事等亮点工作给予高度评价。

法治

冲巴雍错　（县融媒体中心　提供）

政法委及综治

【概　况】 2021年，康马县有政法系统部门5个，乡（镇）级综治中心9个，村级综治中心49个，有政法干警178人。中共康马县委员会政法委员会（简称“县委政法委”）核定编制7人，实有干部7人；内设政法委办公室、涉法涉诉办、执法督查室、防范和处理邪教问题办、创安办、双联办、人防办、扫黑专班、教育整顿专班、基层社会治理专班、“雪亮工程”办、法学会12个办公室，县委政法委为副县级建制，内设科室均为正科级建制。

【平安建设（综治）工作】 2021年，县委政法委制发《康马县2021年度平安创建活动实施方案》《康马县基层平安创建工作动态管理办法》，调整充实综治（平安创建）工作领导小组，分别与乡（镇）、单位统一签订目标责任书，确保落实综治责任纵向到底、横向到边、上下联动。健全完善《康马县矛盾纠纷排查调处工作机制》《康马县矛盾纠纷排查调处工作制度》，建立县、乡（镇）、行政村三级矛盾纠纷排查调处工作台账制度，上报矛盾纠纷月报台账360份，排查纠纷隐患5300次，发现隐患7处；调拨综治经费预算3.91万元，平安建设经费预算70827元，“双联”户服务管理工作经费预算37.4万元，群防群治工作经费3.05万元，流动人口服务管理工作经费1万元；开展法治宣传65场次、法治讲座46场次，发放各类宣传资料1.45万份（册），法律咨询人数185人，受教育2万人次；利用移动手机发送法律法规、以案说法等短信24次，宣传覆盖面98%以上。制定《康马县2021年国家安全人民防线工作计划》《2021年全民国家安全教育日宣传活动方案》，开展宣传5场次，发放宣传单780份、宣传手册950份。

【扫黑除恶专项斗争】 县委政法委把常态化开展扫黑除恶专项斗争置于全县经济社会发展全局谋划，建立健全常态化工作机制，加强系统治理、依法治理、综合治理、源头治理，抓住关键点，打好组合拳。发放藏语和汉语版《西藏自治区防范和整治“村霸”专项行动重点打击对象包括的十二个方面》《西藏公安厅关于举报黑恶势力违法犯罪的线索通告》《康马县扫黑除恶法治宣传手册》警民联系卡宣传单6500张，悬挂横幅250条，宣传报道70篇；开展线索摸排1000余次，检查宾馆、出租屋800余次，寄递物流业100余次、网吧90余次、施工工地500余次、沙场90次、采石场30次、藏餐660次、农贸市场190次、娱乐场所300次；开展交通运输领域专项整治排查行动32次，教育疑似从事非法营运车辆3次，排查“脏、乱、差”汽车维修站8处，下发整改督办8处，排查违法超限超载车辆12辆，教育施工运输未采取必要措施防止造物抛洒6起。村“两委”换届期间，严格按要求对404名候选人逐一进行资格审查，共调整村党支部书记11人、支部成员86人，举办党支部书记、村两委成员、监委主任培训班4期269人。

【“双联户”工作】 2021年，县委政法委调整充实县、乡、村三级“双联户”服务管理工作领导小组和“先进双联户”创建评选活动领导小组，起草下发《康马县2021年度“双联户”服务管理工作实施方案》《康马县“先进双联户”创建评选活动方案》，开展“双联户”户长巡回培训2次，参训900余人；优秀“双联户”长培养成村“两委”后备干部83人，进入村“两委”班子成员73人；开展矛盾纠纷排查4100次、边境巡逻2850次，排查各类安全隐患1000余次，严密排查外来人员和陌生人员1300人次，宣传引导890次；按照属地管理责任，对全县刑释解教人员、精神障碍患者、社区矫正人员采取管控措施，多次走访，深入劝导感化，安置帮教；“双联户”长参与贫困户宣传教育300余次，结对帮扶和邻里间义务投工投劳800人次。年内，康马县获市级

2021年9月4日，康马县政法系统到南尼乡开展"双联户"户长培训　（县委政法委　提供）

2021年12月7日，康马县召开公共安全视频监控建设联网应用项目（二期）终验验收会　（县委政法委　提供）

"先进双联户"荣誉称号。

【"雪亮工程"项目建设】 2021年，县委政法委成立康马县"雪亮工程"项目（二期）领导小组及工作专班，经请示县委、县人民政府审议通过资金投入6799651.21元，解决设备链路租用费85万元/年、机房建设资金132414.73元；确定设备安装点位152处，设备172个（球机137个，枪机34个，微卡口人车混抓1个），壁挂75个，车辆卡口12个、立杆79个，龙门架6个。至年末，所有设施设备全部正常运行。

【政法队伍建设】 2021年，县委政法委把政法队伍教育整顿、政法机关"五大专项"行动、"两学一做"学习教育常态化制度化、党史学习教育等有机结合起来，组织召开集中学习58场次，召开研讨会13场次，宣讲中共十九届六中全会等精神5场次，举办测试4次，撰写心得体会42份，开展党员志愿服务12次，开展"我为群众办实事"活动11次、党员大会10次、党课4场次，开展主题党日12次；组织召开党风廉政建设和反腐败工作部署会1次、推进会1次、组织生活会5次，签订党风廉政建设责任书1次，集中学习各类典型案例通报12篇，集中观看警示教育片6次，组织全体干部职工到日喀则市反腐倡廉警示教育基地参观学习1次，到江孜县宗山抗英遗址红色教育基地参观学习1次，听取廉政报告会1次，参加政法系统先进典型学习会1次。县政法队伍教育整顿领导小组、县直政法各部门共召开教育整顿、学习教育、查纠整改、顽瘴痼疾等部署会12次、推进会15次，开展集中学习80次，开展研讨专题研讨37次，领导带学43次，个人自学1000余次，开展集中学习12次，发放意见征求表87份，收集整理意见建议122条，针对2018—2021年容易滋生司法腐败、执法不公的特定范围案件开展评查，共评查案件240件，待查案件19件。

2021年3月15日，康马县政法系统召开政法队伍教育整顿动员部署会议 （县委政法委 提供）

公 安

【概 况】 2021年，康马县公安局（简称“县公安局”）在县委、县人民政府和市公安局的领导下，以综治维稳月、中国共产党成立100周年、西藏和平解放70周年安保工作为重点开展防风险、战疫情、护安全、保稳定各项工作，深入推进过硬公安队伍建设，确保边境地区社会大局持续和谐稳定。

【常态化开展扫黑除恶斗争】 2021年，县公安局扫黑除恶斗争常态化，全年对采石采砂行业开展排查乱象整治，对案件、线索的“一案一档”和“一线一档”进行复查。

【打击各类违法犯罪】 2021年，县公安局受理刑事案件6件，侦破5件，挽回经济损失1.2万元；带破2020年电信诈骗案1件；受理治安案件4件，查处4件8人；协助抓获诈骗犯罪嫌疑人1名。

【道路交通安全管理】 2021年，县公安局处理交通事故59起；查处交通违法行为352起；排查隐患路段25处，整改7处，18处由相关部门整改。

【社会治安防控】 2021年，县公安局配合市公安局科信部门，稳步推进手台数字集群安装工作，安装基站，手台信号基本覆盖全县；配合县委政法委推进“雪亮工程”建设，确保投资6799651.21元的“雪亮工程”顺利建成；分别投入县维稳资金255.484万元、30万元，在边境一线新建涅如堆乡优那执勤点、嘎拉乡琼桂执勤点，投入20万元购买办公、生活、健身装备设施，改善执勤人员工作生活条件。全年共排查化解矛盾纠纷18起。

【重大活动安保】 2021年，县公安局加强重大活动安保，推进“两个大庆”安保维稳工作，完成住建部、国家发改委工作组、

2021年8月19日，县公安局民警在562国道少岗乡少岗村至少岗检查站路段处置突发泥石流险情 （县公安局 提供）

中央第十四督导组等工作组调研督导安保工作。

【边境疫情管理】 2021年，县公安局检查站、警务站和边境设卡点加强盘查验证和巡逻检查，做好集中隔离酒店治安管控工作，严防疫情输入。

【信息采集、比对】 2021年，县公安局推进基础信息的采集、比对、应用等工作，形成“党政主导，公安主抓，部门配合，社会参与”的格局，在“一标三实”信息采集工作中，共采集录入标准地址4516条，实有人口24347人，实有房屋7422间，实有单位732家，从业人员2365人。

【便民服务】 2021年，县公安局创建微信群，方便群众查询违章、询问交通事项等业务；开展为临考学生办理身份证，为老年人、行动不便人员“送证上门”，发放安全头盔，为电动三轮车张贴铝制反光条等活动，提升群众对公安工作的满意度。全年共为群众办实事165件，惠及群众1.39万人次。

2021年3月23日，县公安局组织民警参观日喀则市反腐倡廉警示教育基地 （县公安局 提供）

【队伍建设】 2021年，县公安局共组织召开党委会议24次，研究审议议题78个；开展党委理论中心组集体学习和自学活动24次；吸收入党积极分子6名，接收预备党员12人、转正6人；召开党风廉政建设暨反腐败工作部署会议，推进公安队伍教育整顿，发挥纪检、督察等部门职能作用，全县74人次主动交代问题线索86条，均办结。

2021年8月5日，康马县委常委、政法委书记、国安办主任、公安局局长、督察长扎西罗布（右一）深入各通外山口和边境各设卡点，检查指导西藏和平解放70周年大庆期间疫情防控工作

（县公安局 提供）

检 察

【概 况】 2021年，康马县人民检察院（简称“县人民检察院”）贯彻县委决策部署和人大决议，坚持讲政治、顾大局、谋发展、重自强，全面加强新时代

2021年5月27日，县人民检察院邀请广大师生、家长集中观看未成年人法治宣传片《我的儿子着了魔》　（县人民检察院　提供）

法律监督工作，全年共召开院党组会议传达学习中央、自治区党委、市委、县委和上级检察院重要会议与文件精神18次，党组中心组学习12次。

【审查起诉】　2021年，县人民检察院受理公安机关移送审查起诉案件3件3人，提起公诉1件1人，不起诉2件2人，开展刑事不诉案件公开听证2件次，认罪认罚从宽制度适用率100%，量刑建议采纳率100%，值班律师参与率100%；依法对刑罚执行等进行法律监督，加强对社区矫正工作的管理，发出刑事执行社会治理类检察建议2件，采纳率100%。

【民事检察】　2021年，县人民检察院依法对生效的民事裁判结果、审判程序、执行活动进行监督，对妇女、未成年人等弱势群体依法维权有困难的，支持其提起民事诉讼。全年共审查生效裁判、调解、执行案件74件，立案10件，向人民法院送达书面检察建议书4份；支持起诉抚养费纠纷案件2件，为2名未成年人追回抚养费5.78万元，检察长主持开展涉及未成年人案件不公开听证1件次，为1名未成年落实司法救助金2.5万元。

【控告申诉检察】　2021年，县人民检察院审查受理举报类案件3件，严格落实“7日内程序性回复、3个月内办理过程或结果答复”规定，做好释法说理和群众工作，让群众信访有门路、可期待，做到“民有所呼、我有所应，群众信访件件有回复”。

【未成年人检察】　2021年，县人民检察院落实最高人民检察院“一号检察建议”、侵害未成年人案件强制报告制度，广泛开展“法治进校园”“检爱同行、共护未来”检察开放日等活动，举办法治宣讲12场次，增强广大师生、家长的法律意识，营造校园安全环境，防范校园欺凌、性侵

2021年5月28日，县人民检察院到县中学开展“健康人生，绿色无毒”主题禁毒宣讲活动　（县人民检察院　提供）

现象的发生。

【公益诉讼检察】 2021年，县人民检察院树立“诉前实现保护公益目的是最佳司法状态”理念，创新“诉前磋商+公开听证”方式，共摸排各类公益诉讼案件线索10件，立案7件。发出诉前检察建议4件，终结审查10件，诉前磋商督促行政机关依法履职恢复受损公益3件；落实“四号检察建议”案件被评为全区检察机关典型案例。

【检察监督】 2021年，县人民检察院自觉接受人大监督、民主监督、社会监督。强化内部监督制约，深入开展执法司法规范化建设，落实检察官权责清单，健全案件质量评查、案件监督管理等内控机制，2021年办案质效明显提升，“四大检察”结构优化，占比为“10.7∶50∶0∶39.3”（刑事、民事、行政、公益诉讼），案件关键指标“案件比”达1∶1；自觉接受人大及其常委会监督，向县人大常委会专项报告公益诉讼检察工作，助力弱势群体保护和乡村振兴，坚持向社会公开发布主要办案数据，重要案件信息公开率100%，程序性案件信息公开率100%，法律文书公开率100%；邀请代表委员、人民监督员参与检察开放日、检察听证等42人次。

【检察队伍建设】 2021年，县人民检察院利用党组理论中心组学习、党组（扩大）学习、支部学习等方式，深入学习习近平总书记在党史学习教育动员大会上的重要讲话精神，学习党史、新中国史、改革开放史、社会主义发展史和人民检察史，党组书记带头讲党课，并开展专题研讨活动，安排开展党史学习教育39次，形成专题研讨材料70份；按照县党史学习教育领导小组的安排，组织党员干警到帕拉庄园等地参观学习，组织干警深入学习规定篇目、典型案例通报，观看警示教育片，参加政法系统英模事迹报告会；院党组带头组织党员干警开展专题培训，举办学党史知识测试等活动；开展自查自纠和组织核查，全院检察人员自查问题10人，违反“三个规定”8人，开展法律监督专项检查工作；调取公安、法院、检察院案件进行评查，评查出司法不规范问题4类12条。

2021年7月1日，县人民检察院到雄章乡昆章村开展“党的生日话职责—做对党忠诚的公益卫士”法律宣传活动

（县人民检察院　提供）

法　院

【概　况】 2021年，康马县人民法院（简称“县人民法院”）坚持以习近平新时代中国特色社会主义思想为指导，围绕“努力让人民群众在每一个司法案件中感受到公平正义”工作目标，坚持“政治建院、公信立院、改革兴院、严格治院、科技强院”工作思路，忠实履行宪法法律职责，加强新冠肺炎疫情防控常态化条件下的司法应对，坚持服务大局、司法为民、公正司法，为全县稳定发展生态强边各项事业发展进步提供坚强有力的司法服务和保障，不断增强人民群众的

2021年5月16日，县人民法院组织法官到宗教场所开展法治宣传活动　（县人民法院　提供）

获得感、幸福感、安全感。全年受理各类案件154件，结案142件，结案率92.21%；法定审限期内结案率100%；案件数同比上升29.4%，结案标的额1172.52万元；员额法官人均办案25件。

【常态化开展扫黑除恶斗争】 2021年，县人民法院常态化开展扫黑除恶专项斗争，把打击锋芒对准威胁政治安全、把持基层政权、村霸和宗族势力，欺行霸市、非法放债、讨债等黑恶势力。全年开展专项法治宣传6次，发放宣传单1800份，受教育群众2000余人；摸排刑事、民事、执行案件150件，未发现涉黑涉恶案件线索；受理刑事案件2件，审结2件，其中，危险驾驶案1件、故意伤害案1件，判处罪犯6人。

【民商事案件审判】 2021年，县人民法院强化民生案件保障力度，全年受理民事案件101件，审结97件，结案率96.04%，结案标的金额1096.59万元；审结劳务、买卖、租赁等合同纠纷60件，机动车交通事故责任、侵权责任案件9件；妥善化解婚姻家庭、继承、析产、赡养抚养类案件32件；为涉及农民工劳资纠纷设立绿色通道，快立快审，规范劳务市场秩序，保护农民工群体合法权益。

【审判执行】 2021年，县人民法院按照“应执尽执”要求和“三统一”原则，聚焦“执行大会战”“执行攻坚战”专项行动，推进执行方式方法创新，强化规范执行、文明执行，依法稳妥办理影响全县经济发展、民生民利和社会稳定的执行案件，兑现胜诉合法利益，切实解决执行难问题。全年受理执行案件51件，执结49件，到位标的金额75.92万元；公开失信被执行人信息3人次，限制高消费4人次，布控10次，拘留1人次。执行质效指标全市排名第三。

【司法服务】 2021年，县人民法院制定《关于进一步完善“点

2021年5月16日，县人民法院通过“天宇云审”审理一起合同纠纷案件　（县人民法院　提供）

线面+一站式”相关工作机制的指导意见》，统筹整合审判资源和各方力量，在“点”的布局、“线”的畅通、“面”的统筹上持续发力，助力县域社会治理现代化试点工作；常态化发挥车载科技流动法庭作用，实行驻村与驻庭并重，延伸司法服务触角，设立乡（镇）巡回审判点7个，实现司法审判全覆盖、无盲区，打通司法服务群众“最后一公里”。落实“法律七进”等活动，组织法官送法进校园、进乡村，解决人民群众在生产、生活中遇到的法律维权问题。开展普法宣传活动15场次，发放藏语和汉语宣传资料5200份，现场解答人民群众法律咨询62人次，受教育群众达4800人次。

2021年5月16日，康马县人民法院召开政法队伍教育整顿动员部署会议　（县人民法院　提供）

【“一站式”建设】 2021年，县人民法院将诉讼服务中心建设项目纳入“十四五”规划，提高诉讼服务能力水平和标准化建设；坚持把“非诉讼纠纷解决机制挺在前面”，引入人民陪审员、特邀调解员和特邀调解组织等解纷力量，完善调解工作联动机制；与多家单位构建共同化解矛盾的机制，强化诉讼与非诉讼矛盾纠纷化解机制的衔接联动；加强诉源治理和“三进”工作，运用各种调解手段，在受理的各类案件中，调解结案72件，占案件受理总数的71.2%，司法确认7件。

【司法体制改革】 2021年，县人民法院深化司法体制改革，推进审判体系和审判能力现代化。

落实司法责任制要求 2021年，县人民法院推行“类案检索”应用，规范法官自由裁量权，促进法律适用和裁判尺度统一，确保各环节履责有据、行权有度。推动院庭长办案常态化，院庭长办案量占案件总数的95%以上；健全法官员额动态调整和交流退出机制。

深化立案登记制改革 2021年，县人民法院贯彻最高人民法院、自治区高级人民法院关于杜绝年底不立案通知要求，实现立案全年“不打烊”，司法为民“不停摆”，当场立案率100%；利用智慧法院建设成果，网上立案4件、跨域立案27件；发挥“12368”诉讼服务热线作用，接听来电咨询385人次。

推进“分调裁审”机制改革 2021年，县人民法院制定《关于全面推进“分调裁 审”机制改革工作的实施意见（试行）》，进一步优化司法资源配置，建立立体化、多元化、精细化的诉讼程序体系；坚持“能调则调、当判则判、简案快审、繁案精审”原则，建立简案快审团队1个，初步达到30%法官承办70%案件目标，案件审判原则上30日内审结。

加快智慧法院建设 2021年，县人民法院通过信息化深度应用，加快实现智慧法院建设，推进审判体系和审判能力现代化。加大案件办理全流程信息化深度应用，实现立案、审判和执行环节案件办理全流程数字化、集约化、规范化管理；加快诉讼档案数字化建设与应用，投入资金6万元，由外包公司整理和扫描录入库存诉讼档案，并督促其做到电子卷宗随案同步生成，数字化档案利用效率进一步提升；全面推行无纸化办公模式，促进节能减排、厉行节约，机关办公平台应用率居全市法院前列。

深化刑事诉讼制度改革 2021年，县人民法院坚持“罪刑法定、证据裁判、疑罪从无”原则，对不构成犯罪的依法判处被告人无罪，确保无罪的人不受刑事追究；落实庭前会议、非法证据排除、庭审实质化“三项规程”要求，贯彻宽严相济刑事政策，落实律师辩护全覆盖、认罪认罚从宽审判制度，对认罪认罚和轻微刑事犯罪的被告人依法从宽处理，年内审结适用认罪认罚从宽案件2件6人，认罪认罚适用率100%。

打造“阳光法院” 2021年，县人民法院坚持推进审判流程、庭审活动、裁判文书、执行信息“四公开”，全年公开裁判文书84份，公开率54.54%；公开审判流程信息154条，推进庭审直播常态化，庭审网络直播14场次，点击播放量达20万次；推广使用办案“智审”系统，提高办案效率，实现诉讼档案全部电子化；入驻抖音平台，发布各类信息13条；向人大常委会专题报告审判执行工作，严格按照审议意见抓好整改落实，邀请人大代表、政协委员考察法院、见证执行、旁听庭审2人次；人民陪审员参审案件12件。

【审判队伍建设】 2021年，县人民法院始终坚持党的领导，坚定正确的政治方向，牢固树立中国特色社会主义法治信念。组织全体干警深入学习习近平总书记关于意识形态工作的重要讲话精神和中央、自治区党委、市委、县委有关意识形态工作的重要决策部署，将意识形态教育纳入教育培训计划，通过举办“一把手”上党课等创新学习方法，做好学习保障，抓好成果运用，全年召开意识形态工作会议2次，并把意识形态工作纳入民主生活会和班子成员述职报告重要内容。开展政法队伍教育整顿活动、党史学习教育和“三更”教育活动，全年政法队伍教育整顿活动中召开警示大会1次，参观廉政基地1次，观看警示教育片3次，组织观看职务犯罪庭审直播1次，全院干警撰写心得体会、研讨材料、观后感100余份；党史学习教育集中学习28次，专题研讨9次，撰写心得体会21次，党支部书记讲党课1次，观看“红色电影”1次，学习“红色讲坛”17次；“三更”教育活动集中学习11次，专题研讨4次。党组理论中心组集中学习12次，党支部集中学习14次，党组书记讲党课2次，党支部书记讲党课2次；完善党组议事规则、“三重一大”制度，召开党组会15次。选派人员到自治区法官学院培训，提升业务能力和司法服务水平；常态化开展岗位练兵、办案竞赛、标兵评选活动。

司法行政

【概　况】 2021年，康马县司法局（简称“县司法局”）贯彻落实习近平法治思想和习近平总书记关于总体国家安全观、政法工作、西藏工作的重要论述，以

2021年8月4日，康马县委召开全面依法治县委员会第一次会议（县司法局　提供）

共建共治共享为导向，以防范和化解影响安全稳定的突出风险为重点，以依法治县、法治政府建设、法治宣传等工作为抓手，推进全县司法行政工作迈上新台阶。全年召开党员大会12次、组织生活会6次、主题党日12次、上党课4次；开展党史教育集中学习30次，组织知识测试4次，观看党史专题讲座12次，开展专题研讨8次；召开教育整顿专题集中学习会议13次，进行主题交流研讨6次、专题辅导讲座1次，开展应知应会知识测试3次、主题读书日活动1次；参观红色教育基地1次，参加英模事迹报告会1次，撰写各类观后感和心得体会20余篇，观看廉政警示影片2次，观看庭审直播1次，参加廉政报告会1次，召开警示会议和征求意见座谈会各1次，征求意见3条；开展谈心谈话活动2次，共18人次参加。

2021年4月7日，县司法局邀请县人民政府法律顾问开展康马县行政执法三项制度暨新行政处罚法培训讲座会　（县司法局　提供）

【依法治县】　2021年，康马县顺利召开县委全面依法治县委员会第一次会议，制发《中共康马县全面依法治县委员会2021年工作要点》，起草制定康马县贯彻落实《〈法治中国建设规划（2020—2025年）〉的实施方案》《〈法治社会建设实施纲要（2020—2025年）〉的实施方案》，为推进全面依法治县工作打下基础。

2021年4月6日，县司法局联合县“公检法”机关普法代表及县委政法委、县司法局“普法能手”开展专项普法活动，向农牧民群众发放宣传资料　（县司法局　提供）

【政府法律服务】　2021年，县司法局充分发挥县人民政府聘任法律顾问和法律援助律师作用，审查《康马县人民政府投资项目概算管理暂行办法》等规范性文件7份，审查《康马县50亩枸杞种植实验基地建设施工合同》等合同25份；协同配合行审便民局审查全县各乡（镇）、各部门上报的证明事项172项；开展行政执法证换发申领工作，全县行政执法单位中符合换证要求的单位有14家（36人），符合申请新办行政执法证要求的单位有16家（66人），符合申请新办行政执法监督证要求的单位有9家（12人），并邀请律师开展新行政处罚法及行政执法“三项制度”培训2次。

【法治宣传】 2021年，县司法局拟定2021年普法与依法治理工作要点，并形文下发至各普法成员单位；开展以法律进校园、法律进乡村为主要内容的“法律七进”活动，邀请法律援助律师到县中学开展“法律进校园之依法执教”“开学法治第一课”法治宣传活动，加大全校师生普法工作力度；完成第六批（2015年）“民主法治示范村（社区）”——嘎拉乡琼桂村的复核工作。全年组织法治宣传活动50余场次，开展专题讲座10次，发放各类法治宣传资料1万余份（册）、宣传手袋500余个，受教育1.3万人次；利用综治维稳月、“4·15”全民国家安全教育日等重要节点宣传《中华人民共和国宪法》、《中华人民共和国民法典》和民族团结等领域法律法规知识30余场次，发放宣传材料6000余份。

【社区矫正】 2021年，县司法局依法设立县、乡社区矫正委员会，规范社区矫正环节；组织社区矫正工作人员深入学习《中华人民共和国社区矫正法》等法律法规5次；严格落实报告报到和

2021年5月13日，县司法局工作人员开展社区矫正走访排查
（县司法局 提供）

走访制度，每日实行日报告制度，杜绝脱管漏管现象发生。全县共有社区矫正对象6人，年末解除8人，年内新接收7人，开展走访排查11次，组织社区矫正对象集中学习教育、公益劳动8次，全年未出现脱管、漏管、重新犯罪现象。

【人民调解】 2021年，全县49个行政村、9个乡（镇）全部完成人民调解组织换届选举工作。7月，县司法局组织开展人民调解员培训工作，重点对乡、村调解员，特别是新选聘调解员进行调解方法技巧等方面的培训。全年共开展矛盾纠纷排查20余次，联合县人民法院成功调解群众矛盾纠纷4起，主持开展行政调解矛盾纠纷1起。

【刑满释放人员管控】 2021年，县司法局持续开展帮教期内安置帮教对象核查管理，加强重点人员管控，确保日常监管、重点监管、联动监管、特殊时期监管“四个到位”。

【法律服务】 2021年，县司法局多形式开展公共法律服务平台和法律援助宣传工作，协调市司法局选派1名法律援助律师到康马县开展工作；按照“应援尽援”的原则，进一步降低法律援助门槛，针对困难群体，持续扩大援助力度。全年为群众解答法律咨询100余人次，代写法律文书60余件，受理弱势群众法律援助案件15件，结案7件，涉及金额15.252万元。

军事

冲巴雍错 （县融媒体中心 提供）

人民武装

【概　况】 2021年，康马县人民武装部（简称“县人武部”）以建党100周年、西藏和平解放70周年为契机，开展“不忘初心、牢记使命”“传承红色基因、担当强军重任”两项主题教育，组织人武部党委理论学习中心组学习，专题研究部署按照时间节点持续推进，做实规定动作，积极开展配合活动，不断增强教育的亲和力、感召力和时代感，不断提升政治判断力、政治领悟力、政治执行力，切实维护好党中央、中央军委权威。

【思想政治建设】 2021年，县人武部以党史学习教育、习近平总书记“七一”重要讲话和学习习近平给“高原戍边模范营”官兵回信为重点，列出计划表、指定责任人、严格抓落实、定期看效果，为官兵购买各类学习书籍73本，组织集中学习交流4次，每人撰写心得体会3篇，组织基层专武干部开展理论学习3次，制作党史宣传栏；全年共组织各类教育97次，领导为官兵上大课14次，集中编写民兵政治教育教案16篇；利用民兵集中训练、山口巡逻、新冠肺炎疫情防控等时机为民兵上课12次，在分区网上投稿20篇。

【战备训练】 2021年，县人武部集中组织基层人武部部长学习研究人武部和民兵军事训练大纲2次，完成基础训练、业务训练、课题训练科目34个；邀请县武警中队、嘎拉乡驻训部队和边防一连指导和组训；组织军事职业教育，干部全部完成相关课程的学习、考核并书写心得体会；协调地方筹建民兵训练基地，民兵训练基地建设被列入县“十四五”规划。

2021年12月19日，县人武部部长王军政（左一）到嘎拉乡琼桂村走访慰问结对帮扶户　（县人武部　提供）

【参建参治】 2021年，县人武部组织民兵巡逻4次，并在山顶边境线开展重温入党誓词活动；利用综治维稳月和国庆节等时机，组织民兵开展军、警、民联合巡逻2次；起草《贯彻〈新时代西藏人民武装部建设规划〉意见》，提交并通过县常委会研究讨论；调整健全国防动员、民兵整组、征兵工作等领导小组，明确职责分工；组织国防动员会、民兵整组部署会和议军会，落实基层乡（镇）党委书记党管武装述职、集中过军事日等相关制度；节假日走访慰问结对帮扶户。

【综合保障】 2021年，县人武部协调县人民政府投入资金180万元新建“民兵之家”，更换官兵宿舍窗户，更新营门值班室，为基层人武部购买办公用品1套；协调地方政府聘请炊事员，招聘身体素质好、文化素养较高人员；利用议军会的时机向县委、县人民政府协调，初步筹划资金60余万元建设围墙、更换办公楼窗户、新建晾衣房；先后投入7万余元更换宿舍楼和民兵宿舍的电线，为官兵宿舍安装热水器和浴霸，定期检修制氧机；预算部分资金，计划采购台球桌、“民兵之家”沙发。

武警康马县中队

【概　况】 2021年，中国人民

武装警察日喀则支队康马县中队（简称“武警康马县中队”）依据《军队基层建设纲要》具体要求，按照“厚实中队发展底蕴、争创‘四铁’先进单位”的建设目标，着力在筑牢官兵理想信念、提升备战打仗能力、落实从严管理要求、提高日常工作标准上下功夫。全年发展党员2人。

【思想政治建设】 2021年，武警康马县中队守牢教育“主阵地”，开展“传承红色基因、担当强军重任”主题教育和党史学习教育，组织学习并帮助官兵深入领会习近平总书记“七一“重要讲话精神，充分领悟讲话中的内涵要义；将党史学习教育作为重点，学习读物4本，组织党史知识竞赛，观看红色电影推动党史学习教育走深走实；“七一”组织重温入党誓词活动，开展“七一”专题党日活动；利用橱窗、板报等载体，深入学习贯彻中共十九届六中全会精神；结合“密切官兵关系”专题教育，召开支委会分析中队建设现状，在官兵中开展群众性讨论辨析，广泛开展大谈心活动，组织官兵观看《人生警戒线》警示片，通过每月组织集体谈心谈话1次，为官兵办实事、密切内部关系恳谈会等措施，将思想工作与心理疏导有机融合，营造“心事有人听、困难有人帮、犯错有人管、进步有人夸”的良好内部关系氛围。

【执勤与训练】 2021年，武警康马县中队完成“两节”、全国两会、中国共产党成立百年大庆、中共十九届六中全会期间的维稳工作；始终树立“贴近实战练兵、从难从严抓训”的观念，做到全员纳入、全面提高、全时备战，聚焦备战打仗，坚持打仗导向、实战标准提升部队战斗力；立足短板问题，召开专题训练形势分析会，研究制定“一人一策”，对每名战士进行定岗定位。

【队伍建设】 2021年，武警康马县中队贯彻落实安全工作“八个规范”，开展安全工作大讨论，充分发挥安全员效能；每日进行安全倒计时、定期观看警示教育片，做到“惊堂木常敲、紧箍咒常念”；持续学习条令和《中国人民武装警察部队人员行为手册》，严格落实一日生活制度，不定时检查并讲评部队“四个秩序”，让官兵时常“照镜子”、找差距；加强在外人员管理，克服时空局限，扩展监督人、监督方式，形成军地联管的闭合回路；持续深化安全大检查成效，以暑期百日安全竞赛、争创“六无”先进单位、酒驾醉驾专项整治、“密切官兵关系、杜绝打骂体罚”专题教育、“六类典型问题”专项教育整治等活动为载体，开展安全隐患大排查，对照安全防范重点内容进行自查。

【后勤保障】 2021年，武警康马县中队改善基础设施。年初，武警康马县中队营房改建项目相继开工，中队搬入临时居住点，党支部从官兵的用水、用电、保暖等问题开展研究，对各类设施进行完善，确保官兵吃得饱、吃得好、住得暖；面对全国多地新冠肺炎疫情扩散的严峻态势，刚性落实各项新冠肺炎疫情防控制度，保持营区卫生，确保“零”感染；严格在外人员管理，定期掌握在外人员活动轨迹，严格落实双向核酸检测要求；干部骨干高度重视战士的身体健康，主动关心关爱，患病的战士要及时送诊。

边境管理

【概　况】 2021年康马县边境管理大队（简称“县边境管理大队”）以习近平新时代中国特色社会主义思想为指导，严格落实责任压实到个人、需要整改落实的问题建立台账，通过总结讨论，并针对问题提出相应的整改措施，解决问题后第一时间进行销账，真正把整改、总结的过程变成更新观念、理清思路、振奋精神、解决问题、促进队伍建设与时俱进、科学发展的过程，达到总结一次，提高一步的目的。

【边境管控】 2021年，县边境管理大队围绕“两项活动”“百万警进千万家”专项活动，组织各派出所到辖区开展基础信息调

2021年5月18日，县边境管理大队组织警力到边境山口踏查
（县边境管理大队 提供）

研、摸排、采集工作，定期或不定期对辖区各营业性场所、施工地进行治安巡逻排查；与县公安局、乡（镇）人民政府、村委会开展联管联控及帮扶教育工作，化解矛盾隐患。按照戒备等级要求，各边境派出所联合驻地党委、人民政府、地方公安机关对辖区重点场所、部位以及特种行业进行统一清查，消除辖区各类隐患苗头。发放各类宣传资料2000余份，张贴公告200余份，受教育群众4000余人；嘎拉边境检查站加强对执勤通道两翼易绕道路段的巡逻管控，过滤进出边境地区人、车、物“三流量”，防止不法分子潜入潜出。担负驻寺任务的涅如、嘎拉、萨马达3个边境派出所主动与寺管会紧密协作，推进大队领导进县宗教工作领导小组和驻寺民警进寺管会领导班子相关事宜，严格落实寺庙僧尼请销假制度；驻寺民警积极主动联合地方特派员对寺庙僧尼开展爱国主义、惠寺惠僧政策教育宣讲，共开展“四讲四爱”宣传活动45次，对寺庙、周边进行巡逻排查及卫生消毒300余次，慰问先进僧尼20次，推荐上报“平安边境寺庙”1座、“先进僧尼”2名。与县公安局、亚东县公安局磋商协调，建立与少岗、堆纳公安检查站的跨部门、跨县、多单位的警务协作机制，签订区域警务合作协议书2份，提升二线查缉管控能力。

【承接户籍管理工作】 2021年，县边境管理大队制订方案计划，先后指派派出所专（兼）职户籍员前往属地公安机关跟班学习户籍管理业务，分批次推进边境派出所承接户籍管理业务。至年末，康马边境派出所完成户籍管理业务交接工作，其余边境派出所均提前谋划，主动与当地乡（镇）党委、政府沟通协调，解决户籍室专用场所问题并按照硬件条件和基础设施要求进行统一改造。

【“一乡两所”】 2021年，县边境管理大队以《西藏自治区关于加强边境派出所业务建设的实施意见（试行）》为导向，定期主动选派民警前往公安局相关业务警种进行跟班学习，提升派出所民警业务能力，确保“一乡两所”工作承接后，派出所各类业务工作的开展能够有序推进。7月30日，南尼乡、少岗乡“一乡两所”工作交接完成。

【重要易绕路段管控】 2021年，县边境管理大队组织多名警力，耗时5天对可到康马县城的易绕路段进行辖区道路实地巡查工作，进一步了解辖区边境道路及管控情况，并提出可行性报告，上报支队边管处。

【新冠肺炎疫情防控】 2021年，县边境管理大队制定更新《防范应对疫情倒灌输入工作方案预案》，细化完善应急防范应对措施。在涅如、嘎拉、萨马达边境前沿方向，根据季节特点，科学合理设置抵边临时执勤点，并按照“1＋N”模式配备执勤卡点管控力量，弥补边境前沿管控难点或漏洞。主动与地方党委、政府、卫健委协调，按照自治区新冠肺炎疫情防控指挥部通知要求，在执勤点、边境检查站（点）扩充防疫检疫人员；按照

2021年7月1日，县边境管理大队组织干警重温入党誓词
（县边境管理大队　提供）

“依法依规、属地管理，完善机制、合理应对，依靠科学、有效防治”的工作原则，一线派出所建立与驻地乡党委、政府、卫生院联防联控机制，召开联席协商会议15次，开展新冠肺炎疫情防输入演练185次、通信应急演练100次；联合驻地党委、政府、民政等部门开展联合演练50余次。

【队伍建设】　2021年，县边境管理大队紧贴基层执法实际，以专业化为方向、人才库为载体、能力建设为核心，进一步优化、整合执法办案人才资源库，并结合近期侦办案件的经验，加强对办案队伍的建设，不断提升查办案件的能力，从全体民警中选取前期参加上级执法培训及通过司法考试的民警构建第一批执法办案队，形成所、站业务骨干“传帮带”工作机制，进一步增强办案力量、提升业务水平。结合党史学习教育，组织干警重温入党誓词，提高干警政治觉悟。

【“我为群众办实事”】　2021年，县边境管理大队开展“我为群众办实事”400次。其中，上门办证59次；送证上门5次；救援工作7次；春耕11次；秋收17次；集中捐款1次，金额2000元；为过往游客提供帮助300次，免费提供氧气、高原药品、防寒衣物等物资价值4000余元。

退役军人事务

【概　况】　2021年，康马县退役军人事务局（简称“县退役军人事务局”）认真开展党史教育活动。通过线上、线下学习相结合，确保学习教育经常性全覆盖。将工作目标化，党建、业务工作融合发展。把业务工作的难点，作为党建工作的重点，实现“抓党建、促业务、谋发展”的良好效果；推进廉政教育灵活化，防腐意识全面增强；加强巡察整改力度，确保整改取得实效。

【优抚慰问】　县退役军人事务局严格按照优抚政策，按月发放优抚对象伤残抚恤金和生活补助金；各类节日和纪念日期间，对驻军部队、优抚对象进行慰问，发放慰问金及物资；为立功现役军人家庭送喜报，发放奖金。

【服务保障】　2021年，县人民政府投入资金建设县退役军人服务中心；县退役军人事务局为全县秋季应征入伍青年召开座谈会议，举行退役士兵迎接仪式，接收退役军人。为全县部分退役军人推荐岗位并实现稳定就业，建立退役军人常态化联系机制。

【模范拥军】　2021年，县人民政府投入资金改扩建武装部仓库，建设活动室；县人民政府常务会研究通过社会化拥军活动方案，开展“五固五共”、“六送六进”、推选十家拥军门店（企业）等社会化拥军活动，打造拥军一条街，为全县退役军人发放保温杯；驻军部队为县中学开展军训1次、国防教育进学校活动3次。年内，康马县被评为自治区级“先进模范单位”，退役军人事务局被自治区退役军人事务工作领导小组评为“全区退役军人工作模范单位”。

经济综合管理

冲巴雍错 （县融媒体中心 提供）

发展与改革

【概　况】2021年，康马县发展和改革委员会（简称“县发改委”）围绕年初确定的各项目标，贯彻落实习近平新时代中国特色社会主义思想、中共十九大、十九届历次全会精神及中央第七次西藏工作座谈会，自治区、市经济工作会精神，西藏自治区第十次党代会精神，大力实施“乡村振兴”战略，推进全县经济社会各项事业又好又快发展。

【经济调节】2021年，全县社会生产总值实现7.39亿元，同比增长6.1%。其中，第一产业增加值1.59亿元，同比增长6.1%；第二产业增加值2.62亿元，同比增长-10.7%；第三产业增加值3.18亿元，同比增长28.6%；工业产值实现2512.11万元，同比增长-40.2%；社会消费品零售总额实现14508.3万元，同比增长9.6%；农村居民人均可支配收入16180元，同比增长16.8%。

【固定资产投资】2021年，全县开复工项目118个，固定资产总投资3.69亿元，完成投资3.54亿元。其中，续建项目23个，总投资6987.7万元，完成全社会固定资产投资6699.32万元；新建项目95个，总投资29952万元，完成全社会固定资产投资28663.88万元。至年末，增减挂钩投资建设项目全部完工。

【编制“十四五”规划】2021年，县发改委对全县国民经济和社会发展进行分析、总结，结合新形势、新任务和新特点，提出2021年全县国民经济和社会发展计划，经县人民政府审议，提交县人大常务会议审议通过并组织实施。编制康马县“十四五”规划，围绕推动高质量发展总体布局，加强与自治区、市发改委的沟通衔接力度，多措并举，力争更多重大项目和重大政策纳入国家、自治区、市级规划。完成康马县经济和社会发展第十四个五年规划及二〇三五年远景目标纲要。多次下发通知开展“多对一”形式调整，优化康马县“十四五”规划项目库，优化调整后康马县“十四五”时期规划项目库，规划项目309个，规划总投资64.98亿元。并提交县人民政府党组、县委常委会议审定。协助市经济部门起草《日喀则市边境地区特色产业“十四五年”规划》，多次对涉及康马部分提出修改意见建议，申报特色产业项目计划。多次与上级沟通衔接，编制完成《日喀则市康马县“十四五”边境重点村镇规划》，规划涉及项目投资6.28亿元，其中2021年规划到位资金3700万元，全部为教育项目。

【项目管理】2021年，全县谋划储备及录入平台项目92个，总投资15.01亿元；审批项目下达可研批复89个，总投资15.01亿元，下达初步设计概算批复79个，总投资4.3亿元；下达实施方案批复29个，总投资1451.18万元。制定《康马县农牧民施工企业承揽政府投资400万元以下项目“联审、联批、联验”管理实施意见（试行）》和《康马县初步设计与概算批复管理暂行办法》等文件，并以县人民政府名义下发文件。全年实施民生领域项目11个，总投资1011.04万元。至年末，全部完工并投入使用，惠及15622人。

【粮食和物资储备管理】2021年，县发改委严格落实“谁主管、谁负责”的主体责任，不定期加强对全县储备粮收、储、销各环节的监督检查，配合市委开展涉粮领域巡察工作，加强日常监管监督，建立健全监督检查台账及整改通知单；强化监督检查频次，做到监督检查有记录、监督检查有问题发现；加强调研及专项部署工作力度。不定时开展应急物资仓库隐患排查工作，协同县应急管理局，调拨应急救灾物资，如棉衣、毛皮鞋和帐篷等各类生活物资共计4028件；谋划储备2022年实施项目32个，项目资金4.35亿元。

【新冠肺炎疫情防控】2021年，县发改委坚决落实防疫各项工作举措，高效承担物资保障组和经济运行保障组的工作职责，积极开展生活应急保障品社会应急能力调查工作，并将调查情况及时上报县新冠肺炎疫情防控办；积极沟通联系县电信、移动等通信部门，针对新冠肺炎疫情防控工作需要，提前安排，提前预防，保障通信能力畅通工作；鼓励和全体员工接种新冠疫苗加强针，做好单位新冠肺炎疫情防控消杀、外来人员体温监测，做好应急物资保障工作。

【工作效能提升】 2021年，县发改委以健全组织、严格制度为基础，以党的思想、作风建设为主线，不断加强党组织自身建设。年初，制定《康马县发改委党支部2021年党建工作实施方案》，将全面从严治党贯穿始终；落实“三会一课”制度，每月开展主题党日活动。全年党支部召开支部委员会议13次、党员大会4次、专题讲党课2次，开展主题党日活动12次、政治理论集中学习23次、专题组织生活会3次、党史学习教育集中学习22次、党史专题研讨8次、党员志愿服务活动6次，送去慰问品价值1375元。

统　计

【概　况】 2021年，康马县统计局（简称“县统计局”）围绕数据质量中心开展工作，组织做好统计年报和定期报表工作，严格执行国家统计报表制度，规范国内生产总值核算和数据发布流程，建立健全重要数据质量评估制度，加强统计数据的审核把关，完善统计数据质量控制体系；组织做好各项统计业务工作，创新工作方案，提高调查技巧，确保普查数据质量，准确掌握全县经济发展各项基础数据，并做好数据衔接工作，全面夯实数据基础。

【网上直报】 2021年，县统计局组织局工作人员到基层开展调查研究4次，及时了解重点行业、重点企业的生产经营情况，增强对经济运行形势的掌控能力、数据分析能力，同时加强对基层直报单位的业务指导和检查，帮助建立适应网上直报要求的工作制度和业务流程。全年完成线上贸易联网直报1家，线下贸易抽样调查联网直报2家，规模以下工业联网直报69家，资质以上建筑业联网直报3家，资质以下建筑业抽样联网直报8家。

【住户调查】 2021年，县统计局工作人员到4个点40户开展指导工作，做好调查对象思想工作，使调查户说真话、报实数，确保调查户收支现金日记账数据的及时、准确、全面，能够反映调查户的人均可支配收入及其他基本情况，提高调查数据的准确性。开展调查人员培训，进一步提高调查员工作能力和水平。全年编码、录入差错率控制在1%以内。

【第七次全国人口普查】 2021年8月，康马县第七次全国人口普查领导小组办公室公布康马县第七次全国人口普查情况。康马县第七次全国人口普查以2020年11月1日零时为标准时点，全县有常住人口20864人，与2010年第六次全国人口普查的20522人相比，增加342人，增长1.67%，年平均增长率0.17%；有家庭户5516户，家庭户人口20367人，户均3.69人，比2010年第六次全国人口普查的4.58人减少0.89人。全县常住人口中，男性人口10691人，占51.24%；女性人口10173人，占48.76%。总人口性别比（以女性为100，男性对女性的比例）由2010年第六次全国人口普查的101.61上升为105.09。0—14岁人口5018人，占24.05%；15—59岁人口13690人，占65.62%；60岁及以上人口为2156人，占10.33%；65岁及以上人口为1313人，占6.29%。与2010年第六次全国人口普查相比，0—14岁人口的比重增加1.37%，15—59岁人口的比重减少1.27%，60岁及以上人口的比重增加2.64%，65岁及以上人口的比重增加1.43%。藏族人口20015人，其他少数民族人口58人，汉族人口791人。与2010年第六次全国人口普查相比，藏族人口减少226人，其他少数民族人口增加37人，汉族人口增加531人。大学（大专及以上）文化程度人口2129人；高中（含中专）文化程度人口741人；初中文化程度的人口为3083人；小学文化程度人口7588人（以上各种受教育程度的人口包括各类学校的毕业生、肄业生和在校生）。与2010年第六次全国人口普查相比，每万人中拥有大学文化程度由395人上升为1020人；拥有高中文化程度由386人下降为355人；拥有初中文化程度由1227人上升为1478人；拥有小学文化程度由4085人下降为3637人。城镇人口2701人，占总人口数的12.95%；乡村人口18163人，占总人口数的87.05%。与2010年第六次全国人口普查相比，城镇人口增加1122人，乡村人口减少780人，城镇人口比重提高5.26%。各乡（镇）人口中，康马镇总人口4082人，与2010年第六次全国人口普查相比（下同），增长32.32%；南尼乡总人口2146人，下降3.85%；少岗乡总人口2184人，下降6.83%；康如乡总人口1740人，下降7.84%；萨马达乡总人口1849人，下降4.89%；嘎拉乡总人口3395人，下降0.26%；涅如堆乡总人口1999人，下降3.66%；涅如麦乡总人口1626人，下降1.93%；雄章乡总人口1843人，下降2.59%。

【统计法治建设】 2021年，县统计局以《中华人民共和国统计法》颁布纪念日、全国法制宣传日、大型普查宣传活动为契机，通过街头宣传、现代传媒等手段，组织举行各种宣传活动。全年共开展宣传活动5场次，向社会公众发放《中华人民共和国统计法》宣传小册子85册、宣传资料180张、宣传单120张。

【统计队伍建设】 2021年，县统计局组织8个乡1个镇统计业务专干开展规模以下工业联网直报、线上贸易联网直报、线下贸易系统培训，8个乡1个镇参训46人次；设置乡（镇）统计机构9家，配备分管、兼职统计员18人，村配备统计员49人，建立统计人员名册，确保统计队伍的完整性；组织统计人员到8个乡1个镇、村开展统计业务督导23次，对2019—2021年国民经济年报，规模以下工业台账，乡（镇）、村社会经济基本情况等各项统计业务进行督导检查，对存在问题及时进行整改；推动调查对象依法设置原始记录、统计台账和档案资料，依法配备具有统计从业资格的人员；按照统一管理、协调有力、分工合理、优势互补的原则，加强与经济、社会主管部门的协调与配合，构建沟通联系平台，指导推动部门加强自身统计机构建设，充实统计力量，提高部门统计工作的组织协调能力，疏通资料收集渠道，建立面向全行业的部门统计，加大行政记录在统计工作中的应用力度，加强对部门行政记录信息的整合。

【统计服务】 2021年，县统计局着力打造“规范统计”党建品牌，通过老统计人专题讲座、专

2021年5月，县统计局检查组检查乡（镇）统计报表存档情况
（县统计局　提供）

业法律法规课等多种途径，增强统计工作责任感和使命感，形成风清气正的良好统计氛围；组织开展“统计法治服务企业”行动，送法规、送实务、送政策。全年服务企业83次，走访90人次。

审　计

【概　况】　2021年，康马县审计局（简称“县审计局”）贯彻中共十九大和十九届历次全会精神，习近平总书记在中央审计委员会会议上的重要讲话精神和在西藏考察时的重要讲话精神，落实自治区、市、县经济工作会议精神，开展各项审计工作。

【民生资金审计】　2021年，县审计局以会计核算、会计资料的完整性、合规性及资金管理情况为重点，对新冠肺炎疫情防控资金进行审计监督，分类列出资金运行中存在的问题及隐患，并提出审计建议。

【企业审计】　2021年，县审计局通过“县域审计人员+聘任会计师”模式派出审计组对康马县弘康扶贫开发有限公司2016—2020年财务收支的真实性、合法性和效益性进行财务收支专项审计。

【合作社专项审计】　2021年，县审计局根据《日喀则市农牧民专业合作社规范提升情况专项审计工作方案》要求，从合作社的资产、负债、损益情况入手，以资产和负债规模情况、对外投资及担保情况、资产运营情况为关注点，对涅如堆乡藏系绵羊育肥农民专业合作社实施专项审计，并对县内其他合作社进行走访。

【寺庙财税监管审计监督】　2021年，县审计局、县委统战部、县财政局、县市场监管局、县民政局和县文旅局组成联合检查组对辖区内3座藏传佛教寺庙财税监管工作落实情况进行联合检查，对发现的问题及时提出整改建议，并督促其整改落实，确保财税监管检查工作按期完成。

2021年，县审计局到群众队伍中走访合作社规范提升工作
（县审计局　提供）

【“以审代结”项目清理】　2021年，为及时转变把国家审计结果作为工程结算依据的“以审代结”观念，县审计局根据市审计局《关于全面清理纠正政府投资建设项目“以审代结”做法的通知》文件精神，对全县88个“以审代结”项目开展清理。

【协助审计厅开展经济责任审计】　2021年，县审计局与县财政局相互沟通、相互配合，先行介入提前收集经济责任资料，经济责任期间与县人民政府各部门沟通协调，配合及协助审计组审计调查。

【审计队伍建设】　2021年，县审计局以选派审计干部参加上级业务培训和上级审计组进驻为契机，通过跟班学习等方式提升县级审计人员的业务知识水平和能力。全年选派上级业务培训2人，跟班学习1人。

【审计问题整改】　2021年，根据九届县委第十一轮巡察二组巡察反馈意见，对县审计局在“三个聚焦”方面提出的7项12个问

2021年10月，县审计局选派工作人员赴山东省参加西藏自治区日喀则市审计业务骨干培训班　（县审计局　提供）

2021年，县审计局组织召开党支部集中学习会暨党史专题研讨会（县审计局　提供）

题，县审计局以“定期召开专题会议，制定及落实整改措施，执行台账销号”为抓手开展巡察整改。至年末，完成整改事项7项12个问题（列入长期坚持事项12个），整改完成率100%。

【机关党建】　2021年，县审计局组织审计干部开展集中学习32次、党史学习教育30次、党史专题研讨8次、业务专题研讨8次、审计案例学习及分析32次，召开组织生活会2次，学习纪检、监委典型案例通报文件8次，观看警示教育片2次。

市场监督管理

【概　况】　2021年，康马县市场监督管理局（简称“县市场监管局”）围绕自治区食品安全工作评议考核5项任务、50项指标，动员各食品安全工作委员会成员单位配合各乡（镇）协管员、各村信息员协查，明确年度监管任务，排查和消除食品药品安全隐患，全年全县范围内未发生食品药品安全事故。在市级2021年度县（区）级政府质量工作考核指标中，县市场监管局得分78.7分。全年组织党员干部集中学习25次、个人自学11次；制订党建工作计划1份、党建工作方案1份，签订党员公开承诺书5份，召开党员大会6场次，召开组织生活会3场次，开展党员志愿活动12场次；召开党史学习教育工作动员部署会、组织党员干部集中学习21场次，开展专题研讨8次，开展“我为群众办实事”实践活动10场次。结合岗位职责与党员干部签订廉政风险承诺书6份，结合“三个必谈”流程开展廉政谈心谈话3次，集中观看反腐警示教育片8次。

【年报公示】　2021年，县市场监管局企业年报公示率97.97%，农民专业合作社年报公示率99.49%，个体工商户年报公示率99.84%。全县有11户被列入经营异常名录。

2021年8月初，县市场监管局到南尼乡南尼村开展食品安全专项整治活动　（县市场监管局　提供）

【市场监管】　2021年，县市场监管局加强部门联动，加强对食品、药品、医疗器械、特种设备、产品质量领域的监管。

突出保障食品安全　全县47所校园食堂和20家餐饮服务单位实施“互联网+明厨亮灶”工程。有序开展餐饮量化等级风险和食品销售风险等级评定工作，委托第三方对全县农产品开展抽检1次，共抽检12批次；签订校园食品安全目标责任书36份，严格按照“一月一查”监管方式进行检查12次；检查食品经营主体1500户，下达责令改正通知书22份，立案查处3件，没收超过保质期、假冒伪劣食品350千克，折合人民币6520.5元。

加强对“两品一械”的安全监管　严格监管药品、化妆品、医疗器械使用、经营单位，着重检查零售药店是否严格落实四类药品销售实名登记制度。全年整改隐患问题23条，发现药品不良反应病例报告28例、化妆品不良反应病例报告5例、医疗器械不良事件病例报告2例。

加强对特种设备和计量领域的检查工作　开展特种设备领域隐患排查6次，出动执法人员12人次，对计量领域进行专项检查3次，出动执法人员6人次，检查市场主体40家、计量器具41台（件），发现超过检定周期器具6台（件）。

推行“双随机、一公开”监管模式　以信用监管为基础，自治区市场监管局开展定向抽查1次，共抽查12户；市市场监管局开展定向抽查3次，共抽查4户；县各部门联合开展定向抽查5次，共抽查5户；县市场监管局开展定向抽查3次，共抽查3户。并按规定时限将抽查检查结果及时向社会公示。全年受理合作社注销34户，被列入异常名录合作社1户。

【商标管理】　2021年，县市场监管局制发《康马县实施品牌强县战略五年行动方案》，助力商标

2021年4月，县市场监管局帮助企业注册商标，助推产业发展

（县市场监管局　提供）

2021年6月，县市场监管局党支部班子成员深入县农贸市场开展冷链食品安全检查　（县市场监管局　提供）

品牌战略发展，全年注册普通商标32件。年内，县市场监管局有序推进“玛不错”“朗通庄园”文化旅游产业品牌化建设，将“雅江雪牛”“康马酥油”申请为地理标志商标。

【商事登记】　2021年，康马县有市场主体2085户，注册资金268241.32万元。其中，企业395户，注册资金242892.35万元；个体工商户1493户，注册资金15230.72万元；农民专业合作社197户，注册资金10118.25万元。年内新增市场主体232户，注册资金34581万元。其中，企业53户，注册资金30783.8万元；个体工商户178户，注册资金3775.4万元；农民专业合作社1户，注册资金21.8万元。

【法治宣传】　2021年，县市场监管局按照“谁执法、谁普法”原则组织、参与各类宣传活动，发放宣传材料500余份、宣传物品520件，现场接受群众咨询100余人次。年内，县市场监管局参与市市场监管局开展的案卷评查，1件案件被抽取参加自治区市场监管系统行政处罚案卷集中评查活动。

【新冠肺炎疫情防控】　2021年，县市场监管局以新冠肺炎疫情防控为重点，加强对市场主体新冠肺炎疫情防控知识普及力度，开展市场价格监管、新冠肺炎疫情防控物资质量检查、冷链食品和药品安全监管等工作。全年共开展专项活动40次，出动执法人员80人次，下发责令整改通知书10份、责任书8份；成立工作专班，驻点检查站，对运输冷链车辆进行检查。共检查车辆6230辆，签订承诺书650份。全县有冷链食品从业人员12人，接种新冠肺炎疫苗第三针6人，其余未到接种时间。

财税·金融

冲巴雍错 （县融媒体中心 提供）

财 政

【概 况】 2021年，康马县财政局（简称“县财政局”）以习近平新时代中国特色社会主义思想为指引，深入贯彻落实党的十九大及十九届历次全会、中央第七次西藏工作座谈会精神，习近平总书记在西藏视察期间的重要讲话精神为指导，在县委、县政府的坚强领导下，坚持稳中求进的工作总基调，主动适应经济发展新常态，积极创新财政调控思路方式，全面深化预算管理制度改革，扎实做好“六稳”工作，全面落实“六保”任务，抓好“四件大事”，坚定信心，攻坚克难，开拓进取，财政运行情况总体平稳。

【财政收支】 2021年，康马县一般公共预算财力99885.93万元，比年初预算增长68.91%。其中，地方一般公共预算收入2952.93万元；上级转移支付补助收入96450万元，比年初预算增长72.99%；调入预算稳定调节基金483万元，与年初预算持平。一般公共预算支出75399万元，完成年初预算59135.4万元的127.27%。补充稳定调节基金5248万元，结转19239万元。

【政府性基金预算】 2021年，康马县人民政府性基金收入1377万元；支出68万元，比年初预算增长3.45倍。

【地方政府债券】 2021年，康马县从自治区2021年政府再融资一般债券（二期）中申请再融资债券1417.18万元，债券利率3.11%，债券年限10年，用于偿还2021年8月29日到期的2019年西藏自治区一般债券（三期）（易地扶贫搬迁集中安置点项目）资金1417.18万元的本金。

【财政资金管理】 2021年，康马县财政局（简称“县财政局”）推进财政资金管理“三条纪律”，执行县长一支笔审核制度；委托第三方开展2020年部分县直部门整体支出、重点项目支出及重大政策性支出绩效评价工作，涉及资金4.14亿元；制定印发《康马县财政局关于进一步规范财政资金拨付流程》，优化资金拨付流程，加快“放管服”改革；制定印发《康马县本级预算单位政府采购内部控制规范》《康马县本级预算单位政府零星采购内部控制规范》，规范政府购买服务行为，对采购流程进行精简优化，实行政府采购计划备案制度，建立政府采购全过程、全方位监督审批体系，提高政府采购效率。推行涉农资金整合工作，全年整合财政涉农资金8666.69万元，主要用于生态保护、基础设施建设、易地扶贫搬迁后续产业等方面；推行财政资金直达机制，直达资金7238.11万元。

税 务

【概 况】 2021年，康马县税务局（简称“县税务局”）以习近平新时代中国特色社会主义思想为指导，坚定四个自信，增强四个意识，坚决做到两个维护，扎实开展各项税收工作。

【税务收入】 2021年，国家税务总

2021年4月23日，县税务局组织开展助力合作社发展——乡村振兴专干视频培训 （县税务局 提供）

2021年，康马县税务局组织开展社会保险缴费流程及客户端操作培训　（县税务局　提供）

局康马县税务局（简称“县税务局”）征收各项税收和非税收入1599.52万元、机关事业单位各项社保8768.39万元、城乡养老保险费213万元、城乡医疗保险289.14万元、企业各项社保费408.48万元，减税降费352.95万元。

【税务管理】 2021年，县税务局先后召开2期由县人民政府县长主持召开的征管工作调度会和收入质量分析会，并提出加强项目监督堵塞收入漏洞、培植特色产业加强财源建设、规范合作社运行推动乡村振兴等意见和建议，将深化税收征管改革的意见纳入县委、县人民政府“十四五”规划中，提升税务部门“以税咨政”能力。

【纳税服务】 2021年，县税务局组织开展“税企座谈会”“社保费客户端操作培训”“乡村振兴专干视频培训”“税法入村惠边民”“个人所得税专项辅导会”等活动，组织干部到县敬老院为23名困难老人开展一年一度的送温暖慰问活动，对1户困难户进行结对帮扶。

【党史学习教育】 2021年，县税务局按照党史学习教育工作方案，创新性地建立“红房税苑”党史读书班，召开专题学习研讨会18期，干部撰写“百字心得体会”29份，与江孜县税务局联合成立“江康税务青年联学小组”，党员干部参观江孜抗英纪念馆、南尼乡爱国主义教育基地等红色基地，接受党性教育，开展“迎中国共产党成立百年 展康税风采”文体活动，党史学习教育和为民办实事的诸多简讯被权威媒体采纳。其中，《人民日报》采纳2篇、《中国税务报》采纳1篇、国家税务总局内网采纳2篇、自治区税务局内网采纳3篇、《日喀则报》采纳1篇、“康马县发布”微信公众号采纳6篇、日喀则税务内网采纳24条。

农行康马县支行

【概　况】 2021年末，中国农业银行股份有限公司康马县支行（简称“农行康马县支行”）围绕全行重点工作，不断适应新形势、新任务和股份制改革的要求，牢固树立为领导服务、为机关服务、为基层服务的思想。全年各项贷款时点余额5.94亿元，较年初增加1.13亿元，年增长24.93%。

【信贷投放】 信贷投放总量明显增加　2021年，农行康马县支行累计发放涉农贷款2.49亿元，同比多投放5951万元，余额达4.61亿元，比年初增加8339万元，占各项贷款余额的82.21%。其中累计发放农牧户贷款1.81亿元，余额3.12亿元，较年初增加3401万元。

巩固脱贫成果　2021年，农行康马县支行累计为113户脱贫人口发放小额贷款515万元，贷款余额达1896万元。利用农业银行手机银行“兴农商场”平台，做好日喀则特色产品的消费扶贫工作，实现采购额4.1万元。

加大县域民营企业信贷投放力度，促当地农牧民就业　2021

2021年，农行康马县支行“格桑花”金融服务队到少岗乡开展金融服务宣传活动 （农行康马县支行 提供）

年，农行康马县支行累计投放县域涉农企业贷款6744万元，余额达1.49亿元。

信贷投向用途多样化 2021年，农行康马县支行根据《农户小额贷款管理办法》和《惠农e贷管理办法》，向农牧户发放生产、消费及农用机械购置贷款，并推进农牧民建房用途贷款的落地。

【存款组织工作】 2021年，农行康马县支行各项存款时点余额为7.38亿元，较年初减少1946.76万元，增速-2.57%。

加强国库资金出库工作 2021年，农行康马县支行定期不定期进行财政、弘康公司和住建等部门落实各类财政资金的出库，年内累计向预算单位出库盘活资金6000余万元，落实项目资金2000万元。

留存商户资金及民生资金的代付工作 2021年，农行康马县支行商户资金留存增加450万元，个人金额下达专项考核指标完成率128%；年内落实民生资金7900万元，全部转化为个人存款。至年末，报告日个人存款实现翻正，增量5000余万元。

【提升金融服务】 自2021年7月15日起，农行康马县支行中午不再关门休息，除自助设备正常提供存取现服务外，保证一个窗口正常提供柜台服务。按照农行西藏分行关于县级以下“乡（镇）单位”纳入网捷贷优质单位通知，降低网捷贷准入限制县级以上门槛，落实相关政策，把金融快捷服务下沉到基层9个乡（镇）（乡人民政府、卫生院和乡中心小学）正式在编人员，通过金融服务进单位、下沉基层方式累计收集网捷贷资料19份，涉及447人次，预授信贷3000余万元，累计用信贷740万元。

【农牧区公共基础金融服务】 2021年，农行康马县支行在各行政村设立“三农”金融服务点48个，使用较好的点44个，月均使用359笔，单点月均使用7笔；向服务点工作人员支付劳务费12.69万元。

【巩固县域信用体系建设成果】 2021年，农行康马县支行为优化和巩固县域农牧区信用环境，持续加强县、乡（镇）、村三级信用体系建设成果，全面落实信用县、乡（镇）、村农牧民提高授信额度的优惠政策。

农牧业

冲巴雍错　（县融媒体中心　提供）

农业综述

【概　况】 2021年，康马县农业农村局（简称“县农业农村局”）深入贯彻落实中央、区、市有关“三农”工作会议精神，以习近平新时代中国特色社会主义思想为指导，以补齐三农短板为出发点，坚持“疫情防控”与“三农”工作两手抓，在保证安全的情况下陆续开展全县“三农”工作，围绕重点指标、重点工作，强基础、优服务、提品质，大力推进农牧业现代化发展，加强农牧业综合生产能力，促使农牧产业结构不断优化，农牧民生活保障水平不断提高。

【惠农补贴】 2021年，县农业农村局为保障春耕春播农机具供油，组织技术人员对8个乡1个镇开展办理发放加油“一卡通”2875张；落实农机具补贴842台，补贴资金430万元；发放种粮农民一次性补贴资金423619.55元，耕地地力保护补贴1394887.28元。

【农业项目建设】 2021年，县农业农村局续建项目8个，至年末全部竣工；新建项目8个，总投资2714.98万元，其中，援藏项目2个，扶贫产业项目4个，增减挂钩项目2个，至年末，完成施工进点工作。

【农村人居环境改造】 2021年，县农业农村局开展农村人居环境改造进村宣传教育2480场次，受教育群众18327人，发放宣传单6227份，悬挂横幅230条；发动农牧民群众投工投劳5.05万人次，清理农村生活垃圾990.75吨，村内水塘641口、村内沟渠1275千米、河道（湖）1200千米、淤泥7200吨、村内残垣断壁207处、村内废旧机械32辆，村内秸秆乱堆乱放1054处、卫生死角2700处。农村卫生厕所改厕1135户。其中，完成验收204户，补贴资金40.8万元；931户基本完成乡级初验，全县卫生厕所普及率27.7%。

2021年2月7日，康马县召开2021年村庄清洁行动部署暨春季战役会议　（县农业农村局　提供）

【集体产权制度改革】 2021年，县农业农村局成立县委书记任组长，相关部门主要领导为成员的县级农村集体产权制度改革工作领导小组，多次召开动员部署会、推进会议、现场观摩会，并在会上与先进乡（镇）进行经验交流，工作滞后的乡（镇）作表态发言。全年召开县级动员部署会议2次，乡（镇）级动员部署会议18次；县级推进会议5次，乡（镇）级推进会议45次；现场观摩会议3次。对全县农村集体资产和各部门资源数据进行梳理汇总，作为清产核资的参考和基础数据，至年末，完成全县近四年清产核资、成员身份界定、股权量化、登记赋码等各阶段工作，并通过村、乡、县、市四级验收。

【人均增收】 2021年，县农业农村局着力稳就业、促创业、兴产业，优化农牧民群众收入，转变收入思路，群众增收动力显著增强，经营性收入、工资性收入占总收入比重不断提高。至年末，全县农牧民工资性收入9609.79

万元，占总收入的54.9%；经营性收入6148.68万元，占总收入的35.1%；财产性收入250万元，占总收入的1.4%；转移性收入1487.25万元，占总收入的8.5%。同2020年前三季度相比，工资性收入增长2%，经营性收入增长151%，财产性收入降低91%，转移性收入降低74%。

【抗旱救灾】 2021年5—6月，全县整体降雨量少，农作物受到不同程度的旱灾影响。县农业农村局及时组织技术人员，采取喷施氨基酸、旱地龙等作物生长调节剂、追施尿素等技术措施，努力降低群众受灾损失。

种植业

【概　况】 2021年，全县农作物播种面积4.71万亩。其中，粮食作物3.78万亩，经济作物0.63万亩，饲草0.3万亩。粮油总产量13596吨。粮食作物产量13873.45吨，其中青稞产量12016.55吨。

【种植结构调整】 2021年，县农业农村局分解农作物播种面积4.71万亩。其中，粮食作物3.78万亩，经济作物0.63万亩，饲草0.3万亩。确定良种繁育基地建设面积0.18万亩、良种推广3.21万亩、绿色高质高效示范建设2万亩、耕地地力保护与质量提升示范建设3.2万亩。

2021年5月25日，自治区农业推广中心工作人员到南尼乡曲热村检查农作物生长情况　（县农业农村局　提供）

【筹措春耕物资】 2021年，全县共筹备发放商品有机肥1360吨、化肥835.25吨、计划内农药6.26吨。筹备种子615吨。其中外地引进52.65吨，县内部调剂良种64.85吨。农家肥积造12.56万吨。年内，县农业农村局组织技术人员到每家每户“一对一”开展高温对沤技术指导，共积造沤肥0.23万吨。

【良种推广】 2021年，县农业农村局高质量完成良种繁育基地0.18万亩，落实绿色高质高效示范建设面积2万亩，建设良种推广面积3.21万亩，实施耕地地力提升与质量保护化肥减量增效示范建设面积3.2万亩。

【农业宣传和技术培训】 2021年，县农业农村局宣传良种、农机具购置等惠农补贴政策5场次，受益325人次。县级农业专技人员开展种植业实地（田间播种技术）实用技术培训25场次，发放农技资料250册，受益861人次。针对包虫病防治、养殖技术发放5种培训手册，受益335人。

畜牧业

【概　况】 2021年，全县年末牲畜存栏171335头（只、匹），新生仔畜96114头（只、匹），新生仔畜成活91308头（只、匹）。

【牲畜品种改良】 2021年，县农业农村局开展黄牛改良、牦牛经济杂交工作，年初成立专项工作领导小组，加强牲畜良种推广组织保障。将上级下达的7000头黄牛改良、700头牦牛经济杂交指标任务按照“四到位”的要求分

2021年12月5日，2021年自治区畜牧总站在康马县开展农牧民畜牧养殖技能培训　（县农业农村局　提供）

2021年11月10日，县乡农牧综合服务中心专技人员及乡村科技特派员到少岗乡满参村开展2021年秋季动物疫病监测采样采集工作　（县农业农村局　提供）

配到各乡（镇），组织专业技术人员广泛开展宣传，提高良种推广的影响力。新增6个配种点。至年末，完成牦牛经济杂交配种601头，完成率85.86%，产犊510头；黄牛改良配种49105头，完成率70.14%，新生犊牛2869头，成活2092头。

【畜禽免疫】　2021年，县农业农村局完成春防疫苗接种工作。其中，口蹄疫免疫牛25179头。口蹄疫免疫羊167390只、“三联”苗免疫57000只、“四联”苗免疫50250只、链球菌免疫53000只。鸡禽流感免疫2次6732只。秋防疫苗接种工作中，口蹄疫免疫牛25349头、羊184024只，鸡禽流感免疫2次2136只。开展边境动物疫病监测及检验春秋两季免疫效果，共采集牛血液样本370份、羊血液样本920份、鸡血液样本128份，对全县家畜常见病开展治疗40余场次。

林业和草原

【概　况】　2021年，康马县林业和草原局（简称“县林草局”）贯彻落实中共十九届二中、三中、四中、五中、六中全会精神和中央第七次西藏工作座谈会精神，围绕“稳定、生态、发展、强边”，践行“绿水青山就是金山银山”的理念，履行部门职能，认真完成林草各项目标任务。

【造林绿化】　2021年，县委、县人民政府投入资金190.1万元开展全县绿化工作。县林草局按照“适地适树”原则，对县城及各乡（镇）、村裸露地块科学选树，在造林前严把苗木关，造林中严把苗木规格、树坑标准、造林密度，造林后严把后期管护关，造林成活率75%以上，全年共植云杉、河北杨、直榆及乡土树种等67586株。组织全县干部职工在加油站斜对面空地开展全民义务植树活动，各乡（镇）在

2021年4月14日，县林草局组织开展全县义务植树活动
（县林草局　提供）

不同时段开展植树活动，全年共义务植树2500亩。

【林地草原防火】　2021年，县林草局贯彻落实国务院、自治区、市、县关于森林草原防火相关部署要求，将相关精神部署到各乡（镇），并实行不定期排查制度和林地草原防火日巡逻报告制度，全年共排查隐患12次，出动17人。

【野生动物疫病防控】　2021年，县林草局严格执行野生动物疫源疫病监测制度，加强宣传，加强对野生动物自然死亡后尸体的后期处理，并安排2名监测人员对境外迁徙野生动物进行巡护监测，全年共排查35人次，出动车辆14次，未发生野生动物疫源疫病。

2021年8月，县委书记扎西多布拉（右一）到多庆错国家湿地公园检查湿地保护与周边生态修复情况　（县林草局　提供）

【林草湿资源保护】　2021年，县林草局对全县项目建设进行把控，凡涉及草地、林地的必须办理草原、林地征占用手续。按照自治区、市两级林草分级巡查要求，每季度联合相关部门通过访问村民、实地排查等形式对辖区内未批先建、超范围占用林草地、临时施工用地不按规定区域取土、弃渣等问题进行实地排查，并对排查中发现的未履行草原征占用手续的项目单位进行监管。

【林草生态综合监测】　2021年，县林草局按照《自治区林草生态综合监测评价实施方案》要求，配合中南勘察设计院完成林草湿与国土“三调”对接及核查工作，不一致的图斑与上级业务部门对接，全年国土“三调”自治区公益林面积4.2万亩；联合昆明勘测设计研究院对全县范围内林地（22.15万亩）进行有害生物普查，至年末，完成有害生物第一轮普查；按照全国自然灾害普查工作要求，完成县林地可燃物4个样地的火灾风险普查工作。

【森林督查】　2021年，康马县森林督查暨森林资源管理“一张图”年度更新遥感判读区划图斑

2021年8月25日，县林草局邀请日喀则市草原站专家对全县草原进行监测　（县林草局　提供）

共13个，安排专职人员2名，并邀请自治区林业调查规划研究院专业技术人员2名，按照《西藏自治区2021年森林督查暨森林资源管理“一张图”年度更新工作方案》要求开展森林督查自查工作。收集整理县级森林资源保护发展责任制落实情况、涉林行政案件处理情况、森林采伐管理情况、林地资源管理情况等相关资料，完成13个图斑的现场核实和数据统计工作，全县全年不存在违规图斑。

【林长制】　2021年，县林草局制定《康马县关于全面推行林长制的工作方案》，成立县林（草）长制工作领导小组及办公室，明确各自成员单位工作职责，科学合理设立县、乡、村三级林长，初步形成“山有人管、林有人造、树有人护、责有人担”的网格化管理格局；把自治区、市、县各级实施意见方案翻译成藏文，发至村学习执行组。

【林草项目】　2021年，县林草局完成2019年“两江四河”造林绿化工程造林任务；2020年多庆错国家湿地公园湿地保护补助资金修复项目，总投资261万元，项目由村级生态合作社实施，项目落实情况获得市、县两级领导认可，并通过县级初验。沟通衔接上级业务部门，形成“十四五”规划林草项目库，项目总量11个，计划投资2.5822亿元。年内实施项目8个，总投资6000万元。

水　利

【概　况】　2021年，康马县水利局（简称“县水利局”）加强水资源管理，严控取水各项指标，年用水总量控制在0.4亿立方米以内；加强与自治区、市两级水利部门的沟通和衔接，推进水利项目规划前期进度，编制水利“十四五”规划，争取水利工程的规划立项；完成2021年防汛抗旱工作，年内无重大灾情发生；全面调整充实河（湖）长制，推行河（湖）警长加检察长机制，全县三级河（湖）长下载注册“西藏河长制”App，并使用“西藏河长制”App开展日常河（湖）巡查；完成3条县级河流的河（湖）岸线保护范围划定工作，并通过市级审查；实施水利工程项目16个，并投入运行，总投资3587万元。

【水资源管理】　2021年，县水利局落实最严格水资源管理考核制度，全县被列为最严格水资源管理考核水功能区3个，水功能区水质达标率100%。全年市级批复取水量0.41亿立方米，年内总取水量0.4亿立方米，水资源利用主要为人畜饮水和农业灌溉，无高耗水资源企业。

【水土保持】　2021年，县水利局先后2次向生产建设单位和企业发布告知书，要求各单位依法履行水土保持工作义务。年内共下发水土保持补偿费缴纳通知7份，由税务部门负责收缴；完成并销号2020年水利部卫星遥感影像监测“未批先建”图斑7个；年内监测发现“未批先建”

8月2日，县水利局局长旺久（左二）到雄章乡色热龙村为群众宣传山洪灾害防御知识

图斑3个，至年末完成复核认定工作。

【水政执法】 2021年，县水利局共发现河道砂石资源偷采行为2起，涉河违规建筑1起，按照法律规定要求予以制止和整改。

【防汛抗旱】 2021年，县水利局落实汛前各项准备工作，汛前充实完善康马县防汛抗旱指挥部成员单位和领导小组，及时安排部署和落实防汛工作任务。全年开展山洪灾害防御演练2场，投资11万元采购防汛物资，汛前储备铅丝笼339卷、编织袋3.68万条，汛期发放铅丝笼239卷、编织袋3.5万条。主汛期间，县人民政府主要领导主持召开防汛救灾工作视频调度会议，要求各成员单位、各乡（镇）坚持以人民为中心的发展思想，全力以赴做好防汛救灾和灾后恢复生产工作。

【河（湖）长制】 2021年，康马县设立县级双总河长2名、县级河（湖）长17名、县级河（湖）检察长4名、县级河（湖）警长17名、乡级河（湖）长64名、村级河（湖）巡查员64名。县乡换届后，及时更新完善河（湖）长公示牌。从8月1日起推行“西藏河长制”App巡河制度。县人民政府投资90.3万元开展河（湖）岸线管理保护范围划定工作，划定成果通过市级审查；各乡（镇）河长办积极组织水生态岗位人员、党员志愿服务队每月开展2—3次河（湖）（岸线）内漂浮垃圾清理整治，1.1万人次参与，动用拖拉机、清运车700余台（辆）次，清理整治河道及河道周边可视范围内垃圾189千米。

【水利工程建设】 2021年，县水利局先后实施水利工程项目16个，总投资3583万元，分别为萨马达乡萨马达村防洪堤工程、2021年农村安全饮水工程、农村安全饮水维修养护工程、那堆灌区工程、康马县水塘整治工程、涅如堆乡贡巴村（色热村）防洪堤工程、雄章乡雄村防洪堤工程、涅如堆乡伦村色修村防洪堤工程、雄章乡昆章村山洪灾害防洪治理工程、康如乡白加村（拉马龙自然村）山洪灾害防洪治理工程、南尼乡曲夏村水渠工程、康马镇朗达村邦普水渠工程、少岗乡少岗村水渠工程、雄章乡色热龙村山洪灾害应急防治工程、雄章乡青卓村防洪堤工程、美龙水库维修养护工程。

交通·通信·电力

冲巴雍错　（县融媒体中心　提供）

交通设施建设

【概　况】 2021年，康马县交通运输局（简称“县交通运输局”）贯彻落实习近平总书记关于“十四五”第一年“起好步、开新局”的总要求，完善乡村交通运输基础设施及附属设施功能短板，坚持抓好“四好农村路”建设工作，加快推进全县综合交通运输体系建设。

【公路项目建设】 2021年，康马县新建农村公路项目3个，分别为援藏投资项目康马县S512线岔口至雄章乡雄村公路建设项目、扶贫整合资金项目康马县少岗乡桥梁工程和康马县涅如堆乡色修村郎波夏桥梁工程，总投资1042万元，建设1.26千米的四级水泥路面和5座桥梁。年初，康马县交通运输局（简称“县交通运输局”）协调推进项目设计、环评、土地预审、风险评估备案、乡村规划许可等前置工作；6月初，进行招投标、签订合同等。6月末，项目开工建设。至年末，3个项目完成初验并投入使用。续建、整改农村公路项目5个。年初，县交通运输局召开交通项目整改工作推进会，对照整改通知内容，提出针对性整改意见、建议；6月，各项目施工单位与日喀则市养护总公司签订项目整改协议书，养护总公司陆续进场开展项目整改工作；至年末，全部整改完成。

【“十四五”交通项目库】 2021年，康马县有“十四五”交通规划项目14个。其中，实施完成3个，纳入厅级“十四五”规划项目6个，有望纳入厅级“十四五”规划项目2个（危桥改建和安防设施项目），纳入市级“十四五”规划项目3个。

2021年9月2日，县交通运输局局长平措（右二）到少岗乡检查指导桥梁项目建设情况　（县交通运输局　提供）

【强边产业小道建设】 2021年，县交通运输局重点对雄章乡次叠牧场道路、若桑普牧道等受损情况进行实地调研，对接设计公司完成路段抢险保通设计工作，其中雄章乡次叠牧场道路提交上会研究通过，年末，办理前期手续，计划2022年初实施。

路政管理

【概　况】 2021年，县交通运输局完善综合运输服务衔接机制，进一步改善交通运输服务设施，统筹城乡交通运输协调发展，深入谋划策略、加快建设力度、完善体制机制、创新管理方式，切实把推动交通运输综合转型升级作为一项提高党的建设工作水平的主要指标，为“十四五”全县交通运输领域各项事业迅速发展迈开新的“第一步”。

【农村公路桥梁基础数据采集】 2021年5月，县交通运输局组织工作人员完成432千米农村公路线上的75座桥梁数据外业采集工作，并着手推进桥梁基础数据库系统内业录入工作。

【全国第一次自然灾害综合风险农村公路承载体全面普查】 2021年初，县交通运输局制定普查方案，进一步明确普查责任、普查内容及阶段、普查要求，参加自治区、市级交通运输部门的专项普查培训及演练，掌握自然灾害风险农村公路承载体普查具体普查方法及步骤、普查技术，学习操作指南和系统操作手册内容。10月，对全县2020年末农村432.638千米公路和36座桥梁进行灾害排查和公路设施属性填报；至年末，普查工作全面完成，共排查出灾害点20处、风险点1处。

【农村公路基础数据年报】 2021年，县交通运输局开展年度交通综合统计年报、公路养护统计年报和农村公路电子地图基础数据更新工作，主要对往年漏采、新建农村公路及桥梁进行数据采集和系统录入、数据完善，更改属性、地图审核错误，及时更新全县农村公路基础数据，建立全县较为完整的农村公路基础数据库。

【公路管护】 2021年，全县有农村公路生态岗位养护人员148人。年初，县交通运输局按照《西藏自治区人民政府办公厅关于印发〈西藏自治区深化农村公路管理养护体制改革实施方案〉的通知》文件要求，多次召开支部班子会议，制定起草全县农村公路管理养护体制改革实施方案和养护计划、养护考核管理办法等，完善和健全农村公路管理养护工作的体制机制；与市交通运输局对接，少雄公路纳入养护工程计划，完成养护工程设计及设计审查、招标等各项前期工作；10月，开展少雄公路大面积实施路面修复、防护挡墙、增设标识标牌等工程，至年末，完成总工程量的70%。年内，县交通运输局投入养护资金60余万元预防养护涅扎线、少雄线，累计养护里程300千米。

2021年7月31日，县交通运输局局长平措（右一）到嘎拉乡克拉康公路检查道路受损情况　（县交通运输局　提供）

【汛期抢险保通】 2021年，县交通运输局协调江孜养护段和G219项目部等开展国、省、干线道路抢险保通及道路修复工作。全年到各乡（镇）进行道路隐患排查30余次，清理泥石流等道路应急保通17处7.5千米，进行路面修复3处0.8千米；投入机械30余台次。投入资金6万元。

【交通运输领域安全生产】 2021年，县交通运输局开展公路及桥梁设施隐患点、客（货）运车辆及营运市场、汽车维修企业安全生产专项检查行动，重点查处客货运市场无资质营运、汽车维修行业危险废物管理和处理不规范行为，对存在安全隐患的公路及桥梁进行排查整治，并列入养护计划。全年开展安全隐患排查40余次，消除各类隐患28次。

【交通运输领域市场整治】 2021年，县交通运输局联合县公安局、县公安局交警大队、县自然资源局、江孜路政所深入主路口、砂场、运输市场等领域，有针对性地开展交通运输局领域市场专项排查整治工作，对各领域存在的突出问题和违规违法行为督办整改、立即立改和思想教育。全年累计开展交通运输领域

2021年中国邮政康马县分公司在乡（镇）营业所显眼处粘贴新冠肺炎疫情防控相关提示 （中国邮政康马县分公司 提供）

市场专项执法检查15次，在砂石运输领域整顿道路运输违法行为3处、汽车维修市场营运不规范行为10处，打击“黑车”5辆。

邮 政

【概 况】 2021年，中国邮政集团有限公司西藏自治区康马县分公司（简称“中国邮政康马县分公司”）以中国邮政日喀则市分公司总经理姚建的“新气象 新担当 新作为”工作报告及副总经理谢生军的“夯实基础 规范管理 强化职能 努力开拓日喀则邮政工会工作新局面”工作报告精神为指引，开展邮政业务工作。全年总指标966240元，至年末完成86.6%。其中，函件44344.2元，完成年预算的295.63%；集邮42037元，完成年预算的38.22%；报刊164538.61元，完成年预算的76.53%；增值53796.39元，完成年预算的215.19%；分销395895.08元，完成年预算的99.55%；快递包裹业务100949.04元，完成年预算的59.38%；物流35419.53元，完成年预算的263.54%。

【党建引领】 2021年，中国邮政康马县分公司以习近平新时代中国特色社会主义思想为指导，学习和贯彻习近平总书记系列讲话精神，在日常党组织建设中，时刻坚持党员理论学习，每月组织到企业党支部集中学习1—2次，坚持用理论知识武装头脑，指导实践。

【业务工作】 2021年，中国邮政康马县分公司借助中国共产党成立100周年和西藏和平解放70周大庆的时机，通过微信、线下摆摊及各种渠道宣传相关产品。其中，3月，借助国税系统需要发放员工工会福利的机会分销产品8万余元；7月，与县人民政府联系大庆礼品运输相关工作，至9月，物流业务收入3万余元；9月，与县委办联系销售党员图书资料，收入3万余元。

2021年中国邮政康马县分公司组织乡（镇）营业员开展“四项基本业务”及画像法内容培训 （中国邮政康马县分公司 提供）

【新冠肺炎疫情防控】 2021年，中国邮政康马县分公司按照自治区、市两级及县委、县人民政府会议精神，研究制订新冠肺炎疫情防控工作预案，明确工作职责和工作措施，把群众生命安全和身体健康放在第一位，常态化开展新冠肺炎疫情防控各项工作，对进口邮件、工作场地每天进行消毒消杀，对下级部门及时发放新冠肺炎疫情防控相关物资，做到人人安全，件件安全。

【职工能力提升】 2021年，中国邮政康马县分公司整改以往普通服务中存在问题与不足，强化普通服务业务，时常进行业务培训，不定期进行业务测验。经常检查“四项”基本业务的学习情况；定期检查县至乡、乡至村的打卡率、报刊邮件投递率；加强乡（镇）营业人员业务学习，提升业务能力；对普遍服务工作达标专项整治行动检查发现的问题采取措施，并做好普遍服务达标工作“回头看”。全年乡（镇）投递打卡、签到签退率、使用E网点率均达到100%。

【关爱职工】 2021年6月，中国邮政康马县分公司利用上级领导对职工关爱的相关资金，聘请厨师1名，解决职工吃饭难的问题；坚持把节日、纪念日与企业的中心工作相结合，组织开展各种有益于职工身心健康的文体活动。

联　通

【概　况】 2021年，中国联合网络通信集团有限公司日喀则市分公司康马县公司（简称“中国联通康马县分公司”）结合当地市场动态与客户的实际需求，加快建设4G网络，不断提升服务的质量与水平。

【市场经营】 2021年，中国联通康马县分公司开展“低套餐免流量”“预存话费送话费”等形式多样的主题活动；根据不同的业务种类，发挥综合业务优势，提供差异性产品和个性化服务；在“5·17”世界电信日通过现场“办新卡、预存话费”现场抽奖等方式，主推新款终端竞拍，手机营业厅、“沃钱包”、微信充值、手机号码和宽带绑定在一起的融合套餐业务、冰激凌套餐。

【渠道建设】 2021年，中国联通康马县分公司将自有渠道和社会渠道相结合，以加强沟通、密切联系、合作共赢为原则，提高社会渠道的掌控能力，更好地满足渠道覆盖和业务发展的需求，增加渠道销售的便利性，覆盖更广泛的客户群，满足用户的体验需求，挖掘潜在客户，走访合作经营者，与他们协商，发展成为中国联通康马县分公司的新用户；完善管理制度，构建信息通路、加强风险监控，确保每一项服务、业务落实到岗，责任到人，坚决做到巩固既有客户、发展新客户，助力业务快速发展。

【网络建设】 2021年，中国联通康马县分公司在嘎拉乡琼桂边境村建设通信4G基站2座。至年末，全县有4G通信基站26座。

【客户服务】 2021年，中国联通康马县分公司秉承“以客户为中心，用服务促发展的服务理念”，为广大客户提供通信知识、业务产品等宣传促销活动，树立“用户至上”的服务理念。想客户所想，急客户所急，为客户提供各类通信服务及慎重停机、免费补卡，免费更换电话卡，帮助客户积分兑换话费，通过电话受理客户对相关业务的咨询、投诉及建议，对客户所咨询的问题进行解答、处理或办理相关业务等服务。针对客户反映的康马县联通公司工作人员的服务质量差、工作效率低等问题及时召开会议，反馈客户意见，提升公司服务质量。

【应急保障】 2021年，中国联通康马县分公司强化安全管理，加大监督检查力度，增强全员消防意识、交通安全意识、安全生产意识。定期召开安全例会，在重点活动前、重大节假日前召开安全生产动员会，提高员工的安全生产意识，通过微信等方式时刻提醒员工重视安全生产工作。

定期在全公司范围内开展安全大检查，对发现的安全问题，责令整改，并进行复查，确保问题的解决。

电 信

【概　况】 2021年中国电信集团公司康马县电信局（简称“康马电信局”）以“客户满意、业务发展”为工作目标，用诚心、细心、耐心、精心为客户提供优质热忱的服务。

【市场经营】 2021年3月，康马电信局增加涅如堆乡电信网络覆盖率；与县林业林草局合作，开通视频会议专线业务；6月，与县人民政府及各乡（镇）合作，建成应急广播组网；9月中旬，与县人民政府及各乡（镇）合作，建成医保组网并投入使用；11月，与县教育局合作，在县中学及各乡（镇）小学安装“明厨亮灶”监控系统；与县食药监局合作，在县城内安装“明厨亮灶”监控点位；12月，与县公安局合作，开通政法网络监控点位。

【客户管理】 2021年，康马电信局重点开展对政企专线业务管理及业务发展工作，每月及时确认、跟踪，按时催办；各行业销售服务部和相关指定单位具体责任人员对政企业务和维护相关内容遗留问题进行多次梳理、跟进，并及时反馈；对年内未及时收回政企收入的项目，与各部门总监和县分集客户经理联系、沟通；集中整理各项合同，逐步建立合同档案。

2021年5月27日，国网康马县供电公司组织工作人员开展电力运检维修　（国网康马县供电公司　提供）

电 力

【概　况】 2021年，国家电网有限公司康马县供电公司（简称“国网康马县供电公司”）深化习近平新时代中国特色社会主义思想大学习，深入学习贯彻习近平总书记“七一”、视察西藏时重要讲话精神和党的十九届六中全会精神，严格执行“第一议题”，确保党中央、上级党组织决策部署落地见效。

【运维检修】 2021年，国网康马县供电公司完成35千瓦变电站电网通信自动化完善工程4座，解决35千瓦康马变电站和涅如堆变电站用电高峰时负载较重的问题，开展变电站设备和高压电缆隐患专项整治工作；整改35千瓦康涅线及康县线杆塔对地距离不足的隐患；完成投资170万元改造10千瓦塔白143线路项目；对所辖台区内4条35千瓦和12条10千瓦线路进行定期或不定期巡视检查并整改发现的各类隐患，加强对县城内重要单位、重要部门、重要线路的巡视巡查力度。做好2021年元旦、春节、藏历新年等各大节日、全国两会、康马县综治维稳月、中国共产党成立100周年和西藏和平解放70周年活动期间保电任务，对辖区所有35千瓦、10千瓦线路及0.4千瓦线路开展线路运行环境整治，加强对的设备运行维护，对杆塔倾斜、瓷瓶螺母、拉线松动等安全隐患进行整治；在各保电前制订相应保电应急预案，合理安排保电车辆及人员提前安装好保电应急车工作。全年在大型节日及重要时期投入抢修车24辆，115人次参与抢修。针对35千瓦康县线加高隐患排查等各项作业计划，在停电计划期间内完成对停电线路树障走廊清理、增高线路对地安全距离，沿线乡村居民电力设备故障排查等工作，做到“一停多检、逢停必修、修必修好”。

【市场营销与优质服务】 2021年，国网康马县供电公司按照西藏国网公司普查及规范两年工作行动方案及日喀则公司普查方案，召开营销业务普查，并成立普查小组，对全县高压用户进行营业普查，普查内容包括工作人员抄表到位情况、实抄率及客户窃电、高价低计、转供电、电价执行情况、客户的安全用电、计量装置的安全运行情况，普查用户1745户，并填写纸质版（用电申请表、计量装置接单、用电设备清单、客户承诺书、高低压供用电合同）档案，普查信息录入系统，数据录入成功率97%。加大用电检查力度，不定期组织人员到现场检查表计、互感器、供电线路等计量装置及供电设备并及时维修更换不合格表计，核查核对互感器配比情况，及时更换配比不合规的互感器；每周召开电费回收分析会，制订每周电费回收计划，责任落实到个人，先后采用电话催缴、下发催缴通知单、下发停电通知单及走访等催费渠道，采取切实可行的措施开展电费催收工作。根据《国网日喀则供电公司关于严格执行电价等相关政策的通知》《西藏自治区人民政府关于降低部分销售电价的通知》，对全县各用电户的电价进行调整并通过各种方式对调整电价进行宣传；会同日喀则供电公司营销部等部门，依托国家新一轮农村电网改造升级，推进边防部队电网建设，统筹考虑边防部队和边民用电需求，同步实施军地共享，改善抵边村寨边防部队用电条件。全年全部完成边防部队、边防派驻所及抵边村寨变压器增容、配网改造，签订合同主体变更补充协议524份。其中，高压34份，低压490份。

【党建工作】 2021年，国网康马县供电公司组织党员干部参加国网日喀则供电公司举办的庆祝中国共产党成立100周年主题活动、开展重温入党誓词；“七一”中国共产党建党日当天，办公室人员及营业厅人员到公司会议室观看庆祝中国共产党成立100周年大会；组织团员开展“我和党旗合个影、康马青少年心向党”活动；组织党员学习《论中国共产党历史》《毛泽东邓小平江泽民胡锦涛关于中国共产党历史论述摘编》《习近平新时代中国特色社会主义思想学习问答》《中国共产党简史》，开展党史学习教育知识考试。组织共产党员服务队成员开展党旗在基层一线高高飘扬、我为群众办实事主题党日活动，整改县养老院室内低压线路，查看家用电器使用情况，特别是插座、开关、线路布线、电线绝缘方面；宣讲习近平总书记在庆祝中国共产党成立100周年大会上的讲话内容及讲解安全用电知识，发放公司制定的安全用电知识手册80余册；组织一线党员干部对县党政办公楼及后勤服务中心线路进行整改，投入技术人员16人、车辆2辆、资金2.86万元；开展县藏语和汉语幼儿园低压线路整改。投入技术人员8人、车辆2辆，资金984元；集中学习“三会一课”45次，其中开展党员大会12次，支委会学习12次，党课学习9次，主题党日活动12次；举办“我为群众办实事”实践活动6次；签订党风廉政建设目标责任书31份，拒绝酒驾醉驾承诺书35份；发展入党积极分子2人。

商贸服务业

冲巴雍错 （县融媒体中心 提供）

商业流通

【概　况】 2021年，康马县商务局（简称“县商务局”）学习贯彻习近平新时代中国特色社会主义思想，中共十九大，十九届三中、四中、五中、六中全会和习近平总书记在西藏考察期间重要讲话精神，坚持一手抓党的建设、一手抓经济社会发展，克服新冠肺炎疫情影响，统筹新冠肺炎疫情防控和商贸领域经济发展，奋力完成年度各项工作任务。

2021年3月29日，康马县人民政府相关负责人与三峡集团西藏能源投资有限公司签订嘎拉、涅如堆2个风电场项目和涅如堆日果村太阳能发电项目　（县商务局　提供）

【电商服务】 2021年，县商务局协调相关部门，建设康马县电子商务公共服务中心，并于4月12—14日在康如乡、少岗乡、涅如堆乡、南尼乡和康马镇组织开展第一期西藏自治区电商进农村综合示范整体推进农村电商普及培训会，各乡（镇）机关干部、乡村振兴专干、第一书记、村“两委”班子成员、建档立卡脱贫户、农村青年、妇女、退伍军人、合作社负责人、返乡创业就业人员250人参加培训。

【招商引资】 2021年，县商务局采取“走出去、请进来”的方式，组织承办和参加各类经贸洽谈会、经贸会，利用各种招商对接平台推介对接县域温泉、光伏风电、旅游等重点产业项目，在日喀则市、拉萨市、青岛市等地举办的招商推介会上主动推介县特色资源，发放招商手册500余册。除市级组织外出主动招商外，县人民政府主要领导、县分管领导外出招商10余次。新签订项目7个（清洁能源项目2个，总投资约133.864亿元），分别为与三峡集团西藏能源投资有限公司签订嘎拉、涅如堆2个风电场项目和涅如堆日果村太阳能发电项目，投资约85亿元；与华能西藏雅鲁藏布江水电开发投资有限公司签订光伏基地1个、风电基地1个，投资约48.864亿元；与西藏甲羌百马旅游开发集团有限公司签订共享电动车引进合作书，投资金额1000万元；西藏德基康萨包装印刷有限公司纸箱加工项目，投资400万元；日喀则市康马县特色石材精细加工市场集转点（飞地经济）建设项目，投资3500万元。续建项目3个。全年完成招商引资项目资金投入8537万元。

【商贸流通市场监管】 2021年，县商务局联合相关部门对全县商贸流通领域的超市、餐饮店、农贸市场及县城2个加油站等人员密集场所开展多次消毒消杀，指导个体工商户做好每日消毒与个人防护。派遣工作人员在少岗一级检查站驻点（24小时值守），对进口冷链肉制品和水果等食品进行检查，严格落实“逢物必查、逢车必查”，有效防新冠肺炎疫情通过进口冷链食品输入风险；根据市商务局成品油市场安全生产专项整治及安全生产工作要求，对成品油市场隐患及安全生产工作进行定期、不定期的排查和重点整治整改。全县全年共销售成品油4992.908吨（汽

2021年12月2日，县商务局局长米玛（左一）联合县直相关部门到嘎拉乡嘎拉夏村嘎拉加油站检查成品油市场　（县商务局　提供）

油2448.439吨，柴油2544.469吨），总销售额4370.52万元（汽油1707.52万元，柴油2663万元）。年内开展专项检查16次，提出整改意见4条，至年末，全部整改到位。

【为群众办实事和“13+7”民生实事】　联合相关业务部门开展环境美化及疫情防控消毒消杀志愿服务活动，党员干部带头拿起扫帚，对县城农贸市场周围可视垃圾、塑料袋、纸屑进行清理；主动对农贸市场各角落开展消毒消杀，检查商品（食品）特别是冷冻食品有无相关检疫证明；围绕为群众办实事宗旨，协调相关企业在全县各村开展家电下乡送福利活动。惠及7个乡（镇）、35个村，8人次参与，受益群众2000人；引进西藏甲羌百马旅游开发有限公司200辆共享电动自行车供县城人民群众使用；联合县民宗局开展“我为群众办实事”活动，为群众发放低氟健康茶63.447吨，惠及全县各族群众21149人。

【2021年产业竞赛暨冬季物资交流会】　2021年12月10—14日，县商务局在县城（大庆路）举办2021年产业竞赛暨冬季物资交流会，会场布展面积2500平方米，300余家乡（镇）合作社及市、县内外企业和商户参加展销，设特色手工产品、日用百货、特色小吃、游乐玩具等各类摊位100余个，参展品种350种，日均客流量3000余人次。据统计，5天内总人流量2万人次，销售总额821.37万元。

粮食和物资储备

【概　况】　2021年，康马县粮食公司（简称“县粮食公司”）有职工9人。其中，干部职工5人，退休职工4人。年内招聘大学生3人。全公司资产总计1526万元，其中，流动资产949万元，非流动资

2021年12月10日，康马县举办2021年产业竞赛暨冬季物资交流会　（县商务局　提供）

2021年12月15日，县委常委、政府常务副县长贡布多杰（右二）深入萨马达村秋粮收购点、萨马达乡旧粮库用地区域、县粮食公司以及粮油加工点、粮油放心店，督导秋粮收储及粮食领域工作

（县粮食公司　提供）

产（包括固定资产）577万元。年内，县粮食公司按照全区粮食工作会议要求，重点开展粮油质量、收购、供应和市场粮价稳定工作，与市农投公司签订合同后保证“三包”学生的口粮及时供应到位。全年营业销售收入784万元。

【粮食采购】 2021年，县粮食公司收购青稞800吨、油菜籽2吨。

【粮食销售】 2021年，县粮食公司落实自治区发改委、自治区粮食和物资储备局《关于切实做好今冬明春宏观调粮组织和市场稳定工作通知》精神，加强粮油营销队伍建设，以农牧区市场为重点，开展粮食正常销售和粮食兑换工作，加大促销力度，组织营销包干，执行工效挂钩。全年粮油销售1370吨，其中当地粮1200吨，其他省市粮170吨。

【应急储备粮管理】 2021年，县粮食公司按照《西藏自治区储备粮管理责任书》《中华人民共和国会计法》《小企业会计准则》《企业会计准则》《西藏自治区储备粮财务管理办法》的要求，建立健全代储库财务管理规定及相关制度，结合实际建立健全会计账、统计账、保管账。年内，完成自治区应急储备任务。

【粮油仓储管理】 2021年，县粮食公司对自治区储备粮、商品粮的库存数量、品质、卫生、储粮安全及库存账务进行全面检查；自治区粮食和物资储备局以县级检查数据为基础开展监督检查，掌握各单位的检查进展情况，严格审核各项数据，对库存量较大单位进行抽查，确保粮食库存检查资料的真实性、准确性和粮食库存安全。

旅游业

冲巴雍错 （县融媒体中心 提供）

旅游综述

【概　况】 康马，藏语意为“红色庙宇”。地处喜马拉雅山北麓，是西藏通向南亚次大陆的重要通道，也是通往亚东仁青岗边贸市场的必经之路。

【文旅项目建设】 2021年，县文旅局新建朗通庄园景区、摩崖石刻佛像群景区、冲巴雍错景区、高低压配电线路，工程进度100%；建设日喀则市康马县G219和G562交会处旅游服务中心项目、日喀则康马县擦多景区旅游基础设施、日喀则市康马县219国道5000千米处旅游基础设施，维修乃宁寺、艾旺寺。至年末，完成“玛不错”遗址体验馆概念设计方案工作及219国道5000千米网红打卡点建设项目前期工作。

【旅游经济运行情况】 2021年，全县共接待游客5.66万人次，旅游综合收入273.25万元，同比分别增长69.65%、38.5%。

【旅游产业发展】 2021年，县文旅局完成“玛不错”文化遗址和“朗通庄园”LOGO设计工作，并申报商标注册。年内，通过旅游产业带动、项目推动等措施带动转移就业1282人次，带动增收5185712元，农牧民转移就业380人次，实现收入1598976元。

朗通庄园　（县融媒体中心　提供）

旅游资源

【概　况】 康马县境内河流湖泊众多，水量较为充沛，水资源丰富，水质较好，湖泊主要有冲巴雍错、多庆湖、白湖、美龙湖、色木湖；河流主要有康马河、涅如河、康如河，是年楚河的发源地。人文景观主要有自治区重点文物保护单位乃宁曲德寺、艾旺寺、藏扎寺、朗通庄园等。南尼果谐、嘎拉谐钦、朗巴协玛氆氇编制技艺被列入自治区级非物质文化遗产名录。

【冲巴雍错】 位于康马县萨马达乡境内，是喜马拉雅山现代冰川运动所形成的冰川湖。海拔4540米，面积12.3平方千米，为高原淡水湖。整个湖形似宝葫芦，南北长、东西短，平均深度37.5米，最深处约60米。距离204省道15千米、孟扎村14千米，被当地人称为“沧海遗珠”“天使的眼泪”。每年的6—8月，满地盛开的杜鹃花、随处可见的野生羚羊、湖水中巍峨的雪山倒影，构成一幅奇妙的画卷。

【朗通庄园】 位于康马县少岗乡境内，距县城康马县城12千米，是西藏自治区保存最为完整的贵族庄园。有500余年的历史，是封建农奴庄园制度的历史见证。朗通庄园是朗通家族“帕谿”庄园，是该家族的祖业地，既是贵族府邸，又是贵族所拥有的各庄园的管理中心。朗通庄园主体建筑为土石结构，坐北朝南，主楼高5层，整个庄园由主体建筑和园林（林卡）组成，面积约1693平方米。庄园主体建筑由庄园主的府官舍、经堂和功能各异的附属建筑组成，共有108间房屋，面积约1223平方米。

艾旺寺遗址 （县融媒体中心 提供）

元末明初时期少岗石刻造像群
（县融媒体中心 提供）

【艾旺寺】 艾旺寺又称伊玛寺，位于康马县萨马达乡萨鲁村西南山谷左侧，距康马县城15千米。建于吐蕃王朝前宏期（8—9世纪），海拔4400米，占地面积1408平方米，建筑面积925平方米，由班智达释迦室利的前身拉吉曲美创建，属于格鲁派。该寺坐南朝北，由围墙、回廊、正殿、东配殿、西配殿、庭院6个部分组成。围墙呈长方形，墙上砌石塔108座，北面正中开有9米宽的大门。围墙内殿堂平面布局为“品”字形，殿堂与围墙之间形成宽1.3米的回廊，正殿内墙周砌有一周石砌台座，正面台座上残存7尊泥塑释迦牟尼造像，正中佛像高2.3米。东配殿原有泥塑造像19尊，西配殿正面尚存一石砌泥塑的塔形神龛，四周墙壁上原有许多泥塑浮雕，如龙女、飞天、蜥蜴等。艾旺寺作为历史悠久的佛教圣地，具有较高的研究和考古价值。1995年6月被列为自治区级文物保护单位。

【少岗石刻造像群】 位于康马县少岗乡朗通村南侧山崖上，造像群距离地面0.03—10米，海拔3900米。造像凿刻于长40余米、高约10米的崖面上。佛像共有8尊，包括弥勒像、释迦牟尼师徒三尊像、度母像、绿度母像等。具有13—14世纪西藏摩崖石刻特征，属于14世纪前后的历史遗产。

特色美食

【概 况】 康马县美食众多，有传统的藏式面条、青稞酒、酥油人参果、甜茶、酥油茶、酥油、焞、奶渣、灌肠、手抓肉、麻森、糌粑等，营养丰富，口味独特，既是当地群众的最爱，也是游客的必尝之物。

【藏式面条】 藏式面条偏黄，不像南方面条那般精细，是传统藏餐中必不可少的一道小吃，与平原地区的任何面种吃起来口感都不一样，乍吃起来里面好像是夹生的，慢嚼细品之后会发现柔韧中的浓浓麦香。

【青稞酒】 青稞酒是用青稞酿成的一种低度酒。青稞酒在康马不分男女老少，人人皆喝。尤其是当地自产的青稞酒，酒质新鲜，酸甜适度，为当地群众所喜欢。其制作方法是先把青稞洗干净，然后用温水将青稞煮熟，待稍微冷却后加入适当酵母，放在酿锅内封盖三天后，盛入酒桶冷却后加水，隔1—2天即成青稞酒。青稞酒色淡味酸甜，15—20度，分头道、二道、三道酒，以头道酒味道最醇。康马人一生离不开酒和歌，酒能给人带来慰藉，歌则能给人带来快乐。

【酥油人参果】 酥油人参果是康马人民喜爱的食品之一。将人参果煮熟后捞到碗里，放上已加热的酥油和熟米，再加上适量的白糖即可食用。酥油人参果是藏餐中一道特色菜，大的宴会上一般不可缺少。过去只有在上层贵族的家里才能品尝到，如今随处可见。酥油人参果营养丰富，食之甜而不腻，且有补身之效，不失为一种高原独特的美味佳肴。

【甜　茶】 甜茶是康马县群众最常用的一种饮料。将红茶放入壶中熬煮成深褐色，滤除茶渣，倒开水稀释，待清淡适中再加入牛奶或奶粉、白糖以及少量食盐；在水壶中用力摇动，使水乳完全交融，倒入酥油桶内；放一点酥油，用打酥油茶的方法搅匀，即成甜茶。

【酥油茶】 酥油茶是康马群众每日不离的饮料。先将掰碎后的砖茶茶叶放入锅中熬成深红色的茶汁，舀少许茶汁兑一些开水，调到浓淡适宜的程度，倒进特制的酥油桶中，再放入盐和酥油；用活塞式的木桶上下抽动，使茶汁、酥油、盐融为一体后盛入陶制的茶壶内，放在灶上加热后，就可倒进杯中饮用。在康马县的藏家喝酥油茶时，最好嘴中不要带响，要待茶稍凉以后再喝。如果不想再喝了，最好把茶喝干，不要把茶留在杯中，否则认为失礼。

【酥　油】 酥油是从牛、羊奶中提炼出来的。提炼酥油有专门的酥油桶，在康马藏家，提炼酥油的活一般由妇女承担。先将奶汁稍作加温，然后倒入特制的酥油桶中，用力上下抽打，来回数百次，搅得油水分离；上面便浮上一层淡黄色的脂肪质，把它舀起来，灌进皮口袋，冷却后便成了酥油。酥油有很高的营养价值，吃法也很多，在康马县，酥油主要是打酥油茶喝，也可放在糌粑里调和着吃；逢年过节炸果子“卡赛”，也用酥油。

【焞】 也称奶油糕，是康马人较为喜食的一种奶制品。先在盘子里放上适量的酥油、碎奶渣和碎红糖，然后搅拌揉和即成。此糕食别有风味，特别是在吃糌粑时，一边吃糌粑，一边吃奶油糕，香中有甜，甜中带香，味道极佳。

【奶　渣】 奶渣是提取酥油后的脱脂奶经煮沸后冷却压制而成的一种奶制品。制作奶渣时，先从新鲜的牛奶中提取少量的酥油，再将剩余的牛奶煮沸，加一点酪浆，把煮熟的热奶渣取出裹在干

酥油人参果　（县融媒体中心　提供）

甜茶　（县融媒体中心　提供）

净的纱布里，再用石头压住，晾干变硬，即成奶渣。奶渣味道酸中有甜，既爽口又开胃。

【灌　肠】　灌肠是当地群众最喜欢吃的一种肉制品。一般在屠宰牛、羊的当日就开始灌血肠。用一半血加水、盐、麦片，搅拌后加适当的佐料，灌入洗净的羊肠内，即成血肠。血肠有补血功能，患有贫血的人，多吃血肠，大有裨益。

【手抓肉】　康马人喜欢吃肉食，肉食以牛、羊肉为主。将肉剁成块状放在锅内加盐、佐料、水，煮熟即可吃，肉熟而不烂。一手抓肉，一手用刀割肉食用，既鲜嫩可口，又营养丰富。

【麻　森】　麻森是康马一带一种特色的面制品。制作时，先在盘子里放适量的糌粑、酥油、碎红糖，然后搅拌揉和；盛入一方形的小木盒内，用手塞满压实，即可制成麻森方形糕，其味香甜可口。

【糌　粑】　糌粑是康马人的主食，原料为青稞。制作糌粑比较简单，先将青稞洗净晾干，然后撒到火炉上的沙盘里，摇动沙盘边沿的活动扶手，上下左右翻动，让青稞在热沙中炒熟，待冷却后用水磨磨成粉即可食用。糌粑分为“乃糌”（青稞糌粑）、“散细”（去皮豌豆炒熟后磨成的糌粑）、“散玛”（豌豆糌粑）等数种。吃法很多，一种吃法是先在碗里放上茶、酥油、细奶渣及糌粑，然后用左手抓碗，右手搅拌，捏成小坨状，即可食用；另一种吃法是先取少量的糌粑和白糖放在碗中，然后掺上一点茶水，用茶水冲调饮用；也有人在吃糌粑时，先加一点细奶渣、酥油、白糖，揉捏之后倒茶食用。有时还用萝卜、羊肉、外加一点糌粑熬成粥喝，这种粥康马人叫“糌突”。糌粑营养丰富，耐饥力强，且吃法简单，携带方便。

灌肠　（县融媒体中心　提供）

手抓肉　（县融媒体中心　提供）

麻　森　（县融媒体中心　提供）

城乡建设·环境保护

冲巴雍错 （县融媒体中心 提供）

住房和城乡建设

【概　况】 2021年，康马县住房和城乡建设局（简称“县住建局”）坚持“常规工作抓规范，重点工作求突破”的工作思路，以“高起点规划、高质量建设、高标准管理”的工作方式，以项目建设为抓手，全力保障建设领域各项事业快速发展。

【党建工作】 2021年，县住建局落实党建各项工作，与支部全体党员签订党建工作目标责任书及任务分解表，明确党建工作任务。召开集中学习会议12次、主题党日12次、支委会议12次、党员大会5次、专题组织生活会4次；开展党史学习教育活动20次、专题研讨8次，形成调研报告8次，召开党史专题组织生活会1次。

【项目建设】 2021年，县住建局实施县城供水维修改造、县城污水管网优化工程等项目，总投资1047.9万元；推进县公共服务停车场、县流浪狗收容站、县卫生服务中心院内附属、涅如堆乡万亩草业基地道路建设项目、县廉租房外墙改造12个项目的落地实施（总投资2118.51万元）；先后办理康马县县城道路提升改造工程、康马县供暖工程、康马县2021年县直周转房建设项目和2021年、2022年边境村镇重点项目等20个项目的前置手续。

【农村住房安全排查改造】 2021年，县住建局安排专业工作人员对全县8个乡1个镇开展住房安全大排查，危房鉴定467户（新建142户，改建325户），投入改造资金632.88万元；制定《康马县农村危房改造实施方案》和《康马县危房改造目标责任书》，为危房改造提供措施保障和整改完成目标。至年末，签订危房改造户377户，拨付资金520.46万元，拨付率82%。

【保障性住房均分清退】 2021年，全县有保障性周转房1380套，为进一步规范干部职工周转房的入住、使用和管理，6月，康马县临时成立领导小组，负责清理违规占用周转房工作的指导、监督、检查，并下发《关于在全县机关事业范围内开展调查清理违规占用周转房专项工作的通知》。至年末，清退违规占用周转房64人（套）。未清退人员提交县委、县人民政府研究后，印发《中共康马县委办公室 康马县人民政府办公室关于认真做好违规占用周转房清退工作的通知》，发至县直各单位、各乡（镇）。

【农牧民企业资质备案审核】 2021年，康马县共有农牧民三级企业资质企业103家。其中，建筑工程施工总承包企业资质等级三级24家，符合投标条件19家；市政公用工程施工总承包企业资质三级42家，符合投标条件32家；水利水电工程施工总承包企业资质三级37家，符合投标条件35家。县住建局落实《康马县关于农牧民施工企业承揽政府投资400万元以下项目“联审、联批、联验”管理实施意见（试行）》，按照农牧民企业资质相关规定做好相关企业登记备案工作。

【公积金管理】 2021年，按照市住建局住房资金管理中心相关工作要求，县住建局每月扣除的住房资金及时转入已办理的账号，并严格按照市住建局相关工作要求做好住房公积金提取、贷款等业务资料初审工作。全年收取干部职工住房公积金19310418元。

【建设领域及燃气安全检查】 2021年，县住建局联合消防、安监等部门对县液化气站和全县在建项目开展安全生产检查活动12次，查看燃气经营单位是否证件齐全，是否建立进、销台账并实名登记销售记录，是否规范燃气罐运送、储存，从业人员是否具备燃气经营安全及事故应急常识，是否配备消防设备，是否定期接受安全培训；到施工现场了解质量安全情况，对消防安全、临时用电、扬尘治理、员工宿舍等重点部位和重点环节进行检查，下发整改通知书16份。

【对接住建部帮扶工作】 2021

年，县住建局根据“受助方所需，帮扶方所能”的原则，突出住建部定点帮扶康马的战略支撑，坚持问题和目标导向，先后形成康马县城乡发展情况汇报视频和对口支援接待工作方案，并就住建部工作组一行3次实地调研做好协调对接，住建部捐赠资金、物资均严格按照住建部资金使用工作要求和相关程序进行发放。其中，100万元捐赠资金，4万元体育用品（100个5号篮球、3个移动篮板），11072.3元的图书，100万元捐赠资金提交至县人民政府后按照分配方案拨付到位（8个乡1个镇和达日村各10万元）；4万元体育用品均发放给县中学和小学；11072.3元的图书发放至康如乡中心小学。

城市管理和综合执法

【概　况】 2021年，康马县城市管理和综合执法局（简称“县城管局”）以“转变理念、创新工作”为出发点，坚持全面统筹协调工作，坚持依法行政、依法管理，进一步提高城市管理工作水平，以建设“美丽康马”为落脚点，组织开展辖区内县容县貌、环卫保洁、污水处理和公厕管理等各项工作。

【改善县容秩序】 2021年，县城管局组织党员开展不文明行为集中整治工作，共批评教育乱扔、乱丢垃圾50余起；抓捕流浪犬50余只，检查各类渣土运输车辆100余辆，对车辆抛、滴、漏等违法行为立案查处7件，罚款0.42万元；破坏县城街边路灯设施3件，罚款1500元；随地大小便17起，批评教育17人次，罚款600元；县城内乱放牲畜15起，罚款1350元；检查路灯设施，发现灯箱破损24个，灯泡损坏148只，承包第三方进行维修更换；查处未经批准违规占用地1起，超出面积75平方米，罚款2750元；要求餐饮店主定期进行吸油烟机清洗，更换老旧油烟净化装置4个；对流动摊点进行劝离使其搬到指定地点；要求所有洗车店设置沉淀池、不乱设广告牌，采用无磷配方的洗车清洁剂；针对县城乱挂横幅、乱贴广告牌的地方采取地毯式清理，共清理各类小广告50余次，摘取横幅100余次；对临街商户和单位签订“门前三包”责任书360份，向沿街商户宣传“门前三包”条例40余次；县城管局党员干部分别带领环卫工人进行现场管理和引导，用高压喷水设备冲洗路面油渍、污渍。投入资金0.73万元划线个人停车位185个，执法人员联合县公安局交警大队在县城区域内人行道路进行联合执法，采取流动执法、蹲点执法相结合的全天候巡查方式，疏导、劝离乱停乱放车辆150辆、非机动车60余辆。

2021年7月7—12日，县城管局采取“洒水降尘+高压冲洗+人工清扫捡拾”的环保作业模式，对县城主次干道、人行道、护栏等进行大扫除　（县城管局　提供）

【环境卫生管理】 2021年，县城管局投资1.7万元在县城民族团结广场停车场内实施“垃圾分类”试点工作，停车场内设垃圾分类投放点1个；组织开展垃圾收集车专项整治、隐藏垃圾清理专项整治等行动，围绕清洗、清扫、清运的环节，对整个县城区域环卫保洁做到全覆盖、无死角。更换垃圾箱16个，维修更换、安装果皮箱22个。处理生活垃圾1560吨，垃圾无害化处理率100%。处理建筑垃圾9000吨。

【防治路面污染】 2021年，县城管局制定《渣土行业管理规定》，加强路段巡查频次和抽查次数，严查车容不整、不按照审批路线行驶、擅自处置建筑垃圾等违法行为；不断加大"渣土车辆"管理力度，对"渣土车辆"运输途中抛、洒、滴、漏、车轮带泥等违法行为进行重点查处，查处建筑运输车辆25辆次，立案查处4起，罚款0.2万元。把施工围挡、洗车台建设、硬化场内及出入道路等防污措施作为开工许可的先决条件进行规范落实；对原有场地道路硬化、洗车台设置规范不达标的责令改进，推进工地的净化运输和文明施工。在容易造成道路污染的道路坡口、工地出入口加强巡逻检查，第一时间固定证据，对违法行为立案查处。全年累计巡查县城区域各工地20余次，下发整改通知书3份，整改污染源头1处，开展工地扬尘污染及工地出入口专项整治5次。

【"两违"整治】 2021年，县城管局开展违建清零行动2次，出动执法队员4人次、执法车辆2辆，拆除违法建设1处，超出面积75平方米，处罚资金2750元。对县城区域违规设置的户外广告和破损门面招牌开展集中整治，拆除广告牌1处，20平方米；修补门面招牌2户，8平方米；设计制作县城江洛路段的27个门面，170平方米，安装费合计13.64万元。

【城乡智慧垃圾一体化处理】 2021年，县城管局安排工作人员前往拉孜县学习智慧垃圾一体化处理工作模式，组织人员到8个乡1个镇实地考察，了解乡村生活垃圾处置现状；邀请设计单位结合康马县实际制作生活垃圾一化处理项目建议书；在县城民族团结广场停车场内实施"垃圾分类"试点工作，停车场内设垃圾分类投放点1个，投入资金1.7万元。

康马县弘康城市投资发展有限公司

【概　况】 2021年，康马县弘康城市投资发展有限公司（简称"县弘康城投公司"）聚焦新型城镇化建设、项目建设、建筑产业发展、优化营商环境等工作，突出中心，服务大局，认真谋划，周密安排，克服困难，较好地完成各项工作任务。

【康马县康鼎酒店】 康马县康鼎酒店是县弘康城投公司在2019年开始接手管理运营的一项业务。2021年，康鼎酒店发展成一家正规的一体化酒店。年内，收入1021168元，支出1045933元，处于亏损状态。为保证酒店业务，减少开支，12月，县弘康城投公司决定关停酒店内部的茶园及餐厅。

【水利相关项目】 2021年，县弘康城投公司联合县水利局接手管理康马县水利相关项目，县弘康城投公司担任康马县水利项目法人。年内，县弘康城投公司组织项目管理人员学习自治区水利厅印发的关于《西藏水利工程项目建设质量与安全监督工作流程》及相关项目管理的政策，累计组织学习4次；实施水利项目17个，其中防洪堤7个，水渠6个，饮水工程1个，线上招标水渠1处，水塘整治项目1处，水库维修项目1处，总投资3618.58万元。至年末，竣工15个，其中防洪堤7个，水渠6个，饮水工程1个，水塘整治工程1处，项目拨款完成90%。

【安代山农牧民采石专业合作社】 2021年6月，县弘康城投公司接手运行安代山农牧民采石专业合作社。年内，由于相关政策规定，关停矿点3处，只有1处矿点可开采。7月，为规范安代山农牧民采石专业合作社，县弘康城投公司恢复原有的采矿点，改善采石场内部环境，重新装修办公室及生活区，重建安代山农牧采石专业合作社卫生间、大门（年末处于停工状态）。

【扎西岗小区】 扎西岗小区是县弘康城投公司以企业自筹的方式建设的项目，主要建设内容为商品房。总投资23276653.96元，建设规模为8143.61平方米，工期为270天。至年末，一期工程即将结束，二期工程预计次年开工建设。

【日喀则市康马县石材精细加工场建设（飞地经济）】 2021年6月，日喀则市康马县石材精细加工场建设（飞地经济）办理前置相关手续。9月3日，公开中标。项目总投资3500万元，建筑面积9133.27平方米，工期360天。至年末，完成工程总量50%。

【砂　场】 县弘康城投公司管理康马县境内的达凯砂场、百墩砂场、梦泽一号砂场，其中，百墩砂场及达凯砂场自主管理；孟子一号砂场承包管理，承包费用75.14万元。

【房　租】 县弘康城投公司受康马县人民政府的指示，代收康马县境内政府房屋租金及县弘康城投公司承建房屋租金。2021年，房屋租金1371989元，其中，待售房屋租金525448元，公司承建房屋租金846541元。上缴财政局代收房租的70%，367814元。

自然资源管理

【概　况】 2021年，康马县自然资源局（简称“县自然资源局”）按照县委、县人民政府具体工作任务，收集汇总自然资源领域法律法规、应知应会业务知识、各级工作精神、年度工作安排、职责分工、任务清单等内容，制作工作“备忘录”，全局1人1册，明确年度各项工作任务及职责分工；根据耕地保护、自然资源确权、地质灾害防治等重点工作需要，与各乡（镇）签订年度自然资源工作目标责任书，确保层层有人管、有人监督。

【耕地保护】 2021年，康马年度土地变更调查数据显示，全县2016—2019年耕地数量均为7.4万亩，其中2019年开展第三次全国国土调查工作后全县耕地面积增加至10.14万亩；2017年永久基本农田调查数据显示康马县耕地保有量面积为6.01万亩，其中，旱地面积0.63万亩，水浇地面积5.38万亩。县自然资源局严格保护耕地，加强占补平衡管理，按照“占多少补多少”的原则完成占补平衡工作。“十三五”期间，全县境内历年土地执法检查（卫片）共有167宗违法用地，占用耕地351.35亩（包含5.92亩永久基本农田），至年末，全部完成“占补平衡”补充耕地，被占用的5.92亩永久基本农田属国道219建设项目，完成补划工作并通过省级验收。结合《自然资源部 农业农村部关于加强和改进永久基本农田保护工作的通

2021年8月13日，县农牧综合服务中心组织工作人员到5个乡（镇）21个行政村30个点对良种繁育基地、绿色高质高效创建、耕地地力保护与质量提升等工作进行县级验收　（县自然资源局　提供）

2021年5月19日，县自然资源局组织召开康马县国土空间规划编制推进会　（县自然资源局　提供）

知》，康马县投入本级财政资金60万元，组织邀请专业队伍开展永久基本补划调整工作，经排查，全县永久基本农田补划面积13905亩。至年末，完成外业举证和测量。

【国土空间规划】　2021年，县自然资源局争取县本级资金350万元，开展国土空间总体规划编制工作，至年末，完成研究审核双评价等十项专题报告及村庄分裂与布局方案、城市体检评估等工作，并完成初步方案。

【城乡建设用地增减挂钩】　2021年，县自然资源局落实城乡建设用地增减挂钩跨省调剂指标政策，争取批复指标378.16亩，调出资金11344.8万元，年内中央下达资金68069034元，扣除市级留存、技术咨询费等相关费用实际到位资金47895292元，2个拆旧复垦费项目共投资454.13万元。至年末，完成复垦的所有项目，总复垦面积378.16亩，并通过市自然资源局验收，其余4200万余元资金根据县域实际，用于基础设施、民生改善等25个助推乡村振兴项目。

【不动产确权登记】　2021年，县自然资源局根据调查统计，全县农村宅基地宗地数为3689宗，面积320.79万平方米，测区总面积7.3平方千米，结合2014年农村宅基地发证和新增房屋发证数据，全县农村宅基地发证率达100%。年内，完成农村宅基地“房地一体”确权登记修补测量及内业数据整理、信息录入等工作，并换发新证600宗，发证率16%；城镇住宅及企事业单位发证49宗，农村集体建设用地发证208宗，全县农村集体土地确权面积71.7平方千米，地块1874宗，发证率100%；县城城镇住宅及国有建设用地缴纳出让金84.68万元，产权登记费1.38万元；对需要确权登记的3座寺庙进行权籍调查、外业测量、信息录入、划定指界、公示公告等工作，并完成发证。

【农村乱占耕地专项整治】　2020年3月，县自然资源局启动农村乱占耕地建房问题专项整治工作，排查整治22宗，涉及耕地面积17.55亩，并通过农村乱占耕地建房数据汇交平台上报。年内拆除1宗，21宗属边境小康建设，组成年度农转用审批手续上报至自治区自然资源厅。至年末，无新增乱占耕地情况。

【自然资源执法监督及安全生产】　2021年，县自然资源局组织工作人员宣传自然资源法律法规知识，发放宣传资料500余份；开展自然资源违法行为动态巡查7次，现场制止并下达责令停止违法行为通知书5起；有第一季度卫星遥感监测土地违法图斑2个，经实地核查，1个图斑属占用耕地，年内拆除完成，1个图斑属临时用地（垃圾填埋处理点）；县城内发现超占面积3户，处罚42271元；219国道、涅如麦乡垃圾转运站等16个项目属未批先建，处罚13772484元；开展非煤矿山领域、地质灾害领域安全生产检查8次，重新界定辖区内采石采砂点，全年无安全生产事故。

【自然资源开发利用】 2021年，县自然资源局与自治区地勘局、西勘集团沟通，邀请专家并申请资金对萨马达孟则温泉进行实地勘察及地热资源调查评价，编制温泉生态园概念设计方案，为温泉开发、经济发展提供科技支撑。

【征地管理】 2021年，康马镇易地扶贫集中安置点蔬菜温室建设项目、县城绿化用地、涅如堆乡边境检查站建设项目牵涉征收农用地，共涉及面积28.43亩。年内，发放征收农用地区片综合地价补偿资金533273元。其中，安置补偿373291元，土地补偿159982元。全年受理村集体用地申请6个，办理建设项目用地预审45本、选址意见书28本、乡村规划许可证28本，总面积2839.61亩。其中，原址改建2326.48亩，新增用地513.13亩（设施农用地184.5285亩）。县自然资源局完成农转用审批手续后报自治区审批。

【地质灾害防治】 2021年，县自然资源局与自治区、市沟通对接，申报“十四五”地质灾害防治项目6个，计划投资1.3759亿元；申报日喀则市年楚河领域山水林田湖草沙冰生态修复治理工程规划及矿山修复治理工程项目11个，计划投资6.612亿元。

生态环境保护

【概　况】 2021年，日喀则市生态环境局康马县分局（简称“县生态环境分局”）以中央环保督察和生态文明建设示范创建为突破口和契机，结合年初县委、县人民政府有关任务分解，有序推进环境监测及执法、污染防治、生态环保考核及环保督察整改等各项工作目标任务，全年开展专题研讨8次、党史学习教育动员部署会1次、组织生活会3次。

【环保宣传】 2021年，县生态环境分局制发《康马县学习宣传贯彻执行〈西藏自治区国家生态文明高地建设条例〉工作方案》，先后组织开展生态环保宣传活动11次，出动宣传人员500余人，发放宣传资料2000余份，发放环保袋1000余份。在“为民办实事”活动中，开展环境宣传、培训3次，其中宣传2次，培训1次，参训人员30余人，发放宣传资料95份，环保袋210份。

【环评审批】 2021年，县生态环境分局执行相关环保法律法规，严把环境保护审批准入关口，及时排查调度全县建设项目有关环评手续办理情况。全年共办理环评备案登记项目22个，无符合正面清单及涉边政策要求建设项目。

【环境监管执法】 2021年，县生态环境分局开展生态环境保护监管执法83次，下发整改通知书11份，办理环境违法案件1件，罚款金额1000元。

【环境指标监测】 2021年，县生

2021年6月5日，县生态环境分局工作人员在县人民路组织相关部门开展世界环境日环保宣传活动　（县生态环境分局　提供）

2021年11月16日，县生态环境分局工作人员在康马县人民政府楼开展环境空气质量监测采样工作　（县生态环境分局　提供）

态环境分局对照《康马县2021年环境质量监测方案》，投入20万元开展相关监测工作；通过“康马县发布”微信公众号每季度公示县域环境质量状况4次，同时完成国家重点生态功能区县域生态环境质量考核四季度监测数据系统录入和监测报告上报工作。

【危废管理处置】　2021年，县生态环境分局严格医疗废物及其他危险废物的收集、暂存及转运处置，严格落实危废申报制度、定期开展监督检查，加强产废单位制度建设和危险废物转移联单制度执行、危险废物暂存等各方面的监管。全县产废单位12家，年内产生医疗废物3.1167吨，处置3.0967吨，暂存过期药品0.02吨，转运废机油1.67吨。

【环境卫生整治】　2021年，县生态环境分局制定《康马县开展迎接中国共产党成立100周年和西藏和平解放70周年环境大整治工作实施方案》，协调各乡（镇）、相关单位开展田林沟地环境卫生整治、建筑垃圾专项整治、城镇环境卫生治理工作和乡村驻地环境卫生整治系列工作，并按时向上级业务部门报送相关工作完成情况。

【新能源开发】　2021年4月2日，县人民政府与三峡集团西藏能源投资有限公司举行清洁能源开发合作签约仪式。明确以“基地化、规模化、集中连片”“多能互补”“源网荷储一体化”为发展方向，共同推进康马县清洁能源开发利用，加快资源优势向经济优势转化，推动清洁能源产业建设实现新跨越，力争2030年前在康马县累计完成投产风电、光伏装机超过200万千瓦。5月28日，三峡集团西藏能投日喀则分公司测风项目开工仪式在康马县涅如堆乡举行。

【环保督察】　2021年，县生态环境分局围绕第一轮中央环保督察反馈整改任务和生态环境重点监管部位进行全面排查和优化，

2021年3月29日，康马县与三峡集团相关人员签订项目协议
（县生态环境分局　提供）

进一步推动环保督察整改任务全面梳理，及时查漏补缺；通过现场核实、梳理，全县各级环保督察反馈问题均按时间节点完成整改，不存在未达到序时进度的问题。全年组织召开环保督察整改专题会议2次，县人大常委会听取生态环境状况和环保目标责任完成情况年度报告1次。

【生态文明建设示范创建】 2021年，县生态环境分局申报创建“自治区级生态文明建设示范乡（镇）”4个、“自治区级生态文明建设示范村”20个。

气　象

【概　况】 2021年，康马县按照“监测精密、预报精准、服务精细”的工作理念，利用一体化、预警信息等平台推进信息共享共用、互联互通，更好地服务全县经济社会发展。

【观测站网建设】 2021年11月上旬，康马县完成4个乡（镇）气象站的迁址、扩建和围栏安装工作；康马县值班人员和亚东帕里站值班人员同时负责康马县各站数据传输情况监控工作；亚东局装备保障组根据业务规范对康马县各气象观测站进行巡检、维护、标校，处理故障仪器。加强乡（镇）自动站管护人员的考核管理，要求其在微信群每周上传巡视自动站的视频或照片，有降雪天气时在群内上传图片或视频。每年安排管护人员平整各乡（镇）自动站观测场，并撒上草种。

【气象服务】 2021年，康马县气象信息服务工作由亚东县气象台负责，包括制作发布重大灾害天气预警预报和常规每日、每周、每旬天气预报，节假日专题天气预报，每年汛期前更新片区气象灾害预警信息，接收应急责任人并同步更新到西藏自治区突发事件预警信息发布系统和西藏县级公共气象服务平台。服务主要采用短信、微信、电话等形式。全年共开展旬预报35期、周预报52期、天气消息18期、气象服务专报5期、地质灾害气象预报1期、地质灾害气象风险预警5期、短时临近天气预报1期、大庆活动专报3期、交通专报1期、春运专报40期、节日预报10期、气候趋势预测3期、气象灾害预警信息2期（1期藏语和汉语预警）。

【汛期灾害性天气应急联动】 2021年，康马县气象台首次开展康马县短时临近天气预报服务，在康马县出现重大气象灾害及次生灾害时根据防御服务工作流程及时开展气象服务工作，加强天气监测，结合气象“叫应”服务工作机制，及时发布预警信息，向政府各相关部门、各乡（镇）、各行政村应急责任人、乡村气象信息员通报天气情况。

【第一次全国自然灾害综合风险普查】 2021年，康马县气象部门与县应急管理部门、县农业农村局等涉灾部门进行信息共享，针对康马县常见的暴雨洪涝、雪灾、雷电、干旱、低温、大风、冰雹7类气象灾害组织业务人员走村入户开展历年气象灾情收集，结合本地相关部门信息核实，进行数据再整理和提交工作。利用全国法制宣传日、世界气象日、全国防灾减灾宣传日等节点，通过悬挂横幅、发放宣传材料等形式，向社会公众、气象信息员宣传防灾减灾科普知识，提高社会各界防范和应对极端天气的能力。

【安全生产部门联合执法】 2021年，康马县城加强对气象信息服务、防雷施工及检测等行为的有效监管，定期与县应急管理局、县消防大队等部门联合开展易燃易爆场所安全生产监督执法检查。重点对人口密集场所、易燃易爆场所等是否安装防雷装置、是否按规定进行定期的防雷安全检测、取得正规的防雷装置验收合格报告、防雷安全管理制度上墙和安全生产整改情况等事项开展行政执法检查，检查情况形成书面报告后及时上报县安委会。

教育·体育

冲巴雍错 （县融媒体中心 提供）

教育

【概 况】 2021年，全县有县中学1所，在校生912人；乡（镇）中心小学9所，在校生1990人；幼儿园36所，入园儿童1052人；小学和中学入学率与在校生巩固率100%，学前三年毛入园率99.5%，普通高中（中职）招生率96%。有教职工387人，教育系统义务教育阶段各校教师比例达到国家标准。拨付学生“三包”经费1560.4845万元，3813名学生受益；拨付营养改善计划专项资金227.68万元，2885名学生受益；落实学生道路交通补助44.16万元。年内，康马县教育局（简称“县教育局”）落实第一责任人制度，履行“一岗双责”，把党建工作贯穿于学校教育教学、师德师风、德育工作、党风廉政中。共召开党委会10次，其中教育局党委撤销成立教育局党组后，共召开党组会5次，研究会议事项120条。

【教师队伍】 2021年，县教育局制定出台和实施《康马县中小学幼儿园名教师、名班主任、名校长评选方案（试行）》和《康马县中小学幼儿园学科带头人骨干教师教学能手评选方案（试行）》，要求各学校（园）在推进工作中不断总结经验教训；制定《康马县教师思想政治轮训方案》，分批次对全县教育系统所有教师进行思想政治轮训，提高教师思想政治素养。将“培养什么人、怎样培养人、为谁培养人”教育实践活动贯穿于师德师风建设、学生德育教育及学校常规教育教学的方方面面；出台《关于实施康马县中小学教师信息技术应用能力提升工程2.0的区域整校推进实施方案》，开展全县中小学幼儿园教师信息技术应用能力全员培训，参训率100%；组织广大教师参加国家、自治区、市各级各类培训，全年教师参加各级各培训801人次，33900学时。其中，国家级培训476人次，20536学时；自治区级152人次，9336学时；市级16人次，628学时；县级157人次，3400学时。全县人均培训88学时。

2022年12月27日下午，县教育局组织康马县教育系统管理干部研修班学员参观珠海市党员教育现场教学点 （县教育局 提供）

【教研教改】 2021年，县教育局贯彻落实国家统编“三科”教材，系统学习新课程教学理念，开展课程改革、教学研究、教师培训、教育科研四项工作，贯彻落实教学质量“一把手”负责制，到基层开展学校教学指导工作。教研室组织各学校教研组开展课堂教学研讨课、观摩课、公开课等活动；开展全县统一学业水平考试检测工作，召开教学质量分析会，查找存在问题和不足，制定整改方案，落实责任，补齐短板；先后组织校级、县级教师课堂教学技能竞赛，选派优胜者参加全市教师课堂教学技能竞赛；康马县参赛教师获一等奖2名、二等奖3名、三等奖1名，康马县教育局教研室获日喀则市2021年教师课堂教学技能竞赛“优秀组织奖”；申报课题2

篇，其中，“西藏农牧区小学教师信息技术应用能力培养实例研究”被2021年度日喀则市教育局教育科研课题批准立项。3月26日至4月1日，县教育局组织召开2021届九年级一模教学质量分析会；6月3—5日，县人民政府副县长索朗次仁到全县各学校调研指导工作；6月22日，康马县委副书记、县人民政府县长候选人祝涛到康马县中学检查指导2021年全区初中学业水平考试（实验操作）日喀则考区康马县考点各项工作；7月7日，康马县教育局组织各乡（镇）人民政府分管教育的领导、各学校负责人教育局班子成员及各科室主任召开全县教育工作座谈会；7月9—10日，县人民政府副县长索朗次仁带队，县教育局班子成员、各中小学校长、县中学功能房及社团负责人一行25人组成考察团赴萨迦县中学、桑珠孜区第一中学考察学习；7月11日下午，组织召开交流考察学习座谈会；7月21日，在康马县教育局一楼会议室召开关于康马县中学精细化管理及学校社团建设工作研讨会；9月30日上午，康马县教育局召开2020—2021学年“争先进位”教学质量分析会；30日下午，召开教育系统争先进位“八谈八论”教研论坛；12月11日，在康马县中学召开学校社团工作现场观摩会议。

【送教上门】 2021年，全县各学校安排专人进村入户对学生寒假作业完成情况进行不定时的抽查，并对疑难问题进行辅导与答疑解惑，引导学生养成良好的学习观与学习习惯。坚持“不让一个孩子掉队，一个都不能少”，精心安排，组织专人负责开展“送教上门”活动，发放由县教育局教研室专门编制的教材和“送教上门”记录本，贯彻执行因材施教，并对残疾儿童少年及其家庭疫情防控工作进行指导和督促，确保其健康平安。

2021年9月30日，县教育系统召开康马县2021年教学质量争先进位“八谈八论”教研论坛会 （县教育局 提供）

【控辍保学】 2021年，县教育局贯彻执行控辍保学“四书制”和“双线目标责任制”，全县学前适龄儿童三年入园率居全市前列；小学和初中适龄儿童少年入学率、在校生巩固率和毕业生升学率均持续保持100%。

【改善办学条件】 2021年，全县教育系统开复工项目24个，总投资10599万元。其中，国家投资的项目19个，总投资8179万元；援藏投资项目3个，总投资1720万元；城乡建设用地增减挂钩调出收入资金项目2个，投资700万元。投入乡村幼儿园安全饮水采购资金264万元，按计划陆续安装各幼儿园净水设备。年内，规划建设南尼乡曲夏村藏语和汉语幼儿园和嘎拉乡上琼贵村藏语和汉语幼儿园，项目实施后，全县学前幼儿园覆盖率达100%。以“校校用平台、班班用资源、人人用空间”为目标，推广西藏教育“珠峰旗云平台”资源。3月起对辖区内47所中小学幼儿园落实教育云网络接入任务。推进“214项目”和改薄项目，2月起陆续建设“214项目”和改薄项目，并于6月前完成建设，先后更新电子白板52台，受益学校8所；推进康马县中学标准化考场建设，5月实施并完成标准化考场的建设任务，6月初完成县级初验，并投入使用。

【毕业生减压活动】 2021年，县教育局结合学党史“我为群众办实事”活动，以分组的形式，到县中学初三年级各班级中，通过开展谈心谈话、传授减压方法、开展形式多样的趣味活动等形式为初三毕业生缓解紧张的学习和心理压力，引导学生以积极乐观的心态应考备考，轻装上阵。

【教学质量提升】 2021年，县教育局组织全县教育系统开展推进教学质量“争先进位”主题实践活动，适时进行成绩分析和经验交流，安排部署迎考备考工作；加大教学工作督查，抓住关键，努力做好“培优补困”工作，全力实现教学质量“争先进位”。在5月全市小学毕业班学业水平检测中，康马县在全市18个县区排名第二，全县9所小学均名列全市前30名。在其他省市西藏初中班招生考试中，全县有11名学生被录取到其他省市西藏初中班，8名学生录取到上海实验学校。

【教育督导】 2021年，县教育局创新教育督导方式方法，强化督导问题整改和问责；筹备康马县第二届责任督学换届各项前期准备工作。开学前后组织开展新学期综合、专项工作督导检查；国庆等重要节点开展校园安全大检查；做好县域教育均衡发展国家评估认定迎检准备工作，完成国家对西藏自治区义务教育均衡发展督导检查发现问题整改落实，开展巩固提高义务教育均衡发展成果暨学校实施素质教育督导评估工作；6月，组织部分责任督学开展“双减”及“五项管理”专项督导检查；更新全县0—15周岁数据库；将3—17周岁学生新冠肺炎疫苗接种工作及学校新冠肺炎疫情防控工作纳入督导范围；做好县域学前教育普及普惠督导评估前期准备工作；8月，做好高中阶段学生劝返复学工作，康马县2021年高中阶段学生报到完成率98.9%，全市各县区排名第一；11月10—23日，副县长索朗次仁带队完成各中小学学校量化评估摸底工作；年末，开展人民政府履职教育情况评估；督导统计领导干部定点联系相关工作情况。

【主题教育】 2021年，县教育局以庆祝中国共产党成立100周年、西藏和平解放70周年为主旋律，在重大节日期间，通过组织“童心向党，向国旗敬礼”、“国旗下讲话”、主题合唱比赛、演讲比赛、“从小学党史，永远跟党走”主题教育，进一步激发学生的爱国主义情怀。其中，3月28日，以“歌颂伟大新时代”为主旋律，各学校组织升国旗、唱国歌、主题演讲、红歌比赛、观看红色电影等活动；4月15日，开展“维护国家安全、你我共同守护”系列活动；5月8日，县教育局组织各学校举行“葵花朵朵向太阳 康马少年心向党”主题合唱大赛；5月10日，组织全县各学校开展“葵花朵朵向太阳，

2021年6月7日，县教育系统开展“传承中华经典，庆祝中国共产党成立百年”党史学习教育之“诵读中国”经典诵读大赛

（县教育局 提供）

康马少年心向党”主题合唱大赛和“学生资助·助我成长”感党恩励志教育主题演讲比赛活动。相关活动信息被推送到“学习强国”学习平台；5月，开展“从小学党史 永远跟党走”主题教育，11所学校和3900名学生参与；6月1日，以“红领巾心向党”为主题，开展庆祝“六一”国际儿童节活动；6月7日，在县中学阶梯教室开展“传承中华经典，庆祝中国共产党成立百年”党史学习教育之“诵读中国”经典诵读大赛；8月23—24日，组织各学校开展“恩从何来、恩向谁报、童心向党”开学第一课主题活动；10月10—17日，开展以“行动造就未来”和“更好生产、更好营养、更好生活”为主题的粮食宣传周活动，11所学校参与，参与师生4323人；10月中旬，开展节约用水宣传活动，11所学校参与，参与师生4315人；11月17日，开展中共十九届六中全会精神集中学习会，全县教育系统近400人参加。

2021年9月24日，康马举办2021年度农牧民子女考入大学奖励资金发放仪式　（县教育局　提供）

【学校安全稳定】　2021年，县教育局传达学习和贯彻落实各级党委、人民政府关于安全生产和维护稳定系列会议和文件精神；年初及各重要节点召开动员部署会和工作推进会，建立健全教育系统安全生产和维护稳定相关工作制度、工作方案、应急预案、工作台账等；进一步落实学校安全责任制，加强师生员工安全教育和应急演练。推进“平安校园”建设，建立健全智慧校园智能预警平台，进一步规范一键式紧急报警、视频监控、明厨亮灶工程等系统建设，推进校园安防系统与公安、教育信息化应用服务体系的有效融合。11月，经县人民政府常务会研究同意，以政府购买劳务派遣的形式，招聘安保人员8名，并将安保人员工资38.4万元列入财政预算；从重点生态功能转移支付资金中解决采购一键式紧急报警设备资金73万元，新增中小学、幼儿园、县教育局及县公安局点位62个，完善校园安全防范设施。11月，投入236.97万元建设全县36所村级幼儿园安保监控设施设备。全年召开动员部署会1次、工作推进会2次，进行安全隐患排查21次，开展安全工作指导5次。教育系统实现校园安全事故零发生、校园欺凌零发生。11月24日，在康马县萨马达乡中心小学召开校园安全工作现场观摩会议。

【教育经费】　2021年，县教育局落实学生“三包”经费预算指标1587.5万元，受益学生3785名，实际落实1560.4845万元，3813名学生受益；营养改善计划专项资金预算指标254.78万元，受益学生2846名，实际落实227.68万元，2885名学生受益。本级财政投入教育3039.95万元，占上一年财政收入的111%。

【教育扶贫】　2021年，经请示县人民政府研究审议通过，对康马籍农牧民子女应届高中毕业生考取大学奖励资金进行充实调整，充分考虑学生考取大学院校录取批次的不同、大学院校之间排名的高低和差距，对奖励资金进行

2021年8月10日，县教育局组织召开康马县教育系统2021年秋季开学疫情防控和安全稳定工作部署会　（县教育局　提供）

层次划分，并新增康马籍农牧民子女应届初（高）中毕业生考取中职院校奖励资金。县财政投入资金3039.95万元对全县240名（本科131人、大专109人）康马籍农牧民子女考入大学应届高中毕业生进行奖励；其中，“建档立卡”贫困户子女55人（本科34人、大专21人），发放奖励资金44.6万元；发放康马县2020—2021学年“建档立卡贫困户大学生”区内71人、区外74人补助72.3095万元；在一定程度上缓解全县“建档立卡贫困户大学生”就学压力。

【教育援藏】　2021年，黑龙江省牡丹江市援藏工作队投入援藏资金1720万元，实施康马县园丁苑二期建设项目（总投资840万元）、康马县南尼乡中心小学室外运动场建设项目（总投资590万元）和康马县南尼乡曲夏村双语幼儿园建设项目（总投资290万元）。11月中旬，由黑龙江省第七批援藏工作队康马工作组牵头，牡丹江师范学院教育科学学院与康马县中学举行合作开展学生心理健康教育工作线上启动仪式。

【新冠肺炎疫情防控】　2021年，县教育局贯彻落实各级新冠肺炎疫情防控办相关工作要求，召开疫情防控和安全稳定工作部署会，保障全县教育系统防控物资充足，落实校园新冠肺炎疫情防控常态化工作，做到思想上不放松、行动上与上级保持一致。全县教师和12—17周岁学生新冠疫苗接种率97%以上，3—11周岁学生新冠疫苗接种率97%。

体　育

【概　况】　2021年，康马县逐步加强体育基础设施建设，经常性组织开展全民健身系列活动，逐步加强体育基础设施建设，常年开展“全民健身系列活动”，扩大参与体育锻炼人群和人数，扩大广大干部职工、师生参与体育锻炼的覆盖面，着力改善全县人口的健康状况，促进全县体育事

2021年7月3—12日，县总工会、团县委、县民宗局联合举办康马县第七届“民族团结暨年河之源杯”足球赛　（县教育局　提供）

2021年7月20日，康马县教育系统举办“园丁杯”第七届男子足球比赛暨第五届女子篮球比赛　（县教育局　提供）

业不断发展。

【学校体育】　2021年，县教育局重视学校体育工作，设有体育教研组；将体育教师组织大课间、课外体育活动、运动会、学生体质健康测试纳入教学工作量；开足体育与健康课时，不挤占、挪用每周国家和自治区规定体育与健康课时；贯彻落实“两操两活动”和“阳光体育一小时”。定期组织综合性与专项性体育运动，各中小学按期举办田径运动会、冬季足球、篮球比赛及“五四”青年节体育竞赛、中小学生冬季爬山比赛。

【社会体育】　2021年，康马县举办“五四”干部职工运动会、“园丁杯”足球、篮球比赛、冬季足球比赛、康马籍大学生足球赛，筹备康马县首届农牧民运动会（因新冠肺炎疫情未如期举行）。

【第七届“民族团结暨年河之源杯”足球赛】　2021年7月3—12日，县总工会、团县委、县民宗局联合举办康马县第七届“民族团结暨年河之源杯”足球赛，全县11支代表队、200余人参赛。比赛共分为小组赛、半决赛和决赛3个阶段。县公安足球队获得冠军，创艺足球队获得亚军，少岗乡足球队获得季军。

【“园丁杯”第七届男子足球比赛暨第五届女子篮球比赛】　2021年7月20日，康马县教育系统“园丁杯”第七届男子足球比赛暨第五届女子篮球比赛开幕。赛时4天，6支男子足球队、6支女子篮球队参赛。

【体育基础设施】　2021年，康马县建有公共体育场、全民健身活动中心、文化广场等体育文化设施，7个乡（镇）建有多功能全民健身广场，9所乡（镇）中心小学建有风雨操场及塑胶运动场；各学校体育场（馆）于节假日和寒暑假时间，定时向本校学生、学区内学生、学校周边社区居民、农牧民群众和社会组织免费开放。

【中小学生体质健康监测】　2021年，康马县开展2020—2021学年中小学生体质健康监测，优秀学生17名、良好296名、及格2052名、不及格534名，优秀率0.58%、良好率10.21%、及格率70.78%、不及格率18.42%。

文 化

冲巴雍错 （县融媒体中心 提供）

文化综述

【概 况】 2021年，康马县文化和旅游局（简称“县文旅局”）以习近平新时代中国特色社会主义思想为指引，对照年初提出的工作目标、任务，履行工作职责，扎实推进公共文化服务创新发展，提升公共文化服务水平。

【公共文化服务】 2021年，县文旅落实全市文化工作电视电话会议精神，县艺术团筹备冬季物交会、“七一”晚会等文艺演出；落实9个乡（镇）文化站免费开放资金和49个（包含2个易地搬迁村）行政村村级文化活动经费；县综合文化活动中心、8个乡1个镇文化馆（站）、49个农家书屋、10家寺庙书屋全部免费对外开放，累计开放3000场次，累计服务群众1.56万人次。

【文艺创作及演出】 2021年3月24日，在日喀则市第二届“雅鲁藏布文学文艺奖”暨第五届群众性精神文明创建颁奖典礼上，康马县艺术团团长洛桑、小品《考驾照科目二》分别获个人成就奖、音舞戏曲影视类优秀作品一等奖。年内，县艺术团创作文艺作品舞蹈《心中的梦》《党旗下的誓言》《党的光辉》等8部作品，组织参加市主办的“珠峰儿女心向党”第二届相声小品大赛，作品《易地搬迁的专题访谈》获银奖；邀请岗巴县艺术团到康马县参加冬季物交会，并为农牧民群众表演歌舞。结合党史学习教育、巩固脱贫成果、“康马儿女心向党”和“五下乡”等主题进行文艺巡演65场，观看群众2.9万人次；村级文艺演出队演出245场次，观看群众4.5万人次。

2021年康马县“玛不错”遗址考古工作现场 （县文旅局 提供）

【文物保护】 2021年，县文旅局投入5万元完成乃宁曲德寺消防安全隐患整改；投入23.85万元完成乃宁寺文物保护单位网络监控系统维修。

【非物质文化遗产传承保护】 2021年，县文旅局完成康马县康诺玛尼石实业有限公司日喀则市第二批文化产业示范基地、康马县中学第二批西藏非物质文化遗产进校园示范基地的申报工作；协助西藏自治区文物保护研究所、中国科学院青藏高原研究所、北京大学联合考古发掘队完成“玛不错”遗址第二阶段考古工作，组织召开“玛不错”遗址考古工作座谈会。

【文化旅游市场监管】 2021年，县文化执法大队联合县公安局、县消防大队、县市场监管局对县域内娱乐场所、网咖、打字复印店、旅游景区等场所先后进行联合检查16次，出动执法人员86人次，办理娱乐经营许可证3次。利用综治宣传月、“5·19”中国旅游日、非遗宣传周等契机，开展系列宣传活动，发放宣传资料700余份。

藏语言文字 编译

【概 况】 2021年，康马县藏语

2021年9月29日，藏语委办工作人员在县城内开展规范社会用字使用情况检查 （县藏语委办 提供）

文工作委员会办公室（简称“县藏语委办”）坚持以习近平新时代中国特色社会主义思想为指导，深入学习贯彻落实中共十九大和十九届历次全会精神，贯彻落实中央第七次西藏工作座谈会精神，提升党员干部的理论素质能力和业务知识水平。全年进行集中学习34次、自学28次、专题研讨10次。

【翻译工作】 2021年，县藏语委办完成会议材料、日常公文、制度、公告、手册、责任清单、宣传标语、印章、主持词等各类用字的翻译工作，翻译字数19万字，审核各类文件翻译3万字。

【社会用字检查整改】 2021年，县藏语委办按照自治区、市、县三级对社会用字整改工作提出的要求，开展社会用字的检查整改工作6次，发现问题9个，并及时沟通协调、发送整改通知书，整改率100%。

【编写学习宣传手册】 2021年，县藏语委办充分发挥党的“喉舌”作用，配合相关部门了解掌握相关惠农政策和有关会议文件精神，新冠肺炎疫情防控宣传材料、党史学习教育等藏语和汉语编译与宣传教育工作，并在党政信息网和县强基微信平台上转发，及时为驻村干部和群众提供藏语和汉语服务。

【新词术语的搜集整理】 2021年，县藏语委办结合自身业务特点和广大翻译工作者的实际需求，开展新词术语的收集整理工作。搜集整理新词术语929个；利用“康马县发布”微信公众号开展宣传推广工作，发布新词术语公告12期。

【语言文字政策宣传】 2021年，县藏语委办以《中华人民共和国民族区域自治法中有关民族语言

2021年12月25日，藏语委办工作人员审核编辑藏语和汉语对照新词术语手册 （县藏语委办 提供）

2021年9月28日，县委书记扎西多布拉（左一）到少岗乡小学调研检查国家通用语言文字及藏语文社会用字规范使用情况

（县藏语委办　提供）

的规定》《关于规范使用社会用字的公告》《西藏自治区学习、使用和发展藏语文的规定（修正）》《中华人民共和国宪法》《国家民委关于做好少数民族语言文字管理工作的意见》《关于设立康马县藏文社会用字举报信箱电话的告示》《汉藏新词术语使用手册》《规范社会用字管理公告》为主要内容开展语言文字宣传工作，年均发放宣传单、手册507份。

【调研交流】　2021年9月27—28日，市藏语委办（局）党组副书记、局长次仁一行到康马县开展国家通用语言文字使用情况及藏语文社会用字检查调研工作，县藏语委办陪同。调研组到南尼爱国主义教育基地、南尼寺管会、藏扎寺管会、朗通庄园、朗巴幼儿园、少岗乡小学、康马镇、康马村服务大厅、朗达村、嘎拉乡和县藏语委办，实地查看国家通用语言文字学习使用情况及藏语文社会用字规范情况。

【帮扶慰问】　2021年，县藏语委办开展中央第七次西藏工作座谈会宣讲1次，习近平总书记在西藏考察期间讲话精神及庆祝中国共产党成立100周年大会上讲话精神宣讲1次，党的各项惠民政策讲解2次；到结对帮扶户家中开展帮扶慰问活动2次，发放慰问帮扶资金800余元，物资价值690元；开展为民办实事活动4件，发放慰问物资价值2430元，捐款700元。

新闻媒体

【概　况】　2021年，县委、县人民政府投入95.59万元建设康马县融媒体中心（简称“县融媒体中心”）；6月16日，县融媒体

2021年6月16日，康马县融媒体中心正式挂牌成立

（县融媒体中心　提供）

康马县融媒体中心演播室（县融媒体中心　提供）

中心正式挂牌成立。年内，县融媒体中心完成新闻宣传、节目生产、文艺创作、媒体融合、深化改革、技术保障、安全播出、干部驻村、维稳安保等各项工作，受到县委、县人民政府的充分肯定。

【新闻宣传】　2021年，县融媒体中心以重点宣传中共十九届六中全会精神、西藏自治区第十次党代会精神为契机，开设“主播小讲堂”栏目11期；在全年外送新闻中，“学习强国”学习平台采用61条，《人民日报》刊登11条，新华社刊登3条，中央广播电视总台刊播4条，《光明日报》采用2条，《经济日报》采用3条，《中国日报》采用1条，中新社采用1条，《法治日报》采用1条，中国西藏网采用10条，《西藏日报》刊登采用40条，西藏广播电视台采用3条，《日喀则日报》、日喀则广播电视台等市级媒体采用50余条，“康马县发布”“网信康马”微信公众号发布信息3897条，“康马县融媒体中心”抖音号发布598篇；利用康马县2021年度产业竞赛暨冬季物资交流会契机，邀请《人民日报》、《经济日报》、新华社、《西藏日报》、西藏广播电视台、日喀则广播电视台等主流媒体对活动进行宣传报道，并对物交会开幕式文艺演出在“日喀则广播电视台”“康马县融媒体中心”抖音平台进行同步网络直播，在线观看3.2万人。年内，康马县融媒体中心被市委宣传部授予“2021年度优秀新闻单位”荣誉称号，制作的短视频《接种新冠疫苗人人有责》获“西藏和平解放70周年好新闻新媒体类三等奖”。

【数字电影院】　2021年，康马红色庙宇数字影院放映各类电影380场次，观影1310人次，累计票务收入39079.97元。

【广播电视维护】　2021年，县融媒体中心每季度组织广播电视维修维护专业技术人员到全县9个乡（镇）47个行政村开展广播电视“户户通”设备免费维修维护135次，完成《康马县“户户通”第三方维修维护初验报告》；收取有线数字电视收视费40940元。

档案管理

【概　况】　2021年，康马县档案馆（简称“县档案馆”）以习近平新时代中国特色社会主义思想为指导，以庆祝中国共产党成立100周年为契机，以习近平总书记关于档案工作的重要批示精神为引领，全面落实“学党史、悟思想、办实事、开新局”的总体要求，紧紧围绕县委、县政府的工作部署，积极服务全区中心工作，服务人民群众，档案史志工作不断迈上新台阶。

【档案收集整理】　2021年初，县档案馆在全面掌握档案资源总量的基础上，对县委办、县委机要局2020年的档案进行收集、整理、分类并接收进馆720件（碟），其中永久328件，电子档案1碟；现场指导县脱贫攻坚办、“八乡一镇”分类归档2016—2020年间的档案。其中，“八乡一镇”文书档案4397件（永久2651件，长期1462件，短期284件），一户一档638件；现场指导县疫情防控办归档2020—2021年间文书档案1596件，其中，永久514件，长期233件，短期849件；现场指导党史办分类归档2021—2022年间文书档案243件，其中，永久42件，长期42件，短期159件。

【档案查阅利用服务】 至2021年12月7日，县档案馆累计提供档案利用280卷次，112人次，按规定提供复印档案文件1030页。

【档案安全管理】 2021年，县档案馆建立健全档案的收集、保管、整理编目、保密、利用、统计、安全保卫等工作制度并严格执行。全年开展档案安全检查9次，档案库房内无鼠、无虫、无霉、无积尘、无火灾、无水浸、无失窃。对馆藏档案资料整理，卷宗区分清楚、档号编制规范、资料分类科学。

【档案法治宣传】 2021年，县档案馆以“3·15”国际消费者权益日、安全生产宣传月、“6·9”国际档案日等为契机，结合实际，向广大群众、学生、干部职工宣传（藏语和汉语版）《中华人民共和国档案法实施办法》《档案知识手册》及《档案——我们共同的记忆》等宣传单共310份。

史志工作

【概　况】 2021年，康马县地方志编纂委员会办公室（简称“县方志办”）始终坚持《地方志书质量规定》《地方综合年鉴编纂出版规定》有关要求，贯彻落实地方志质量评议、审查验收制度，强化质量管理、质量监督，严格按照观点正确、体例严谨、内容全面、特色鲜明、记述准确、资料翔实、表达通顺、文风端正、印制规范的总体要求开展志鉴编纂工作。

【县志编纂出版】 2021年，县方志办完成《康马县志（2001—2010）》初审、复审及终审，并根据《江孜县志（2001—2010）》验收会要求完成修改，待提交验收。

【地方综合年鉴编纂出版】 2021年，县方志办将《康马年鉴（2020）》提交市地方志办公室审核验收；《康马年鉴（2021）》县方志办完成初审，并根据反馈意见完成修改，待提交市地方志办公室审核验收；《康马年鉴（2022）》初稿撰写完成，待提交县方志办初审。

【“两志”工作】 2021年11月9日，康马县启动《康马县扶贫志》《康马县全面小康志》（简称“两志”）编纂工作，成立“两志”编纂工作领导小组，明确“两志”编纂工作人员名单，并对“两志”大纲目录进行细化，拟订任务分工。

【地方志资源开发利用】 2021年，县方志办拓宽服务渠道，增强服务功能。全年累计提供图书借阅、信息咨询等8次。

卫生健康

冲巴雍错　（县融媒体中心　提供）

综　述

【概　况】 2021年，康马县卫生健康委员会（简称“县卫健委”）在县委、县政府的正确领导和上级部门的大力指导下，深入贯彻落实习近平新时代中国特色社会主义思想，贯彻落实中共十九届历次全会和中央第七次西藏工作座谈会精神，贯彻落实新时代党的治藏方略和习近平总书记关于西藏工作的重要论述，聚焦巩固脱贫攻坚成果同乡村振兴有效衔接、对标“四件大事”、疫情防控、民生保障、庆祝中国共产党成立100周年等重点工作，不断加强领导，聚焦自身职能职责，突出党建促发展，有力有序推动各项工作。

【卫生健康基建项目】 2021年，康马县实施卫生健康基建项目3个，分别为涅如堆、萨马达、涅如麦乡卫生院建设项目；通过援藏渠道分别投入资金480万元、470万元实施涅如堆、萨马达乡卫生院建设；本级政府投入460万元实施涅如麦乡卫生院建设，至年末，完成总项目的90%。

【卫生健康采购项目】 2021年，县卫健委投入资金322.56万元配备8个乡（镇）卫生院监护转运型负压救护车及车载设备，缓解基层卫生院“交通工具”滞后问题。

【人才队伍建设】 2021年，县卫健委投入资金300万元，建设县级综合医院乡、村两级医疗机构远程医学教育网络，实施“互联网+医疗健康”（健康云）项目，强化乡村医生基础知识、技能、掌握新知识、新技术，满足农村日益增长的基本医疗、预防、保健需要；对村医每月开展全面系统的培训（新冠肺炎疫情防控知识、妇幼、计生、传染病防治）1次；县级医院对常态化新冠肺炎疫情防控工作定期或不定期举办培训，提升医护人员的应急处置能力；县疾控中心对县、乡医护人员举办新冠流调及

2021年6月9日，康马县举行乡（镇）卫生院监护转运型急救车暨车载医疗设备配发仪式　（县卫健委　提供）

2021年中共康马县卫生服务中心支部委员会开展“我为群众办一件实事”实践活动　（县卫健委　提供）

核酸采样培训135人、核酸采样培训35人。

【基本公共卫生服务】 2021年，县卫健委为在编僧尼54人及农牧民体检20455人，体检率分别为100%、98.56%。累计投入280万元实施康马县包虫病防治示范县建设工作三年行动（2021—2022年）健康教育工作暨包虫病监测项目；邀请黑龙江省眼科医院，对全县疑似白内障患者82名进行筛查，确诊58名，救治58名，救治率100%；开展0—18岁先天性心脏病儿童筛查2295名，确诊8名，筛查救治100%；住建部到康马县开展脊柱侧弯、四肢畸形义诊活动，共筛查145人，留档患者123人，需要手术治疗75人。

【医疗援藏】 2021年5月19日，进行三级医院对口帮扶工作的哈尔滨医科大学附属第一医院5名专家到岗，10月25日返回黑龙江。其间，援藏专家开展集中授课9次，受益医务人员210人次，主要对新冠肺炎疫情防控知识、CT（计算机X线断层扫描）机的操作诊断、急诊的要点难点、应急医疗设备等知识进行讲解。援藏专家在岗期间，诊治患者940人次，收治住院30余人次，其中CT诊断100余人次。8月10—11日，按照黑龙江省新冠疫情防控指导小分队提出的意见和建议及县卫健委的相关要求，派出1名医务人员到各乡（镇）卫生院、嘎拉乡边境派出所开展个人防护专题培训。根据日喀则市疫情防控联防联控领导小组的安排，抽调4批次7名医护人员参与为期8个月的日喀则市集中救治基地防控任务；接受上级行政部门新冠肺炎疫情防控相关检查21次。

医疗管理与服务

【概　况】 2021年，康马县卫生服务中心有干部职工62人。其中，正式在编干部49人，援藏干部1人，公益性岗位5人，合同工7人；中级职称11人，初级职称19人，助理及员级职称20人。设内科、外科、妇产科、儿科、口腔科、藏医科、传染科、药剂科、放射科、检验科、B超室、心电图科、护理部、手麻科、收费室、供应室、财务室，有床位37张。主要医疗设备有CT机1台、DR（数字化成像技术）摄影机1台、普通B超机3台、彩超2台、便携式B超2台、心电图机3台、综合手术床2张、光度比色机1台、离心机1台、血尿分析机2台、生化全自动分析机2台、生化半自动分析仪1台、综合牙科床1张、眼科裂隙显微镜1台，能独立开展，肝棘球蚴囊肿内囊摘除术、肠梗阻松解术、阑尾切除术、疝气修补术、鞘膜积液翻转术、骨折的外固定术等中、小型手术，检验科能独立开展“三大常规”、肝功、两对半、生化、血脂、血糖等检测。

【基本药物管理】 2021年，县卫生服务中心按照上级卫生行政部门的要求，药品挂网采购率100%；按照要求对危化品、精麻药和易制毒药品进行严格管控，严格登记，确保此类药品从进入以后到使用、销售、销毁都有章可循。

【医疗废弃物、辐射管理】 2021年，县卫生服务中心邀请第三方专业机构对污水处理站排放的水质进行检测4次，均达到国家排放标准；落实医疗废物转运相关工作，完成废转运49次，未出现医疗废物遗失、被盗、散落等现象；为影像科工作人员配备个人辐射剂量仪，完成季度监测4次，未发现剂量超标现象；邀请第三方对CT室进行环境、设备辐射安全技术检查，各项指标均正常。

【诊疗业务】 2021年，县卫生服务中心接诊门诊患者7022人次。其中，藏医接诊2786人次，急诊508人次，住院101人次，住院分娩63人次，彩超检查289人次，放射检查799人次，检验实验室检查1423人次，心电图检查49人次，藏医理疗1004人次。

【藏医服务】 2021年，县卫生服务中心在西藏药治疗多血症、痛风、脉管炎、高脂血症等疾病上，开展门诊治疗，疗效观摩，收集病例，资料统计工作，做好选题、立项工作，力争在常见疑难病上有所作为。全年藏医科共诊治患者2737人次。其中，门诊2500人次，住院2人次，外治治疗235人次。

妇幼保健

【概　况】 2021年，县卫生服务中心继续以规范《国家基本公共卫生服务项目的孕产妇保健管理》为工作主线，开展妇幼保健服务工作及高危孕产妇管理。

【孕妇分娩】 2021年，县卫生服务中心实施“降消”项目，控制“两死亡率”，全县产妇139人、活产139人，住院分娩139人，住院分娩率100%，无孕产妇死亡情况；5岁以下儿童死亡5人；落实农牧民孕产妇住院分娩补助政策，184名孕产妇兑现补助金20.74万元。

【计划生育】 2021年，县卫生服务中心发放优生优育、避孕节育、生殖保健等宣传资料、避孕药具。年内受理计划生育户救助398人（“一孩、双女”320人，特扶78人），两项扶助78.7万元（“一孩、双女”兑现38.02万元，特扶兑现40.68万元）；办理生育证31本，出生医学证45张。

疾病预防

【概　况】 2021年，县卫生服务中学习党的十九届六中全会精神及自治区第十次党代会、市“两会”精神，坚持党建引领继续落实疾病预防控制管理工作。

【计划免疫】 2021年，全县计划免疫应种7675人次，实种7675人次，接种率100%；新生儿24小时内乙肝疫苗首针接种率100%。

【结核病防治】 2021年，康马县发现结核病患者15例，初治涂阴10例、涂阳5例。

【慢性病管理】 2021年，县疾控中心采取“县包乡、乡包村、村包户包人”方式，医卫人员与患者之间签订签约服务制，发挥家庭医生主动上门服务和“健康守门人”作用，年内，以高血压为主的患者定期开展随访并建立档案580份。

【精神病管控】 2021年，县疾控中心联合各乡（镇）卫生院对县辖37名确诊精神病患者进行随访跟踪动态管理。

【重点疾病监测与预防】 2021年，县疾控中心对公共场所、学校、医院、水源等监督覆盖率100%；先后派监督人员30人次、出动车辆10台次，对全县11所公共场所（宾馆、澡堂等）进行检查，签订告知承诺制，签订率100%；县人民政府与各乡（镇）政府签订鼠疫防控目标责任书9份，签订率100%。

新冠肺炎疫情防控

【概　况】 2021年，康马县落实“早预防、早发现、早报告、早隔离、早救治”五早措施；抓好春节、清明节、劳动节、国庆节等节日疫情人员流动管控工作，减少交通站场人员聚集，加强旅途疫情防控和应急处置，做好一线客运服务人员检测接种工作；按照“谁组织、谁负责”“谁承办、谁负责”的原则，明确疫情防控责任；把好进货关，严禁销售无进口货物检验检疫证明、业经消毒证明、合法追溯信息证明、核酸检测阴性报告和相关手续不完备的进口冷链食品；保障疫情防控和应急处置的经费支持和物资供应，保障疫情防控需要。

【核酸检测】 2021年，县疾控中心核酸实验室进行核酸检测5130人次，单采单日最大检测能力552人份，五联混采单日最大检测能力2760人份，十联混采单日最大检测能力5520人份。年内，在县人民政府的支持下，县疾控中心配备核酸快速检测仪，核酸检测时间大幅缩短，单日最大检测提升到630人份，五联混采单

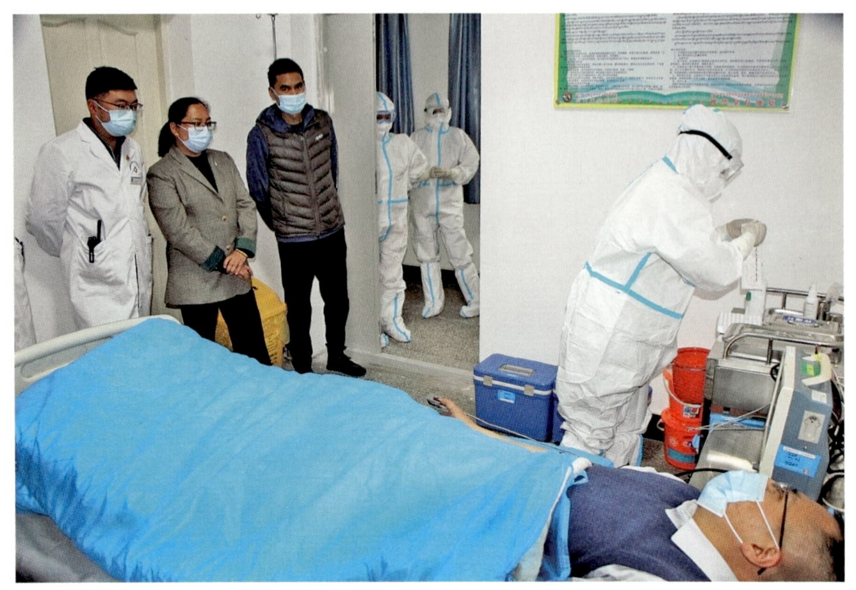

2021年7月27日，县卫生服务中心开展疫情防控应急演练　（县卫生服务中心　提供）

日最大检测提升到2838人份，十联混采单日最大检测提升到5598人份。

【疫苗接种】　2021年，县疾控中心新冠费用疫苗第一剂次接种19033针，第二剂次接种17705针，第三剂次接种5175针。

【设置诊室】　2021年，县疾控中心科学设置预检分诊室、发热门诊室。对来院患者进行体温测量、身份信息登记、“健康码”、“行程码”、“场所码”查询。在发热门诊科学设置“三区两通道”，标准设置清洁区、半污染区、污染区及通道、医护通道、医废通道，隔离观察病房2间，并在院内划分出发热患者专用通道，防止发热患者与普通患者交叉，发热门诊每天在预检分诊室安排2班4名医务人员坐班（每班各2名），确保发热患者得到及时救治。

【联防联控】　2021年，县疾控中心开展全院多科室联合应急演练10次，开展新冠肺炎相关知识及院感防控培训17次，全院全员考核5次，到山口、卡点对执勤人员开展个人防护及防控知识专题现场培训5轮；7月12—13日，按照日喀则市疫情防控办下发的《关于转发〈关于各地区医务人员闭环管理自查情况的通报〉的通知》文件精神，到9个乡（镇）卫生院进行医务人员闭环管理指导检查，派出医务人员3人次，针对“健康监测”“14天隔离管理”“清洁消毒”“废物处置”“人员防护”等内容进行督导，重点对“值班值守情况”“首诊负责制”“预检分诊和发热门诊工作情况”“医务人员培训演练情况”“日常环境通风和物表消毒情况”等进行现场指导。

社会生活

冲巴雍错 （县融媒体中心 提供）

民　政

【概　况】　2021年，康马县民政局（简称“县民政局”）在县委、县人民政府的领导下，围绕“民政爱民、民政为民”的工作理念，紧扣目标任务，较好地完成各项目标任务。

【民生保障】　将持续支出型困难户及在建档立卡中患有重病、重残、无劳动能力的人员全部纳入城乡最低生活保障范围。年内，城镇居民最低生活保障标准由2020年的847元每人每月提高到910元每人每月，农村居民最低生活保障标准从2020年的4713元每人每年提高到5060元每人每年；低保复核清退渐退农村低保18户49人，新增因“老、弱、病、残”持续性支出导致基本生活存在困难16户50人。至年末，全县有农村最低生活保障对象74户146人（建档立卡36户85人），城镇最低生活保障对象6户6人。按照农村低保按季度发放、城镇低保按月发放的要求，足额发放农村低保资金25.07万元，城镇低保资金3.88万元。乡（镇）临时救助审批权限从3000元/年提高到1万元/年，落实临时救助金94.85万元，受益112户413人次（建档立卡户临时救助金14.6万元，惠及14户53人）；开通“12349”社会救助服务热线，落实“逢救助，必核对”工作要求，准确掌握申请对象户籍、机动车、就业、保险、住房、存款、证券、个体工商户、纳税、不动产登记、公积金等方面信息，为精准识别社会救助对象提供依据。

【社会福利】　2021年，县民政局跟踪调研和督促落实各项目常帮扶，履行监护职责，因人精准施策。全县19名孤儿实现在市儿童福利一、二院集中收养，3名孤儿实现家庭寄养，6名事实无人抚养儿童发放各类生活补助资金8.98万元；成立康马县未成年人保护工作领导小组，按照各成员单位职责，制定工作清单，并于12月30日召开会议听取各单位工作开展情况。先后组织特困老人到朗通庄园、拉萨市开展爱国主义教育及西藏发展变化参观活动，丰富特困老人日常生活，让特困老人感受到党和政府的关心关怀；发放生活保障金27.64万元。完成南尼乡南尼村、楚嘎村，嘎拉乡嘎拉奴村农村幸福院项目招投标工作，总投资900万元；与自治区民政厅对接并成功申请到特困中心改扩建项目。投资6.3万元为133名残疾人采购辅助器具，为932名发放残疾人“两项补贴”221.29万元，为2名残疾人发放创业扶持资金4万元；与市残联对接争取残疾人无障碍改造提升项目，争取到无障碍改造提升名额35户，改造资金12.25万元；通过入户方式为行动不便的46名残疾人提供上门评残服务。“三大节日”期间，向88名特困人员、孤儿、残疾人困难

2021年10月14日，县民政局组织特困供养人员赴拉萨开展“我为群众办实事”之爱国主义教育及西藏发展变化参观活动

（县民政局　提供）

户、低保边缘户送去慰问品和慰问金，价值7.29万元。

10月14日，县民政局组织特困供养人员赴拉萨开展爱国主义教育及西藏发展变化参观活动

【婚姻登记】 2021年，县民政局采购集身份证读卡、人脸采集比对、指纹采集比对、电子档案拍摄、电子签名等功能于一体的智能化设备，实现婚姻登记“人证合一”。全年办理结婚登记186对，正式办理离婚登记25对；补发结婚证18对，补发离婚证4对。

【“我为群众办实事”】 2021年，县民政局围绕弘扬敬老爱老的传统美德、关心关爱下一代学习健康，残疾儿童康复，聚焦特困老人急难愁盼问题开展“我为群众办实事”项目17项，惠及群众1684人。

人力资源和社会保障

【概　况】 2021年，康马县人力资源和社会保障局（简称“县人社局”）在县委、县人民政府的有力领导和自治区、市人社部门的精心指导下，对标“四件大事”，聚焦自身职能职责，统筹推进法治人社、服务人社、活力人社、阳光人社“四个人社”建设，年内全面开展社保基金管理风险排查整改、社保问题数据高质量整改、社保卡制作发卡上门服务办理，以及上门办理机关（企）事业退休人员领取养老金待遇“老来网”App网上资格认证工作，为社会保障规范化运行提供支撑。

【农牧民转移就业】 2021年，县人社局调整充实县、乡两级推进农牧民转移就业工作专项领导小组，形成县、乡两级主要领导主抓、分管领导专职抓的工作机制；研究制定2021年康马县农牧民转移就业工作实施方案，适时召开农牧民转移就业工作部署会、调度会和推进会；统计全县可转移劳动力人员信息；调整优化村（居）劳务经纪人队伍，把村（居）致富能手、群众认可度高的农牧民群众确定为村居劳务经纪人；到辖区用人单位、企业和项目点挖掘适合农村劳动力转移就业的工作岗位，按照农牧民自身意愿，做好就业岗位对接工作；各项目单位发挥部门职能作用，强化政策落地，落实400万元以下政府投资项目，“以工代赈”项目交由有资质的农牧民施工企业承建，确保施工企业中农牧民工占比80%以上，落实各类政府投资项目总体吸纳本地农牧民用工占比达45%的政策规定；创新“保姆式”“组团式”劳务输出模式，引导和促进农村劳动力有序转移就业；紧盯各乡（镇）农牧民转移就业实名制录入工作，切实保证“转移一人、录入一人”。至年末，全县城镇新增就业520人，目标完成率104%，城镇登记失业率控制在1%以内；开发就业岗位1695个，目标完成率260.77%；农牧民转移就业7806人，完成年度目标的104.08%，劳务收入9180.68万元，完成年

2021年7月9日，康马县民政局联合县卫生服务中心开展“我为群众办实事”上门评残服务活动　（县民政局　提供）

度目标的102.01%；组织化转移就业7667人次，完成年度目标的170.38%；其他省市转移就业94人，完成年度目标的235%；完成农牧民技能培训1456人，完成目标任务的132.36%，其中，“以工代训”技能培训365人，“订单定岗”147人，占总培训人数的35.16%（上级指标为占培训总人数的35%以上）；挖掘机、装载机操作和厨师培训人数控制在8%以内（上级指标为控制在20%以内）。

2021年4月18日，自治区人社厅到康马县开展保障农民工工资支付专项考核工作　（县人社局　提供）

【高校毕业生就业创业】 2021年，康马县应届高校毕业生242人，为提高高校毕业生就业率，县人社局与各乡（镇）、各驻村工作队、县公安局户籍科等单位对接，全面核实摸清应届毕业生基本信息；组织各乡（镇）、村“两委”开展高校毕业生“五进一送”政策宣讲活动，开展高校毕业生就业创业“4321”结对帮扶工作；建立康马县2021年高校生就业创业信息推荐群，推送就业政策，推荐就业岗位；开展线上招聘活动，做到用人单位岗位需求和毕业生就业意愿精准对接；充分挖掘典型，利用微信公众号、电视媒体等信息平台进行宣传报道；落实青年见习补贴、创业启动资金和水电费补贴等各类就业创业政策。至年末，就业241人，就业率99.59%。

【根治拖欠农民工工资】 2021年，县人社局在全县范围内开展学党史、解“薪”忧专项行动，组织业务骨干，采用边执法边宣传的方式，到全县所有建设项目施工点，发放宣传资料1000余份，帮助用人单位学法懂法、守法用法；落实自治区13项民生实事工作要求，利用线上全国根治欠薪线索反映平台及线下主动受理和办结农民工欠薪问题线索；深入实施欠薪清零专项行动，加大对违反劳动保障法律法规行为的督办查处力度，到8个乡1个镇所有项目施工现场开展农民工工资清欠问题风险隐患排查，并就项目施工现场是否落实《保障农民工工资支付条例》和“十个必须”温馨提示开展调查；要求用工单位依法与农民工签订劳动合同，按时发放工资，缴纳农民工工资保证金和工伤保险等，提出并落实未缴纳工伤保险和民工工资保证金的企业不能承揽康马县人民政府投资400万元以下项目。至年末，全县实现欠薪“三个零”。

医疗保障

【概　况】 2021年，康马县医疗保障局（简称“县医保局”）坚持以确保基金安全为前提，以保障参保人员切身利益为重点，以控制医疗费用不合理增长和加强定点医疗机构监管为核心，履行服务、管理、监管、宣传职能，不断创新管理机制和提升服务能力，完成医疗保障服务信息平台建设，着力推动各项医保工作的全面、协调、快速发展。

【城乡居民基本医疗保险】 2021年，康马县城乡居民参保人参保20412人，参保率98%，建档立卡贫困人口参保率100%；城乡居民医疗待遇报销2105人次，报销金额598.94万元。其中建档立卡459人次，报销金额119.83万元。

【城镇职工基本医疗保险】 2021年，康马县城镇职工医疗保险参保1765人，审核医疗费用待遇人数56人次，落实医疗费用金额102.02万元；职工生育保险参保1535人，生育报销86人次，报销资金143.62万元（生育医疗包干52.9万元、护理津贴43.61万元、生育津贴39.41万元、一次性营养费7.7万元）。

【医疗救助】 2021年，康马县实行医疗救助462人次，救助金71.72万元。其中，建档立卡贫困户救助277人次，救助金额20.58万元。

【大病医保】 2021年，康马县大病患者申报大病保险人数79人，申报资金93.23万元。

【医保信息建设】 2021年，县医保局瞄准医保信息化建设短板，推行城乡居民住院“一站式”结算，加快推进乡（镇）卫生院医保联网系统结算，打通城乡居民参保群众医保结算“最后一公里”。县城乡居民在自治区看病，全面实现医保系统直接结算，方便参保群众就近就医。

【医保基金监管】 2021年，县医保局与各定点医疗机构、零售药店签订2021年医保服务协议。结合2021年打击欺诈骗取医疗保险基金专项行动方案，加大对医疗机构的监督管理，到定点医疗机构及零售药店开展专项检查11次，发现问题15件，下发责令整改通15件。至年末，整改13件。

2021年2月3日，县医保局对县内定点医疗机构及零售药店整体服务和收费标准规范情况进行检查　（县医保局　提供）

民族宗教事务

【概　况】 2021年，康马县民族宗教事务局（简称“县民宗局”）贯彻落实习近平总书记关于民族宗教工作的重要论述，以铸牢中华民族共同体意识为主线。全年通过云视频定期、不定期到乡（镇）、各寺庙进行督导检查驻寺机构落实维护责任情况30余次。

【民族团结创建】 2021年，县民宗局以铸牢中华民族共同体意识为主线，以“中华民族一家亲、同心共筑中国梦”为主题，民族团结进步“九进”为载体开展民族团结进步创建工作。召开2021年民族团结进步创建工作推进会，邀请县“三官”队伍到南尼村、楚嘎村、少岗村、康马村开展以“铸牢中华民族共同体意识，推动民族团结进步创建”为主题的民族政策法规宣讲活动，受益群众150人；以县委理论学习中心组、人民政府党组理论学习及各支部集中为契机，组织学习习近平关于民族工作的重要论述，特别是中央民族工作会议精神和《西藏自治区民族团结进步模范区创建工作条例》等理论知识；“三大节日”前夕，对全县通婚家庭、在县城就地过年的其他省市经商户进行慰问，发放慰问金2万元；先后制作《西

2021年8月30日，康马县召开民族团结进步创建工作推进会
（县民宗局　提供）

藏自治县民族团结进步模范县创建条例》《宗教事务条例》宣传册、宣传袋子2000个，宣传纸杯2万只，宣传帽300顶，宣传背心30件，结合实际发放给各乡（镇）、单位、学校、寺庙；以“六一”国际儿童节为契机，联合康马镇中心小学开展以“中华民族一家亲、同心共筑中国梦”为主题的民族团结进学校活动；在庆祝中国共产党成立100周年、西藏和平解放70周年和日喀则市第五个民族团结进步日期间，组织全县各乡（镇）、各单位开展“民族团结进步——从我做起”、升国旗、签名活动、民族法规政策宣传、寺庙僧人书法比赛等系列活动；开展民族团结沙龙文艺作品征集活动，向上级部门推送书法、摄影作品8件，民族团结典型故事2个；在乃宁曲德寺爱国主义教育基地的基础上，统筹民族团结创建，建立爱国教育、新旧西藏对比打造民族团结展厅1个，并对外开放；创建县级民族团结进步模范集体10个，推送市级9个、自治区级3个。

【宗教事务管理】　2021年，县民宗局落实自治区“五个意见”精神，与县委统战部联合到各寺督导检查各驻寺机构学习宣传贯彻落实党的宗教政策，排查违禁宗教出版物品等情况，维护宗教正常秩序；健全完善7座寺庙僧尼综合考核评价机制、“寺规僧约”等寺庙民主管理机制；严格审批宗教活动程序；组织召开康马县常态化推进“遵行四条标准、争做先进僧尼”主题教育实践活动动员部署会，全面部署教育实践活动的重点任务、主要举措、目标成效等工作；协调县住建部门对7座寺庙僧舍、拉康等场所进行危房隐患排查1次，批准对3座有安全隐患的僧舍进行修缮；严格执行寺庙僧人外出学经、请销假、财税监管等日常管理制度，全年未发生僧人托管漏管现象；稳妥推进乃宁曲德寺等3座寺庙财税监管工作，并取得阶段性成效。

【党建宣传】　2021年，县民宗局按照县党史办统一部署，支部负责人多次到驻村点、各寺庙、各乡（镇）进行调研，开展“我为群众办实事”活动16次、专题研讨9次、集中学习27次；落实“三会一课”“主题党日”“三重一大”等制度，坚持党员“三包”常态化；加强党风廉政建设，通过学习典型、谈心谈话、警示教育等方式加强对支部党员的教育管理。

【宗教场所疫情防控】　2021年，县民宗局坚持“疫情就是命令，防控就是责任”的工作原则，建立健全新冠肺炎疫情防控工作台账，对外来人员进行实名登记备案，定期对单位值班室、办公场所进行消毒。

乡 镇

冲巴雍错 （县融媒体中心 提供）

康马镇

【概　况】 位于204省道沿线，平均海拔4300米，拉亚公路纵贯境内。2021年，康马镇查那村、嘎江村、白龙村、克列村、康马村、格龙村、朗达村、德吉林村8个行政村，年末总人口1639户5312人，总面积650平方千米，为半农半牧乡，种植青稞、小麦、油菜等，牧养牦牛、山羊、奶牛。全年农村经济总收入1406.55万元，同比增长7.2%。其中，第一产业收入940.54万元（种植业收入219.29万元，牧业收入721.25万元），第二产业收入217.19万元，第三产业收入248.82万元（交通运输业收入123.99万元，商业收入99.53万元，其他收入25.3万元）。农村居民人均纯收入17088元，同比增长7.4%。

【农牧业发展】 2021年，康马镇把进“农牧业增效、农牧民增收”放在首位，推进农业结构调整，打造查那村沙棘种植基地、德吉林村绿色无公害蔬菜种植基地、朗达村生态园、康马村雅江雪牛养殖基地等。全年为全镇农户提供各类化肥159吨、优良种子13.55吨、农药628千克；青稞种植面积2808亩，油菜、豌豆种植面积759.6亩；粮油总产量1383吨，其中青稞产量1300.5吨，油菜产量82.5吨。全镇有适龄母畜8452头（只、匹），受胎5124头（只、匹），产仔4985头（只、匹），流产61头（只、匹），成活4854头（只、匹），成活率97.37%；年末牲畜存栏13999头（只、匹）。年内，镇农牧综合服务中心组织专技人员、村级动物防疫员和科技特派员到各村养殖户和规模养殖场开展秋季动物疾病防疫工作，免疫牛1500头，免疫密度70%；免疫羊9500只，免疫密度73%；畜禽饲养场所、环境消毒灭源3000平方米。

【合作社产业】 2021年，康马镇有养殖合作社5家、种植合作社3家、生态合作联社1家、劳务输出公司1家。年内，康马镇通过“公司+合作社+农户”的经营模式，引导各村合作社转型升级，采用草场、土地流转，牛羊入股等方式建立完善合作社发展利益联结机制，群众参股入股率100%。全年各村合作社、集体经济总收入867万元，分红348万元，其中各合作社总收入641万元，分红194万元。

【民生事业】 2021年，康马镇养老保险第一档缴费1055人，缴费资金214300元；第二档缴费6人，缴费资金1800元；第三档缴费3人，缴费资金1500元（特殊身份人数66人）；医疗保险第一档缴费1255人，缴费资金112950元；第二档缴费205人，缴费资金30750元；第三档缴费201人，缴费资金56280元；“建档立卡”户210人，缴费资金14700元，特殊身份256人。全镇60岁养老保险享受待遇261人，享受待遇资金575486.64元；镇级临时救助4户2.1万元，向县民政局申请县级临时救助23户187744元；全年劳务输出865人、2887人次，创收944.5万元，其中“建档立卡”户劳务输出144人、671人次，创收169.95万元；高校毕业生38人，其中，本科21人，专科17人，通过一对一帮扶和动员参加各类招聘会，实现就业。

【科教文卫事业】 2021年，康马镇加快推进镇中心小学教学基础设施建设。投资492万元新建学生宿舍、学生食堂、室内体育馆，并对道路场地进行硬化；镇党委、人民政府主要领导多次到学校开展调研、检查慰问，发放慰问金5000余元。针对镇卫生院医疗用房不足的问题，镇人民政府及时向上级部门申报新建业务用房，配备价值50万元的多用途救护车1辆。投入资金1万元打造康马村新时代文明实践广场，坚持每月5日“西藏新时代文明实践推动日”、15日“主题党日”，每周三在新时代文明实践广场组织群众跳锅庄舞。全年共举办群体性活动35场次，参与群众2400人次。

【脱贫攻坚巩固】 2021年，康马镇精准实施生态扶持，全年兑现

“建档立卡”生态岗位资金26.25万元。其中，受益“建档立卡”户38户63人，兑现资金22.05万元；受益低收入12户12人，兑现资金4.2万元。兑现2020年“建档立卡”勤劳致富“以奖代补”资金118141.41元；将全镇38户248人脱贫人口纳入实时监测范围，通过镇村干部走访、资产核算等方式，实时了解监测对象收入支出情况。通过强化保障兜底，调整村集体、合作社经济收益分配、产业扶贫、劳务输出等持续增收措施，确保所有监测对象不出现大规模返贫致贫现象。

【生态环境保护】 2021年，康马镇以众丰生态合作社为载体，全镇8个行政村建立以“户分类收集、合作社转运处理”为模式的可再生资源兑换超市，将全县干部群众在生产生活中产生的可回收再生垃圾（包括废纸、塑料、玻璃、金属和布料）运回指定地点，合作社对其称重兑换相应的生活日用品，共回收再生资源95吨，兑换积分78678分，兑换商品1214件，创收31.09万元，向社员分红12万元，兑现生态岗位人员工资4.08万元。全镇8个行政村建立实施每周五清洁卫生制度，各村人居环境卫生状况得到明显改善；厕所改造215户；争取资金183.4万元改造院墙234户；利用“西藏河长制”App等科技手段开展“河长制”巡河48次，清理河道25千米、垃圾14吨。

【平安建设】 2021年，康马镇不定期开展道路交通安全检查，严厉打击无证无牌驾驶、超速、超载、超重、酒后驾驶等违法违规行为；针对部分电动三轮车未张贴反光标识、夜间行车隐患等较大问题，与上级业务部门对接，订购反光标识牌626张发放到群众手中；组织开展安全生产月、“5·12”全国防灾减灾日宣传活动6场次，悬挂横幅、标语8条，发放各类安全生产宣传资料200余份，受益群众300余人；组织全体干部职工观看《生命重于泰山——学习习近平总书记关于安全生产重要论述》电视专题片；针对部分居民家中电线杂乱、老化等突出隐患问题，动员各村组织开展线路大改造293户；排查矛盾纠纷6起，调解率100%；9月27日，召开全市信访业务工作经验交流现场会；集中开展“群防群治”和扫黑除恶专项斗争。

【党政工作】 2021年，康马镇建立向镇党委请示报告等制度，持续推进政府系统全面从严治党，深化反面典型案例警示教育，集中整治形式主义、官僚主义，切实优化工作作风；开展排查10次；办理镇人大代表建议52件，代表满意率100%。优化便民服务大厅业务窗口，提升为民服务能力；执行中央八项规定精神及其实施细则，进一步压缩一般性支出和“三公”经费；同镇边境派出所开展“走进军营、体验军旅生活”“推广五共五固、建强基层组织”等各类活动6场次，组织民兵进行军事训练，开展巡边活动15场次。在市、县两级组织部统一安排下，输送7名村主干到其他省市轮训，组织新

2021年9月1日，康马镇开展村干部学习使用国家通用语言文字培训会 （康马镇人民政府 提供）

任村班子业务培训暨“学先进、找差距、促干劲”实地考察交流活动；全镇59名干部职工及驻村队员结对帮学51名村组织班子成员学习国家通用语言文字，召开部署会1次、推进会2次，印发结对帮学手册59本、村干部学习笔记51本，全镇会使用国家通用语言的村干部31人，其中村主干7人。主动公开政府信息23条，广泛接受干部职工监督；深入推进“我为群众办实事”活动，全年共为群众办实事58项。

涅如堆乡

【概　况】 位于康马县东南部，喜马拉雅山北麓；东与山南市浪卡子县相邻，南与不丹接壤；镇人民政府驻地乃龙村，距康马县城18千米。平均海拔4500米，最偏远的达日村海拔5100米，是康马县海拔最高，边境线最长的边境乡。2021年，涅如堆乡辖伦村、乃龙村、色修村、达凯村、贡巴村、直村、日果村、塔杰村、达日村9个行政村，年末总人口422户2244人，总面积1708.76平方千米。全年经济总收入3536.22万元，同比增长8.74%；完成一、二、三产增加值1374.9万元、178.62万元、374.3万元；农牧民人均可支配收入15758.55元，同比增长14%。

【民生事业】 2021年年初，因突发山洪泥石流、冰雹等极端恶劣天气灾害，涅如堆乡贡巴村、日果村、乃龙村、伦村、色修村农作物不同程度减产，农作物受灾面积747亩，天然草场受灾1900亩。12月6日，涅如堆乡召开会议研讨2021年度受灾群众冬春救助人员相关事宜，认定符合县2021年度受灾群众冬春救助人员135户、580人。10月14日，涅如堆乡新时代文明实践站（所）以“关爱老人、温暖社会”为主题，到塔杰村、达凯村孤寡老人家中，询问饮食起居与健康状况，开展义务清扫、剪指甲、洗头等活动。全乡有大学毕业生29人、已就业27人、未就业2人。11月29日涅如堆乡组织工作人员针对未就业大学生通过上门走访、电话联系等方式摸清大学生就业创业人员信息，掌握未就业高校毕业生人数等相关内容，对经过实名登记的2名未就业大学生，主动询问其就业意向，并积极协调联系，努力为高校毕业生争取就业岗位。年内，涅如堆乡将辖区6户22人纳入监测对象；转移就业940人、2964人次，创收1068.65万元，人均增收1.13万元。

【文化、卫生事业】 2021年11月4日，涅如堆乡组织8个行政村文艺演出队开展以“‘听党话、感党恩、跟党走’我为群众办实事”为主题文艺演出初赛活动，参与演出80余人、受众500余人。全乡新农合参保率100%。

【生态环境保护】 2021年，涅如堆乡落实草畜平衡面积139万亩、禁牧15万亩，援藏对口支援种植沙棘2万株、乡土苗木2000余株；开展村容村貌治理、群众家庭卫生检查“村村评”“户户比”活动，全乡投入人力1000余人次，机械20余台次，农厕改造75户。

【平安建设】 2021年，涅如堆乡组织工作人员组成工作专班，通过实地排查整治、入户走访等方式，重点查看达凯、色修、直、塔杰和乃龙5个行政村和达凯村砂场，实地检查各村和学校用电、油、气消防安全、疫情防控管理情况，周末接送学生道路交通安全、电动车充电安全和消防器材完好情况，引导群众做好用火、用电、用气安全、道路交通安全、新冠肺炎疫情防控和食品卫生安全。组织党员干部观看《生命重于泰山——学习习近平总书记关于安全生产重要论述》电视专题片，深刻吸取安全生产事故教训，分析研判当前全乡安全生产情况和面临的形势任务。

【党政工作】 2021年，涅如堆乡全面梳理完善各项制度17项，形成《中共涅如堆乡委员会制度汇编（试行）》；开展“党的光辉照边疆、边疆人民心向党”主题系列活动87场次，开展“团结稳定是福、分裂动乱是祸”和“算富账、感党恩、要稳定、求发

2021年6月4日，涅如堆乡组织机关党员干部、驻地部队、边境民警联合开展“手拉手、肩并肩、共筑平安边境”主题党日活动

（涅如堆乡人民政府　提供）

展”思想教育活动；组织召开党风廉政和反腐败工作部署会推进会2次、专题会7次，开展廉政谈话2次15人次、上廉政党课2次。

涅如麦乡

【概　况】 位于康马县东部，距县人民政府40千米。平均海拔4500米。2021年，涅如麦乡辖达巴村、天坝村、都督村、白墩村、那堆村5个行政村，年末总人口308户1771人，总面积700平方千米。全年农村经济总收入2720.11万元，农牧民人均可支配收入15359.2元，现金收入10597.85元，同比增长1.4%。

【农村集体产权改革】 2021年，涅如麦乡各村陆续成立村集体股份经济合作社，制定《集体经济股份章程》，召开专题村集体经济股份民主代表大会，将集体经营性净资产折股量化改制。至年末，全乡农村集体经济组织资产30459470元。其中，经营性资产118299元，非经营性资产30341171元；界定成员和非成员身份1783人（集体成员1704人，非集体成员79人）。至年末，产权制度改革工作完成率100%。

【农牧业发展】 2021年，涅如麦乡有草场面积39.7万亩，其中禁牧面积6万亩，草畜平衡面积33.7万亩；耕地面积5790亩，粮食作物播种面积4227.3亩，经济作物播种面积1179.9亩，饲草料面积382.8亩，其中农作物良种推广面积2904亩；使用农家肥2904千克/亩，比地区指标增加500千克/亩；调运化肥194.92吨，农药0.56吨，同比减少10%；高质高效和耕地地力保护与提升2904亩（“喜马拉22号”2422亩，“藏青2000号”482亩），并顺利通过市级、自治区级验收。全年农作物产量1499.15吨，油菜产量146.2吨，蔬菜产量780.9吨，青饲料产量658.35吨。年内，达巴村投资98万元试种宁夏红枸杞50亩，苗木2万株，至年末长势良好，不同程度挂果。牲畜存栏22684头（只、匹），年内新生仔畜5027只，成活率89%；全乡黄牛改良新生仔畜134头，成活率74%，配种325头，配种率100%，超上级下发指标312头4%。年内，组织兽防人员开展为期两周的春秋两季动物疫苗注射工作，“O”“A”“I”型口蹄疫、小反刍兽疫、三四联疫苗、出血性败血症疫苗等各类疫病免疫14756头（只、匹），平均免疫率99%；覆盖全乡5个行政村8个自然村，注射面100%。

【合作社产业】 2021年，涅如麦乡养殖合作社统一推广“公司+合作社+基地+农户”发展模式。白墩涅雄短期育肥农牧民合作社先后在白墩村开垦荒地1万余亩种植绿麦草、燕麦草，并集中养殖岗巴羊5700只，年内出售绵羊212只；达巴村曲果日山羊、绵羊专业养殖合作社养殖绵羊2700只，种植饲草800亩，年内出售绵羊514只；那堆久米唐菜籽种植加工农牧民专业合作社有种

2021年11月30日，县委副书记、县人民政府县长祝涛（左一）到天坝村合作社调研　（涅如麦乡人民政府　提供）

2021年12月19日，县委常委、组织部部长高志平（左一）慰问易地搬迁建档立卡户　（涅如麦乡人民政府　提供）

植场地900亩，年内成立绵羊养殖合作社，养殖绵羊2500只，出售54只；都督村印扎养殖农牧民专业合作社养殖绵羊3950只，种植饲草400亩，年内出售绵羊450只，饲草3吨；天坝村杰珠邦牦牛养殖基地专业合作社养殖绵羊2300头、牦牛224头，种植饲草1100亩，年内出售绵羊100只、牦牛45头，饲草5吨；5个合作社全年收入447.05万元，分红142万元。

【民生事业】　2021年，涅如麦乡转移就业769人，实现劳务收入653.66万元；组织转移就业1253人次，其中其他省市转移就业7人；应届高校毕业生21人，实现就业20人，就业率90.47%；实施危房改造62户，涉及全乡5个行政村；新农合参合率100%；累计医疗报销286人，发放资金8.4万元，医疗救助6人，发放资金3.2万元，临时救助4人，发放资金4万元；发放养老、丧葬、生态岗位、耕地地力保护、种粮一次性补贴、黄改户补助、边民补助5156.11万元。

【文化、卫生事业】　2021年，涅如麦乡创新开展国家通用语言文字活动，组织“熟练运用国家通用语言文字”主题唱红歌、练写书法、知识竞赛系列活动4次，累计发放活动奖励资金4920元；坚持“环境保护人人有责”理念，深入开展环境卫生、河道清理250次，处理垃圾120吨，完成“厕所革命”62户，开展“四旁”植树造林20亩；新冠肺炎疫苗3岁以上第一剂接种1384人，第二剂接种1277人，第三剂接种697人，除高龄特殊人员外，其余人员全部完成疫苗接种。

【生态环境保护】　2021年，涅如麦乡各村组织辖区生态岗位农村公路养护人100余人，对各自的村里、村外，乡道、国道开展大扫除，全面排查国道219公路沿线，重点排查公路路面及沿线环境脏乱、垃圾堆积、散落砂石、违规占用公路等问题。共清扫垃圾50余吨。

【平安建设】 2021年12月，涅如麦乡综治办联合乡边境派出所到各村，对骑电动车是否戴安全帽，是否存在拖拉机超载，电动车、拖拉机有无贴安全警示线，是否存在饮酒开车、无证开车等情况进行检查，加深群众对开车不戴安全帽、饮酒开车、超载开车等问题的认识。

【党政工作】 2021年，涅如麦乡制订天坝村党支部打造市级示范支部实施方案和工作计划，明确创建内容、时间节点和计划要求，定期对示范点党支部督导检查，年末顺利通过市级验收。全年理论学习中心组学习23次、专题研讨8次，召开专题民主生活会3次；根据结对帮学帮教机制，5个村开展结对帮学90余期，下发专用学习本132本，各村结合自身实际进行测试，乡党委按照“笔试+口试”开展国家通用语言测试1次；驻村工作队按照“围绕稳定抓党建、抓好党建保稳定，围绕民生抓党建、抓好党建惠民生”总体要求，每月召开驻村工作例会1次，每季度召开党建工作推进会1次；组织各村党员干部志愿服务队、妇代会、青年志愿者每周至少开展卫生环境清理活动2次，以助农秋收为契机，组织开展志愿服务活动6次；组织为群众办实事24件，至年末办理19件，进行中5件；学习《中国共产党重大事项请示报告条例》《领导干部报告个人有关事项规定》、中央八项规定及其实施细则等党内法规，开展警示教育3次，观看警示教育片5次，签订廉政承诺书43份，与全乡所有干部职工谈心谈话人均3次；召开乡党委会16次，研究决定重大事项90项。表彰全乡“优秀共产党员”10名、“优秀党务工作者”12名、“先进集体”7个，慰问“三老”人员、困难老党员1名，发放奖励资金、慰问金累计18300元。

2021年11月5日，涅如麦乡在中心小学室内篮球场为村“两委”班子开展国家通用语言书法比赛 （涅如麦乡人民政府 提供）

少岗乡

【概 况】 位于康马县北部，562国道沿线，北纬28° 41′、东经110° 43′；距县城20千米。平均海拔4500米。气候属高原气候区，内陆干燥气候类型，年平均气温3.2℃，无霜期140天，年降水量300毫米，年蒸发量2600毫米。2021年，少岗乡辖朗巴村、少岗村、满参村、达修村4个行政村，年末总人口484户2398人，总面积307.4平方千米。以农业为主，种植青稞、小麦、油菜等。全年农村经济总产值3824.08万元（工资性收入1643.32万元，经营性收入1283.9万元，财产性收入55.86万元，转移性收入841万元），人均可支配收入15946.94元。

【农牧业发展】 2021年，少岗乡青稞种植面积3119亩（良种繁育基地500亩），深耕深松1000亩，发放免费商品有机肥4274袋，种子田平均亩产465千克，粮油总产量1604.2吨，全年出售供种良种16.3吨。有适龄母牛1516头，直肠把握技术黄牛改良1238头，完成全年目标的83.65%，牦牛经济杂交26头。年末牲畜存栏13108头（只、匹），成畜死亡316头（只、匹），死亡率2.41%，仔畜成活5051头（只、匹），成活率91.8%；春、秋季动物疫病防疫注射率100%。兑现平衡奖励资金57.64万元，禁牧补助资金18.75万元。

【合作社产业】 2021年，少岗乡2家合作社签订干部职工福利订单28.6935万元，与市级单位形成定期供应订单；在原有产品基础上，增加富硒黑青稞爆米花、生态羊肉、酥油、奶渣等农畜产品；与康马县移动公司合作方式成立合作专营店，年内销售总额4万元。全年全乡合作社总收入73万元，朗通公司收入75万元，分红25万元。

【民生事业】 2021年，少岗乡为7户低保户落实政策资金12.877万元，为15户家庭经济困难群众申请临时救助资金12.8万元；养老保险参保1126人，收缴养老金22.53万元，其中政府代缴39人，参保率100%；农牧民群众转移就业891人、3733人次，创收1362.11万元；技能培训117人；解决生态岗位34户74人，兑现生态岗位资金26万元；通过各村上报、乡里审核、县住建局鉴定方式完成民房新建、改造45户（新建户15户，每户补助1.53万元；改建30户，每户补助1.3万元）；协助完成周转房清退和实名制录入、提租收缴工作；核实少岗乡2018—2020年承建项目存在的问题10处，整改完毕6处，协调有关行业部门进行整改4处。

【科教文卫事业】 2021年，少岗乡制定科技特派员考核办法，组织开展科技特派员培训活动3次，乡、村两级开展全乡群众科普活动6次，参与1000余人次，科技特派员到田间地头技术指导12次。为新考入大学农牧民子女23人申请助学奖励资金16万元，对3名新录用的中职生申报奖励资金0.9万元；协助开展9名未投档学生入职（职校）思想教育工作，通过乡、村两级家访，7名学生完成投档（3名学生入职、4名学生升入普通高中），其中1名学生系残疾；适龄儿童入学率100%；乡政府解决学校宣传栏更换资金2.8万元。投入5万余元维修及添置文化站软（硬）件设施，组织文艺演出队开展文艺演出20场次，受益群众1500人次。新冠肺炎疫苗3岁以上干部群众第一剂接种1825人，第二剂接种1675人，第三剂接种824人；群众免费物理体检率、孕妇住院分娩率、建档立卡户及大病人员签约服务率均达到100%。

【脱贫攻坚巩固】 2021年，少岗乡健全防止返贫致贫预警机制，定期对“三类人员”进行动态监测管理60次，重点跟踪其收支变化、各类保障和政策享受情况，纳入监测对象1户；结合“党员三包”、“4321”帮扶、未就业大学生帮扶等工作，采取实地调查与访谈相结合的方式，为38户脱贫户送去大米、食用油等物资

2021年9月20日，少岗村妇联主席格桑次仁（右一）向群众宣传疫情防控知识　（少岗乡人民政府　提供）

2021年7月5日，少岗乡召开2021年乡村振兴第六次专题会议

（少岗乡人民政府　提供）

及慰问金折价合计1.18万元；确定朗巴村为乡村振兴示范点，投资3400万元改造排水工程、民宿、文化广场、公厕、停车场等设施设备。

【生态环境保护】　2021年，少岗乡依托新时代文明实践所（站），组织“党员志愿服务队”、“新时代文明实践志愿服务队”、驻村工作队进村入户深入宣传环境保护、生态文明建设等内容50余次；组织开展爱国卫生运动、“五比”竞赛、“美丽庭院”创建评选等人居环境整治100余次，参与群众3000余人次；推动农村人居环境整治和推行“河长制”工作，开展河长巡河100余次；践行生态文明理念，植树5000株，其中全乡干部群众义务植树300余株；开展河道白色污染整治活动5次、环境卫生综合整治专项行动25次，出动400余人次，处理垃圾30余吨；完成新增公益林管理权属划定工作，新增公益林18块2731.87亩，其中集体公益林2688.43亩。

【平安建设】　2021年，少岗乡开展扫黑除恶专项斗争线索摸排13次、专题宣传活动2次，参与群众100余人次；联合边境派出所民警在“3·28”西藏百万农奴解放纪念日、民族团结月、“三大节日”等关键节点，开展治安巡逻20余次，广泛开展民族团结和边疆巩固宣传宣讲活动10场次，反暴恐、防疫实战演练4次。信访、“双拖欠”、劳资纠纷、家庭矛盾纠纷排查12次，化解一般矛盾纠纷4起；完成54个联户单元档案更新，开展“双联”户长培训1次；评选出村级“先进双联户”11个、乡级“先进双联户”2个、乡级创建评选集体1个；开展安全生产检查167次，发现隐患及问题35项，整改30项，5项因乡村级无法解决，上报至县级行业部门；整治摩托车、三轮车不戴头盔，拖拉机载人、酒驾、三轮车张贴反光贴等现象，发放反光贴80张，引导农牧民群众增强道路交通安全意识。

【党政工作】　2021年，少岗乡开展理论中心组集中学习会16次，形成心得体会100余份；召开党史专题学习会50余次，观看红色影片及党史讲座等视频30余次，撰写心得体会、研讨材料180余篇，参观红色教育基地3次，召开党史专题组织生活会5次。开展各类“我为群众办实事”实践活动80余次，各类宣讲活动260余场次，受教育群众7万余人次；各党支部开展“三会一课”100余次、主题党日50余次、民主（组织）生活会2次；开展国家通用语言学习培训200余次，组织月考、季考15次；发展入党积极分子3名、预备党员3名、预备党员转正3名；以村组织换届为契机，组织村级团支书、妇联主席、工会主席培训3次。召开党风廉政建设及反腐败工作专题会议3次、学习会议12次，组织党员干部学习各类典型案例通报文件20余份，观看警示教育片3次，通过乡党委理论中心组、机关党支部学习文件10余份；乡党委书记讲廉政党课2次；制定《少岗乡2021年纪委工作要点》，全乡党员干部撰写个人廉政承诺书22份。乡纪委不定期到各村开展新冠肺炎疫情防控工作落实情况监督检查24次，发现问题20个；开展中央八项规定精神落实情况监督检查9次，发现违反中央八项规定精神问题13个；对各村党支部、村委会“四议两公开”、“三务”公开、“三会一课”制度执行情况监督检查10次，发现问题7个；对各村2020—2021年的合作社账目进行检查，发现存在报销票据主要负责人未签字、无资金使用明细及未付会议纪要等问题40个。围绕各村值班带班、驻村纪律、餐饮浪费、乱占耕地建房等问题监督检查4次。

南尼乡

【概　况】 位于康马县北部，国道562沿线，康马江下游，距康马县城40千米。平均海拔4050米。古迹有南尼曲德寺，建于吐蕃地方王朝时期，是有名的抗英遗址，属西藏自治区重点文物保护单位。2021年，南尼乡辖曲热村、曲夏村、南尼村、藏扎村、楚嘎村5个行政村，年末总人口501户2435人，总面积152平方千米。以农业为主，种植青稞、小麦、油菜等农作物，是全县粮食主要产地。全乡农牧民经济总收入3916.43万元（工资性收入1356.1万元、经营性净收入1624.37万元、财产性收入54.28万元、转移性净收入881.68万元），人均可支配收入16083.9元，同比增长7.18%。

【农牧业发展】 2021年3月1日，南尼乡召开2021年“春耕备耕”动员部署会。动员群众运送农家肥，维修水渠、水池，保养、维修农业机具，选育良种。9月1日上午，自治区农技推广中心主任隆英带队的种植业科技项目验收组到南尼乡实地查看曲热村二级种子田（“喜马拉22号”270亩）、南尼村二级种子田（“喜马拉22号”130亩）、楚嘎村二级种子田（“藏青2000”180亩）、藏扎村二级种子田（“藏青2000”320亩）的纯度、净度、密度及田间管理工作开展情况。全年南尼乡农业播种面积6870亩，粮食作物总产量2629.3吨，其中，青稞2193.5吨，春小麦226.1吨，豌豆112吨，油菜籽97.7吨；蔬菜产量762.75吨；年末牲畜存栏9812头（匹、只），大畜1747头（匹、只）（黄牛1367头、犏牛142头、马238匹），仔畜8065头（匹、只）（山羊3121只、绵羊4944只）；全年肉类总产量168吨，牛奶产量794.07吨，羊毛产量2.33吨。

【项目建设】 2021年，南尼乡规划建设项目9个，分别为曲夏村幼儿园建设项目，项目总投资290万元；南尼乡中心小学足球场建设项目，项目总投资590万元；楚嘎村高标准农田建设项目，项目总投资41万元；曲热村理塘水塘和楚嘎村楚嘎普水塘维修项目，项目总投资40余万元；南尼村寺瓦查天葬台建设项目，项目总投资300万元；曲夏水渠建设项目，项目总投资160万元；楚嘎村巴旺小组暖卷建设项目，项目投资35万元；楚嘎村巴旺小组、曲玉小组国土增减挂钩项目，投资41万元。

【民生事业】 2021年，南尼乡有农村低保户6户21人，发放低保金计3.44万元；为因学、因病、因残导致家庭困难的2户申请临时救助金2万元，为事实无人抚养儿童1人发生活补助8640元（每月720元）；发放老年人“两项补贴”1人600元（每月50元）；发放127名残疾人“两项补贴”29.14万元，为10名残疾人发放轮椅、腋拐、坐便椅、单手手杖、盲杖等残疾辅助器具；为农牧民发放加油“一卡通”；组织驻藏扎村工作队到辖区比苏户看望慰问残疾老人，送去水果、奶粉、衣物价值400余元。转移就业789人，完成年度目标的101%，同比增长3.25%；劳务收入1302.14万元，完成年度目标的128.4%，同比增加28%，区外转移就业7人，完成年度目标的140%；应届高校毕业生42人，就业40人，就业率95.24%；组织辖区在读大学生、高校毕业生开展政策宣讲活动1次，发放宣传资料50余份。发放社保基金51.01万元；开展社保基金管理风险排查工作，追回往年去世人员冒领基础养老金39945元；完成2020年下半年及2021年上半年的城乡居民养老保险金领取资格认证工作、2021年城乡居民养老保险重复参保清理工作及2021年及往年去世人员丧葬补助补发申请工作。

【文化、卫生事业】 2021年藏历新年期间，南尼乡曲热村“两委”组织动员农牧民文艺演出队为当地群众表演歌舞《奔向小康生活》《撸起袖子加油干》《六弦琴弹唱》等剧目，250人观看演出。3月28日，南尼乡以“升国旗、唱国歌”为主题开展形式多样、内容丰富的文艺演出及体育活动，庆祝西藏百万农奴解放62周年。2月1日，南尼乡新时代文明实践所组织卫生健康服务志愿队、党员志愿服务队、团员志愿服务队到学校、寺庙、卫生院等人员密集场所，对大门、门把手、楼梯、扶手、窗户、座椅、办公桌等经常接触的设施和经过的地方进行消毒。年内，乡卫生院医护人员到田间地头、放牧点为群众接种新冠肺炎疫苗。全县新冠肺炎疫苗接种2356人，其中，3—17岁接种605人、60岁以上接种244人；第一针接种2230人，其中，3—17岁接种598人、60岁以上183人；第二针接种2174人，其中，3—17岁接种581人、60岁以上接种144人；第三针接种1438人，其中60岁以上接种128人；禁忌证和不宜接种126人。

【脱贫攻坚巩固】 2021年，南尼乡完成2016—2020年乡级脱贫文书档案与121户582人的户档案归档；健全防返贫动态监测和帮扶机制，建立健全易返贫致贫人口快速发现和响应核查机制，成立返贫监测专班，按照国家和自治区监测标准，以全乡所有农村人口为对象，通过农户自主申请、部门信息比对预警、干部走访排查等方式，重点对全乡脱贫不稳定户、边缘易致贫户，以及因学、因病、因灾、因意外事故等刚性支出较大或收入大幅缩减导致基本生活出现严重困难户开展常态化预警监测。

【生态环境保护】 2021年1月26日，根据《西藏自治区农村人居环境整治工作领导小组办公室关于开展“春节·藏历新年”村庄清洁专项行动的通知》要求，南尼乡召开“春节·藏历新年”村庄清洁动员部署会，鼓励群众打扫好房前屋后、院落周围的环境卫生，做到不乱倒、不乱扔、勤打扫，不断树立爱护环境，保护家园的良好习惯；全面清理藏扎村至曲热村之间562国道沿线、沟渠等地垃圾。全年开展环境卫生整治160次，清理农村生活垃圾71.3吨、农村白色垃圾41.4吨、村内水塘57次、村内沟渠97.5千米，清理河（湖）道57千米，清理卫生死角78处，房前屋后乱堆乱放122处，动用人力2250人，垃圾运输车、三轮车200余车次；借助村民大会、广播宣传、发放宣传单、张贴标语等形式开展环保及村（居）环境卫生整治宣传工作；制定“四旁”植树方案与植树任务分解表，南尼村“四旁”植树1万余株，曲热村“四旁”植树1932株。

【平安建设】 2021年，南尼乡在综治维稳月、萨达瓦节、国庆节等重大节点召开安保工作部署会议，研究部署安保工作。每月召开矛盾纠纷排查调处工作协调会、信访工作例会研究化解各类隐患问题。组织“双联”户长、群防群治队伍定期不定期在辖区内开展巡逻400余次。组织宣传中共十九大精神、中央第七次西藏工作座谈会精神、习近平总书记考察西藏重要讲话精神。开展扫黑除恶专项斗争、“9·16”平安西藏等相关活动。对6名精神病患者，2名刑释解教人员落实好管控人员日联系制度，严密掌控人员动向，确保不漏管、不失控；组织开展各类安全生产排查工作，对辖区交通、消防、食

2021年4月15日，南尼乡党委、政府、卫生院、派出所联合开展国家安全宣传日活动　（南尼乡人民政府　提供）

品、建筑施工等领域安全隐患进行排查；开展农机具安全培训，农用三轮车反光贴安装、安全帽。

【党政工作】　2021年，南尼乡以党史学习教育为抓手，深入贯彻理论中心组学习制度，深入学习党史、新中国史、西藏史，深学细悟习近平总书记系列重要讲话和中央第七次西藏工作座谈会精神；坚持把勤政廉洁作为从政的根本要求，树牢勤政意识，着力转作风、严纪律、强监管、肃贪腐，确保干部清正、政府清廉、政治清明；及时、定期发布公开事项，邀请人大代表参与会议或提出意见建议提案；围绕“我为群众办实事”实践活动，为群众维修道路，对蓄水池进行清淤、维修引水管道，帮助缺劳力户秋收、政策宣传，开展文艺演出下村活动、开展“四旁”植树；召开会议听取干部职工意见，广泛开展调研和讨论，研究确定“十四五”申报项目，并对有成功先例和成熟经验的项目开展前期筹备工作；依托地理环境、历史文化资源，谋划“乡村旅游”示范点项目。

萨马达乡

【概　况】　萨马达，意为“红土地之乡”，即坐落在红土地山丘上的村庄。位于县境南部，距县人民政府20千米，拉亚公路过境。平均海拔4410米。境内有建于8—9世纪的艾旺寺，属自治区文物保护单位。2021年，萨马达乡辖冲堆村、萨鲁村、萨马达村、孟则村、拉定村5个行政村，年末总人口395户2014人（男978人、女1036人），总面积578平方千米，其中草场面积7641万亩；全乡生产总值1271.02万元，其中，第一产业收入845.31万元，第二产业收入176.57万元，第三产业收入249.14万元，工资性收入1248.96万元、财产性收入84.87万元、转移性收入956.59万元；人均可支配收入15717.64元。

【农牧业发展】　2021年，萨马达乡农作物播种面积6210亩。其中，青稞4437.1亩，豌豆493.39亩，油菜610.54亩，蔬菜255.97亩，饲草料413亩。草场面积76.41万亩。全年粮食总产量1391.3吨。其中，青稞1196.7吨，油菜116吨，豌豆78.6吨。各类牲畜27301头（只、匹、羽）。其中，牦牛687头，犏牛20头，黄牛2877头，绵羊21610只，山羊1767只，家禽340羽。完成黄牛改良342头。

【合作社产业】　2021年，萨马达乡合作社收入276.8万元，实现盈利161.8万元，分红156.4万元，村集体经济收入18.1万元。

【民生事业】　2021年，萨马达乡发放各类边民补助增发资金683.4万元；农牧民劳务输出666人，合计2045人次，转移就业总收入1039.5378万元。实施危房改造26户，发放资金37.48万元；城乡居民养老保险参保998人，缴费19.96万元；发放临时救助金2.1万元；发放农村低保金1.01万元；60岁以上老人享受基础养老金216人，发放基础养老金36.59万元；发放残疾人“两项补贴”5.89万元，救助分散特困人员2人，发放资金1.52万元；结合党史学习教育，开展关心关爱学校活动2次，发放衣物、鞋子价值16万元；投入专项资金30万元；投入资金24万元解决萨马达村牧道维修、萨鲁村公共活动场所项目；投入资金6万元新建浴池1座，面积50平方米；投入资金10余万元联合驻村工作队组织42名农牧民群众参加免费驾校培训；组织开展环境卫生整治、助农秋收等各类党员志愿服务暨新时代文明实践活动300余次。发放劳务输出以奖代补资金28.6281万元，草奖补助资金164.824万元，生态岗位资金96.25万元。

2021年6月15日，萨马达乡机关、卫生院、乡边境派出所联合开展疫情防控演练　（萨马达乡人民政府　提供）

【文化、卫生事业】　2021年，萨马达乡组织各类文艺活动11次；医疗卫生服务水平不断提高，新农合参合率100%；全乡共完成新冠肺炎疫苗接种12—17岁人群第一针接种207人、第二针接种207人、第三针接种202人，18—59岁人群第一针接种880人、第二针接种876人、第三针接种555人，60岁以上人群第一针接种209人、第二针接种193人、第三针接种187人。

【平安建设】　2021年，萨马达乡完善各类维稳工作应急预案方案，成立乡、村两级巡逻队，特殊节点，乡、村实行24小时“零报告制度”和24小时值班制度。全年共组织召开维稳安保会议10次，各类安全隐患排查和安全专项检查15次。其中，与边防派出所联合安全隐患排查10次，专项抽查检查5次。制发《萨马达乡矛盾纠纷排查调处工作实施方案》《萨马达乡矛盾纠纷排查调处工作制度》，全年排查矛盾纠纷7起，调解率100%。利用宣传标语、横幅、LED显示屏、微信群广泛宣传国家法律法规，共发放各类宣传资料100余份，悬挂横幅5条。调动综治联防队伍的作用，全年参与巡逻430人次；联合县消防大队、县公安局开展消防安全演练，让群众掌握基本的消防救援知识。

【党政工作】　2021年，萨马达乡利用共产党员网、“学习强国”学习平台等渠道，组织党员干部深入学习《习近平谈治国理政》第一、二、三卷和习近平总书记系列重要讲话精神24次、观看爱国主义教育影片和警示教育片6次、组织参观江孜抗英纪念馆、宗山抗英遗址和乃宁曲德寺爱国主义教育基地展馆1次，乡党委书记讲廉政党课1次；利用主题党日、农闲期间开展国家通用语言文字教育培训活动，开办培训班35期，培训村干部154人次；完成5个村换届工作，选举产生新一届村“两委”班子成员27名，村务监督委员会成员14名，妇女联合会成员25名，团支部书记5名，工会委员会班子成员17名。成立党风廉政和反腐败工作领导小组1个，建设廉政文化长廊1个，召开党风廉政建设专题会议6次，集中学习通报典型案例10次；签订廉政风险防控及整治承诺书11份，党政班子成员填写廉政报告11份；开展新冠肺炎疫情防控专项检查监督20余次，开展农村乱占耕地建房排查4次、“村霸”“沙霸”专项排查4次、粮食购销领域专项排查4次、“私车公养”问题排查2次、中央八项规定专项自查1次、干部职工长期借用公款排查2次、公务接待中吃公函问题专项排查1次、节日日常检查5次、纪委监督举报箱开箱12次。

2021年7月1日，乡党委书记程永岗（左一）带领机关、中心小学、边境派出所党员重温入党誓词　（萨马达乡人民政府　提供）

嘎拉乡

【概　况】 位于康马县南部，562国道沿线，北纬28°15′、东经89°23′之间；拉亚公路过境，距康马县城50千米。平均海拔4500米。半农半牧乡，种植青稞、油菜，牧养牦牛、绵羊、山羊和奶牛。2021年，嘎拉乡辖嘎拉夏村、嘎拉奴村、琼桂村、克村4个行政村，年末总人口708户，3622人，全乡经营性纯收入4374.46万元，其中，第一产业收入3011.46万元，第二产业收入152万元，第三产业收入1211万元；农村人均可支配收入17856.32元，同比增长14.22%。年内，嘎拉乡利用产业竞赛暨冬季物资交流会，出售各类产品120种，销售额150万元。

【农牧业发展】 2021年，嘎拉乡青稞产量1439.3吨，蔬菜产量230.3吨，饲草产量450.4吨；牲畜存栏47536头（只、匹），其中，大牲畜6911头（只、匹），小牲畜40625只（只、匹）；新生仔畜2.53万头（只、匹），新生仔畜成活数24999头（只、匹），成活率99.32%；成畜死亡1261头（只、匹），死亡率控制在0.03%内，活禽存栏800只，“四旁”植树10.89公顷。年内，嘎拉乡配备配种员20名，开展嘎拉本土品种保护、良种繁育工作，养殖嘎拉牦牛1786头，完成黄牛改良配种1630头；新建绵羊养殖合作社1座，种植人工饲草2000亩，产草70吨，出售牦牛312头、黄牛1176头，出售绵羊18994只、山羊990只。推广短穗六棱青稞种植，试种东北沙棘7000株。

【合作社产业】 2021年，嘎拉乡推动各村合作社持续向好发展，兑现合作社工人工资64.12万元，实现分红51.33万元。

【文化、卫生事业】 2021年，嘎拉乡对乡中心小学食堂机井进行升级改造，新修机井1座；修建乡中心小学40平方米热水洗手间1间，新修建乡中心幼儿园、乡卫生院阳光棚各1个。配备科技专干6名、科技特派员8名、村级防疫员12名，加强新冠肺炎疫情防控工作，申请资金32.86万元新建琼桂村新冠肺炎疫情设卡点1处，并投入使用，兑现执勤补助29.68万元；开展军、警、民联合疫情防控演练3次（120人次），落实出入人员体温检测、“双码同查”，全年核酸检测838人次，新冠肺炎疫苗接种3435人，接种率94.84%。

【民生事业】 2021年，嘎拉乡全乡转移就业1724人，实现劳务收入610.08万元，组织转移就业1047人次，区外转移就业7人，应届高校毕业生22人全部就业；追回民工工资2.27万元。筹备今冬明春防抗灾物资饲草料150.53吨，给放牧点发放防寒帐篷共计152顶。落实各项惠民惠农政策，申请县级临时救助24户，每户1万元，乡级临时救助2户，每户3000元；城乡居民养老参保续保1926人，收缴保费38.47万元；医保参保3590人，报补受益142人次（门诊）4.26万元；追回80名养老保金冒领人员资金3.43万元。兑现种粮一次性补贴635户6.05万元；兑现17名黄牛配种员补助3.13万元，443户黄牛配种补助3.13万元；兑现635户耕地补助资金1.93万元；兑现102名残疾“两项补贴”24万元；兑现386人生态岗位资金共计135.1万元；兑现购置农机具资金32.93万元，购置农机具64台；兑现草奖补助资金435.68万元，兑现自治区级非物质文化遗产嘎拉谐钦14名演职人员误工补贴4.5万元，传承人2万元。

【脱贫攻坚巩固】 2021年，嘎拉乡配备乡村振兴专干4名，对全乡690户（包括脱贫户、农村低保户、特困户、监测对象户）进行防返贫监测摸底排查，对102名残疾人进行入户摸底调查，对271户脱贫户（包括“十二五”脱贫户）进行信息采集，对申请农村低保及城镇低保的5户8人进行摸底调查并纳入低保对象。

【乡村建设】 2021年，嘎拉乡整村推进农村厕所改造任务108户，兑现资金21.6万元；开展降雪、雨水、山洪防抗灾工作3次，清理水渠1.17万米（投资15万元），维修防洪坝2处680米；申报219国道5000千米处旅游基础设施、嘎拉奴村农村幸福院、嘎拉乡人畜分离、水渠维修等建设项目；申请嘎拉错补水工程、嘎拉谐钦非遗文化保护传承馆、嘎拉乡污水处理厂、民族团结广场等民生设施项目建设。新建嘎拉乡加油站1座；义务安装监控设备；对嘎拉乡农贸市场、垃圾转运站进行维修并开放运营。

【生态环境保护】 2021年，嘎拉乡加快推进多庆错国家湿地公园（康马片区）生态修复工程，完成湿地恢复3处，收到项目资金76.8万元；种植沙棘100亩1万株、播撒草种恢复500亩，沙化土地植被恢复10.95亩，建设网围栏4800米。

【平安建设】 2021年，嘎拉乡组织双联户641人次在乡辖区内巡逻1351次，出动车辆76辆次，动员民兵值守及巡逻；开展校园、交通、消防、食品、建筑施工等领域安全隐患排查59次，发放农用三轮车反光贴816个，宣传摩托车驾驶证考试工作，发放安全头盔800顶。

【党政工作】 2021年，村级换届选举后，嘎拉乡4个行政村26

2021年9月28日，市林草局工作组到康马县嘎拉乡多庆错湿地保护与恢复补助项目点对2020年工程项目进行终验，并对2021年湿地恢复项目进行初验 （嘎拉乡人民政府 提供）

2021年9月23日，嘎拉乡派出所在4个行政村开展道路交通安全法宣讲暨非机动车安全头盔发放仪式　（嘎拉乡人民政府　提供）

2021年7月19日，嘎拉乡党委组织党员干部专题学习习近平总书记在庆祝中国共产党成立100周年大会上的讲话精神

（嘎拉乡人民政府　提供）

名“两委”班子职数全部选举到位，班子成员中新进9人、留任17人；女性干部5人，占19.23%；全部为正式党员，实现党员全覆盖；“两委”班子成员平均年龄40岁，初中及以上学历17人，会使用国家通用语言24人。全年组织开展乡党委理论中心组学习16次、支部集中学习教育90余次，开展党史学习教育70余场次，组织开展专题研讨30余场次，开展知识测试8场次；组织召开党委会议16次，学习文件70余份，专题研究议事事项40余项，充实完善嘎拉乡各项规章制度14项；召开民主生活会3次，班子检视问题12条，成员检视问题24条，其中班子成员以普通党员身份参加支部组织生活会2次；组织开展“结对帮学”活动70余场次；参加上级组织培训5场次，乡党委组织培训3场次。

康如乡

【概　况】位于康马县西北方，距康马县城40千米。平均海拔4300米，半农半牧乡，种植青稞、小麦、油菜，牧养牦牛、绵羊、山羊等。2021年，康如乡辖库青村、白加村、库曲村、边琼村、拉康村5个行政村，年末总人口389户1912人，全乡农牧民人均可支配收入1.62万元，同比增长1200元，增长率8%。

【农牧业发展】2021年，康如乡粮食作物产量比2020年增加142吨，油料作物产量增加1.6吨，蔬菜产量增加118.3吨；边琼村雅江雪牛养殖基地完成雅江雪牛出售与收购工作，出售雅江雪牛37头，收入232640元，每户分红3000元。

【合作社产业】2021年，康如乡库曲村野生香料合作社初具规模，香料包装机器、包装材料准备完毕。全年全乡合作社每户平均分红1000元。

【民生事业】　2021年，康如乡民生基础设施建设完成并投入使用9个，危房改造118户；投资1183万元维修防洪坝140米，人力投入1000余人次；贫困排查及临时救助11户，落实救助补助资金4.8万元；兑现116名残疾人上半年“两项补贴”资金26.52万元；“我为群众办实事”投入资金12万元，获益群众覆盖全乡；完成道路运输和交通安全排险17次，办理秋收便民加油“一卡通”200张；发放中央财政实际种粮农民一次性补贴4.4万元；出资改善乡中心小学基础设施并将乡中心小学打造为市级民族团结示范学校；农牧民转移就业2172人次，创收855.8万元，技能培训188人，劳务收入1200万元；脱贫户外出务工120人，务工收入305万元；发放生态岗位补贴69.65万元，2020年“建档立卡”户勤劳致富“以奖代补”资金28.1万元，落实贴息贷款7户35万元。

【文化、卫生事业】　2021年，康如乡整合上年度新时代文明实践所和乡文化综合服务站经费13.8万元，对乡文化站进行全面的翻修改造，补充完善并上墙领导小组和工作机制宣传栏，形成新时代文明实践与基层文化工作共同融合；向上级部门争取资金3.7万元，对乡“职工之家”健身房进行文化墙制作，内部布局改造并添置台球桌等健身器材；新增5个行政村农家书屋图书350册，并指定专人负责，全天候对外开放；以“我们的节日”为主题，组织各村级文艺演出队先后开展文艺演出活动20余场次，参与530人次；利用乡村应急广播系统，轮流播放自治区统一下发的“十大优秀歌曲”250次；协调配合县电影大队，向群众放映电影10场次。公共卫生服务重点对象为高血压、精神病、结核病、糖尿病等慢性病患者以及其他疾病患者，全年上报简报31期，健康素养宣传8次，妇幼计生宣传7次；开展村医培训8次，健康体检服务对象1923人，系统录入1923人。召开全乡新冠肺炎疫情防控联防联控会议4次，通过广播循环播放、走访入户发放48字守则、悬挂宣传标语等方式向群众介绍新冠病毒的流行现状、临床表现、传染源、传播途径及预防方法等相关防控知识，张贴宣传小海报200份，悬挂宣传标语8条，发放村民告知书350份；设置疫苗接种点1个，以固定接种和灵活接种的方式推动疫苗接种工作，全乡接种新冠肺炎疫苗1498人，禁忌证患者159人，满足接种条件不愿接种的群众通过宣传教育均已接种；模拟乡卫生院接诊发热患者等情况开展乡、派出所、卫生院联合应急演练4次。

【生态环境保护】　2021年，康如乡组织生态岗位人员开展草原生态巡护工作，落实河长制度、扎实开展河道、水源点垃圾清理工作，排查处置“四乱”问题120次；植树11580株，生态奖补资金已全部兑现到位。

【平安建设】　2021年10月，康如

2021年5月8日，康如乡组织开展“绿色营区军地共建”植树活动
（康如乡人民政府　提供）

乡开展“扫黄打非”宣传活动，向群众发放相关的法律知识的宣传资料，以案例的形式向群众讲解展示“黄赌毒”的危害。共发送宣传资料100余份，接受群众咨询20余人次。

【党政工作】 2021年，康如乡严格履行第一责任人责任。党委书记主持召开党建部署会1次、党建推进会1次，到各党组织督导检查党建工作18次；开展“五共五固”民族团结等活动20余次，完成理论中心组学习15次；开设党风廉政建设警示教育课堂15次，组织“两学一做”专题学习会15次、党史学习教育专题学习会15次，开展“主题党日”活动12次、专题研讨会1次；乡（镇）干部40人结对帮学37名村干部学习国家通用语言文字，全县80%以上村干部掌握“听、说、读、写”基本能力；协助县委组织部完成5个村主干区外轮训、5个村村史馆建设，5个行政村160户党员住宅门口醒目位置统一悬挂“共产党员户”标志牌；吸收入党积极分子4名、培养预备党员4名。

雄章乡

【概 况】 位于康马县西部，位于北纬28°37′ 3.02″、东经89° 21′ 43.76″；总面积1000平方千米。镇人民政府驻地青卓村，距康马县城60千米。半农半牧乡，种植青稞、油菜，牧养牦牛、绵羊、山羊等。2021年，雄章乡辖青卓村、昆章村、雄村、色热龙村4个建制村，年末总人口371户2024人。

【农牧业发展】 2021年，雄章乡以推动“雅江雪牛”规范化养殖为主，规范提升养殖合作社4家，社员共出资48.95万元，入社群众347户，参合率100%。至年末，全乡形成以雄章乡青卓村奥直那净土犏牛养殖农民专业合作社为主，雄村牧草种植合作社、昆章村玛仓斯玛精品酥油加工合作社为辅的三家合作社产业发展，辐射带动全乡的雅江雪牛及犏牛酥油发展的产业工作布局。

【合作社产业】 2021年，雄章乡以推动“雅江雪牛”规范化养殖为主，规范提升养殖合作社4家，社员共出资48.95万元，入社群众347户，入股参合达到“五个100%”。至年末，全乡形成以雄章乡青卓村奥直那净土犏牛养殖农民专业合作社为主，雄村牧草种植合作社、昆章村玛仓斯玛精品酥油加工合作社为辅的三家合作社产业发展，辐射带动全乡的雅江雪牛及犏牛酥油发展的产业工作布局，合作社收入178.4万元，其中，青卓村119万元，昆章村8万元，色热龙村8.8万元，雄村42.6万元；合作社分红34.7万元，其中，青卓村20.6万元、昆章村5.6万元、雄村6.1万元、色热龙村2.4万元。

【民生事业】 2021年，雄章乡先后15次到辖区4个行政村开展农牧民转移就业暨高校毕业生就业创业政策宣讲，开展转移就业政策宣讲12场次，参加各类培训

2021年2月23日，雄章乡昆章村幼儿园村党支部组织开展昆章村玛仓斯玛精品酥油加工农民专业合作社分红仪式

（雄章乡人民政府 提供）

222人，转移就业742人，3617人次，就业收入达1479.96万元；排查出死亡冒领养老金31人，涉及金额28270元，将违规资金上缴至县人社局；慰问考入其他省市西藏班的学生4人，发放慰问金4000元（每人1000元）；按照县人民政府第21次专题会议暨根治欠薪冬季专项行动农民工工资清欠结账会议精神，排查拖欠农民工工资违法犯罪行为，全乡内未发现拖欠农民工工资行为；对接县民政局为乡内3户10人申请临时救助资金4万元，乡级层面为6户23人解决临时救助资金1.8万元。

【文化、卫生事业】 2021年，雄章乡成立志愿服务队、文艺队，健全乡规民约；深入推进移风易俗工作，宣传倡导村民白事俭办，红事新办，禁止大操大办，倡导村民树立文明健康新风尚；乡、村两级通过村广播、乡微信公众号、村级微信群、发放宣传单、绘制文化墙等形式宣传新时代文明实践活动内容、开展方式、活动要求15次，绘制以社会主义核心价值观、中国梦、乡风文明等为内容的文化墙1500平方米，转发活动微信160条次，发放宣传单页365万份。按照适龄无禁忌人群“应接尽接、应接必接”的原则，深入开展新冠肺炎疫苗接种工作；坚持“全覆盖、无死角、无盲区、无空白”的原则，开展入户消毒102次、公共区域消毒320次。

【生态环境保护】 2021年，雄章乡结合五星乡（镇）、文明乡村、文明家庭创建等活动，教育引导群众积极参与人居环境整治。设定每周五为各村人居环境整治提升日，组织各村党员干部、“双联户”户长、生态岗位、工会、共青团、妇联等基层组织先后开展环境整治230次；从乡“三公”经费中支出2000元用于再生资源回收站点启动资金，实现办好“资源回收”，

2021年8月20日，雄章乡机关与雄章边境派出所联合开展疫情防控演练　（雄章乡人民政府　提供）

2021年8月15日，雄章乡新时代文明实践所卫生环保志愿服务队开展合作社沿路垃圾清捡活动　（雄章乡人民政府　提供）

“守住”绿水青山，让“绿色、低碳、环保”成为群众工作和生活的思想共识和行为自觉。

【安全生产】 2021年，雄章乡政府联合乡派出所针对施工领域、学生接送车辆安全监管等方面进行专项检查28次；加强食品安全监督检查工作，不断强化日常巡查和属地监管责任制度，先后开展食品安全检查30余次。

【平安建设】 2021年，雄章乡召开“三大节日”期间各项工作安排部署会，全国两会、综治维稳月维护国家安全和社会稳定工作动员部署会，庆祝中国共产党成立100周年和西藏和平解放70周年安保维稳动员部署会，防暴恐专题会议，研究制定重要节点维稳安保工作实施方案及预案。明确边境派出所、“双联”户长、护村队、护路队、护校队、单位内保、红袖标、民兵的工作职责；强化情报信息收集、共享、分析、研判工作，执行党政、警民联合巡逻行动，维稳安保期间共执行联合巡逻任务120次，出动350人次、车辆80辆次；持续实施“2345”工作法，在重点领域、重点问题等方面清理排查涉黑涉问题21项。

【党政工作】 2021年，雄章乡全面落实基层党建工作主体责任，全年召开党建部署会1次、推进会1次、党委会22次、党建督导4次；推进党史学习教育，组织党委理论中心组学习26次、党史教育22次、专题组织生活会1次、专题民主生活会2次、党员讲党课16次；开展“我为群众办实事”活动20余次；严格执行“三会一课”、党员联系服务群众制度，参与主题党日活动12次；以“双亮工程”为载体，评选党员先锋岗71个、党员户129户、党员经营户15户，打造“红色阵地”5个；采取“五个一”模式推进村干部国家通用语言文字教育，村主干达标率80%，其他班子达标率65%；警地共学理论知识8次，开展党课2次、送温暖活动2次、巡逻100余次、志愿服务10次、宣传活动2次；选举产生新一届村“两委”班子22名，监督委员8名，乡党委委员9名，政府班子5名；加强党员队伍建设，举办党员发展培训班2期，发展党员5名。

人物·荣誉

冲巴雍错 （县融媒体中心 提供）

2021 年康马县获市级及以上表彰人物一览表

表1

姓　名	工作单位	荣誉称号	表彰单位	表彰时间
朗　加	县公安局	个人二等功	自治区公安厅	2021 年 1 月
旦　增	县公安局	个人二等功	自治区公安厅	2021 年 1 月
普　珠	涅如麦乡	优秀第一书记	自治区党委组织部	2021 年 1 月
加　央	涅如麦乡	优秀第一书记	自治区党委组织部	2021 年 1 月
尼　玛	少岗乡达修村党支部书记兼主任	优秀宣讲员	自治区党委宣传部	2021 年 1 月
尼玛次仁	少岗乡人民政府三级主任科员	全区第三批优秀村（社区）党组织第一书记	自治区党委组织部	2021 年 3 月
边巴普尺	县教育局	全区脱贫攻坚先进个人	自治区委、区人民政府	2021 年 4 月
格桑卓嘎	康马镇中心小学	第二批自治区级中小学教学能手	自治区教育厅	2021 年 4 月
久　米	涅如堆乡	脱贫攻坚先进个	自治区党委	2021 年 4 月
旦增普赤	涅如堆乡	先进驻村工作队员	市委组织部	2021 年 4 月
旦增顿珠	县农牧综合服务中心	在 2021 年日喀则市黄牛改良工作中表现优异，被评为“先进技术人员”	市农业农村局	2021 年 5 月
徐　迁	县公安局	个人嘉奖	自治区公安厅	2021 年 6 月
贾海龙	康马县中学	优秀党务工作者	市委	2021 年 7 月
尼　玛	少岗乡达修村党支部书记兼主任	优秀共产党员	市委	2021 年 7 月
久　米	涅如堆乡	优秀党务工作者	自治区党委	2021 年 7 月
刘　磊		优秀基层干部	市委	2021 年 7 月
曹晓雪	县委办	2020 年度全市党委系统信息报送工作先进个人	市委办	2021 年 7 月
云旦贡布	县公安局	最美政法干警	市政法队伍教育整顿领导小组	2021 年 8 月
旦增顿珠	县农牧综合服务中心	在 2021 年日喀则市畜牧业职业技能大赛“繁殖技术”比武中获得第三名	市委农办、市农业农村局	2021 年 8 月
卓玛曲宗	南尼乡	思想政治教育先进工作者	市委、市人民政府	2021 年 9 月
江参旺布	雄章乡中心小学	优秀校（园）长	市委、市人民政府	2021 年 9 月

续 表

姓 名	工作单位	荣誉称号	表彰单位	表彰时间
拉巴顿珠	嘎拉乡中心小学	优秀校（园）长	市委、市人民政府	2021年9月
孙文彬	康马县中学	优秀教育工作者	市委、市人民政府	2021年9月
达瓦仓	康马县幼儿园	优秀教育工作者	市委、市人民政府	2021年9月
白玛多吉	县教育局	优秀教育工作者	市委、市人民政府	2021年9月
玉 珍	康马县中学	思想政治教育先进工作者	市委、市人民政府	2021年9月
桑 珠	康马镇中心小学	思想政治教育先进工作者	市委、市人民政府	2021年9月
卓玛曲宗	南尼乡中心小学	思想政治教育先进工作者	市委、市人民政府	2021年9月
阿 曲	少岗乡中心小学	思想政治教育先进工作者	市委、市人民政府	2021年9月
巴卓嘎	康马县中学	授予优秀教师	市委、市人民政府	2021年9月
达娃石达	萨马达乡中心小学	授予优秀教师	市委、市人民政府	2021年9月
扎西普赤	康如乡中心小学	授予优秀教师	市委、市人民政府	2021年9月
普赤被	康马镇中心小学	授予优秀教师	市委、市人民政府	2021年9月
朗 加	康如乡中心小学	模范班主任	市委、市人民政府	2021年9月
平 措	雄章乡中心小学	模范班主任	市委、市人民政府	2021年9月
石 吉	康如乡中心小学	名班主任	市委、市人民政府	2021年9月
次旦巴珠	涅如堆乡中心小学	最美边境教师	市委、市人民政府	2021年9月
格桑德吉	涅如麦乡中心小学	最美边境教师	市委、市人民政府	2021年9月
边巴仓决	萨马达乡中心小学	最美边境教师	市委、市人民政府	2021年9月
边巴次仁	嘎拉乡中心小学	最美边境教师	市委、市人民政府	2021年9月
普布顿珠	嘎拉乡中心小学	最美边境教师	市委、市人民政府	2021年9月
次仁德吉	萨马达乡中心小学	优秀班干部	武汉华大教师教育发展研究院	2021年10月
罗布桑布	县农牧综合服务中心	西藏少数民族专业技术人才特殊培养对象优秀普通学员	人力资源和社会保障部、自治区人民政府	2021年11月
仁增桑珠	县公安局	最美交警	自治区公安厅交管局	2021年12月

2021 年康马县获市级及以上表彰集体一览表

表2

单位名称	荣誉称号	表彰单位	表彰时间
雄章乡人民政府	平安乡镇（街道）	市委平安日喀则建设领导小组	2021 年 3 月
雄章乡人民政府	先进乡镇（街道）	市委平安日喀则建设领导小组	2021 年 3 月
康马镇	全区脱贫攻坚先进集体	自治区党委、自治区人民政府	2021 年 4 月
团县委	2020 年全市青年五四奖章集体奖	团市委	2021 年 5 月
涅如麦乡天坝村	先进基层党组织	市委	2021 年 7 月
康马镇	全区先进基层党组织	自治区党委	2021 年 7 月
康马县	双拥模范县	自治区党委、自治区人民政府、西藏军区	2021 年 9 月
退役军人事务局	全区退役军人工作模范单位	自治区退役军人事务工作领导小组	2021 年 9 月
涅如堆乡中心小学	第三届中华经典诵读大赛西藏自治区预赛小学生组优秀奖	自治区教育厅、自治区国家语言文字工作委员会	2021 年 11 月
县融媒体中心	优秀新闻单位	市委宣传部	2021 年 11 月
县融媒体中心	2021 年度“优秀新闻单位”	市委宣传部	2021 年 11 月
县公安局	全区公安机关中国共产党成立 100 周年和西藏和平解放 70 周年等系列重大活动安保维稳工作成绩突出集体	自治区公安厅	2021 年 12 月
涅如堆乡直村	五星村居	市委、市人民政府	2021 年 12 月
康马镇	第六届自治区文明村镇	自治区精神文明建设指导委员会	2021 年 12 月
康马镇朗达村	自治区文明村镇	自治区精神文明建设指导委员会	2021 年 12 月
南尼乡	自治区卫生乡镇	自治区精神文明建设指导委员会	2021 年 12 月
南尼乡曲热村	自治区卫生村（居）	自治区精神文明建设指导委员会	2021 年 12 月
南尼乡曲夏村	自治区卫生村（居）	自治区精神文明建设指导委员会	2021 年 12 月
康马镇	五星乡镇	市委、市人民政府	2021 年 12 月
县教育局	2020 年度西藏自治区“学习强国”先进学习组织	自治区教育厅	2021 年
县教育局	自治区优秀集体	自治区教育厅	2021 年
康马镇中心小学	第二批自治区级中小学美育特色学校	自治区教育厅	2021 年
康如乡中心小学	第二批自治区级中小学美育特色学校	自治区教育厅	2021 年
康如乡中心小学	自治区级文明学校		2021 年
少岗乡中小学	第二批自治区级中小学美育特色学校	自治区教育厅	2021 年
康马县双语幼儿园	2021 年度日喀则市级民族团结进步模范单位		2021 年
县融媒体中心	《接种新冠疫苗人人有责》荣获“西藏和平解放 70 周年好新闻新媒体类三等奖”	自治区融媒体中心	2021 年
普赤户家庭	最美家庭	自治区妇联	2021 年
扎西次仁家庭	平安家庭	市妇联	2021 年
康马县	先进双联户	市委政法委	2021 年

附 录

冲巴雍错 （县融媒体中心 提供）

2021年度康马县党政群团机关及其工作部门主要领导名录

中共康马县委员会及其所属工作部门

县　委

书　记：李　仁　新　2019年10月至2021年5月
扎西多布拉（藏族，一级调研员）
2021年5月起
副书记：王　瑞　斌　2020年4月起
于　德　波（援藏干部）　2021年5月起
祝　　涛　2021年6月起
常　委：达　　瓦（藏族）　2020年3月起
闫　会　峰（二级调研员）
2020年6起
惠　建　妮（女）　2020年6月起
巴　　顿（藏族）　2021年4月起
李　修　峰（援藏干部）　2021年5月起
高　志　平　2021年5月起
巴桑次仁（藏族，三级调研员）
2021年5月起
贡布多杰（藏族，三级调研员）
2021年6月起
扎西罗布（藏族，三级高级警长）
2021年6月起
王　开　苗　2021年10月起

县委办

主　任：库　飞　虎　2021年12月起
副主任：扎西普赤（女，藏族，三级主任科员）
2019年9月起

组织部

部　长：潘克祥　2018年5月至2021年5月
高志平　2021年5月起
副部长：索　　旺（藏族，四级调研员）
2016年10月至2021年12月
格桑顿珠（藏族）　2020年6月起
格桑德吉（女，藏族，二级主任科员）
2021年12月起

电子政务中心

主　任：达瓦加措（藏族）　2017年11月起

宣传部

部　长：巴　　顿（藏族）　2021年4月起
副部长：次仁坚赞（藏族，四级调研员）
2017年6月起
次仁央吉（藏族，二级主任科员）
2016年5月起
周　泽　平　2021年12月起

统战部

部　长：达　　瓦（藏族）　2020年3月起
副部长：普琼次仁（藏族，一级主任科员）
2021年12月起
坚阿拉姆（女，藏族）　2019年3月起
卓嘎拉姆（女，藏族）　2019年4月起
崔　现　刚　2021年12月起

政法委

书　记：扎西罗布（藏族）　2021年6月起

副书记：洛　　桑（藏族）　2016年5月起
格桑玉珍（女，藏族）　2016年5月起
白　　央（女，藏族）　2021年5月起
崔　　涛　2021年12月起

巡察办

主　任：旦　　珍（女，藏族，一级主任科员）　2017年11月起
副主任：次　　啦（女，藏族，二级主任科员）　2021年4月起

巡查组

组　长：张 校 起　2021年4月起
副组长：格桑顿珠（藏族）　2017年11月起

老干部局

局　长：格桑德吉（女，藏族，二级主任科员）　2021年12月起

康马县人民代表大会常务委员会及其工作部门

人大常委会

主　任：达瓦平措（藏族，一级调研员）
2021年6月起
副主任：尼　　平（藏族，二级调研员）
2016年9月起
拉琼次仁（藏族，三级调研员）
2021年6月起
坚　　参（藏族，三级调研员）
2021年6月起
张 丽 华（女）　2021年6月起

人大常委会办公室

主　任：贡　　布（藏族，四级调研员）
2021年4月起
副主任：其美卓嘎（女，藏族）
2019年5月起
王 继 平（女，满族，三级主任科员）　2019年5月起

人大法制财政科教委员会

主 任 委 员：次仁顿珠（藏族）
2020年8月至2021年6月
副主任委员：扎西仓决（女，藏族，二级主任科员）　2020年8月起
委　　　员：扎西顿珠（藏族，兼职）
2020年8月至2021年6月
次仁多吉（藏族）
2020年8月至2021年6月
次仁曲宗（女，藏族）
2020年8月至2021年6月
扎西平措（藏族）
2021年6月起
白玛伦珠（藏族）
2021年6月起
巴　　桑（藏族）
2021年6月起
尼玛潘多（女，藏族）
2021年6月起

康马县人民政府及其工作部门

人民政府

县　长：扎西多布拉（藏族，一级调研员）
2015年8月至2021年6月
祝　　涛　2021年6月起
副县长：闫 会 峰（二级调研员）
2020年6月起
陈　　宇　2020年7月起
李 修 峰（援藏干部）
2021年5月起
贡布多杰（藏族，三级调研员）
2021年6月起

次仁加布（藏族，三级调研员）
2021年6月起
索朗次仁（藏族，三级调研员）
2021年6月起
李 延 斌（满族） 2021年6月起
曲　　珍（女，藏族）
2021年6月起

政府办

主　任：晋美旺久（藏族，二级主任科员）
2021年12月起
副主任：薛 振 江（三级主任科员）
2020年7月起

发改委

主　任：邱富贵（一级主任科员）
2020年7月起
副主任：巴　桑（藏族，二级主任科员）
2019年5月起
王永富（援藏干部） 2019年7月起
洛　旦（藏族，二级主任科员）
2020年7月起

教育局

局　长：次仁顿珠（藏族，四级调研员）
2016年11月起
副局长：边巴普尺（女，藏族，二级主任科员） 2012年9月起
贵　　桑（藏族）
2016年10月至2021年8月
普 旦 增（藏族） 2021年12月起

民宗局

局　长：拉巴罗杰（负责人，藏族）
2021年4月起
副局长：普 潘 多（女，藏族，二级主任科员） 2019年4月起
旦增伦珠（藏族） 2020年7月起
边巴吉巴（女，藏族） 2016年6月起

民政局

局　长：卓　嘎（女，藏族，一级主任科员）
2020年7月起
副局长：拉巴顿珠（藏族） 2020年7月起

“五保”集中供养中心

主　任：边巴央拉（女，藏族）
2017年11月起

财政局

局　长：索朗旺堆（藏族） 2021年4月起
副局长：玉　　珍（女，藏族）
2019年5月起
陈 德 元 2021年12月起

人社局

局　长：伦　　珠（藏族，一级主任科员）
2021年1月至2021年12月
索　　旺（藏族，四级调研员）
2021年12月起
副局长：吕　　凤（女，三级主任科员）
2019年5月起
普布琼达（女，藏族，三级主任科员） 2020年7月起

社会保障中心

主　任：达娃卓玛（女，藏族，三级主任科员） 2016年10月起

自然资源局

局　长：普　　布（藏族，四级调研员）
2019年5月起
副局长：白玛措姆（女，藏族）
2019年4月起
尼玛琼达（女，藏族，三级主任科员） 2021年4月起

住建局

局　长：巴桑顿珠（藏族，一级主任科员）
2016年11月起

副局长：次仁琼达（女，藏族，二级主任科员）
2015年2月至2021年12月
边巴罗布（藏族）　2019年5月起
张爱武（援藏干部）
2019年7月起
李明圣　2021年12月起

交通运输局

局　长：平　措（藏族，四级调研员）
2021年5月起

副局长：次　杰（女，藏族）　2016年5月起
晋　美（藏族，二级主任科员）
2019年5月起

水利局

局　长：旺　久（藏族，一级主任科员）
2016年6月至2021年12月
贵　桑（藏族）　2021年12月起

副局长：彭　多（女，藏族，三级主任科员）
2016年6月起
多　吉（藏族，二级主任科员）
2019年5月起

农业农村局

局　长：拉巴罗杰（负责人，藏族）
2016年5月至2021年5月
顿珠旺加（藏族，三级调研员）
2021年6月至2021年12月
伦　珠（藏族，一级主任科员）
2021年12月起

副局长：次仁觉旦（藏族）　2019年4月起
格桑旦增（藏族）　2020年6月起

商务局

局　长：米　玛（女，藏族）
2019年5月起

副局长：次　珍（女，藏族，三级主任科员）　2016年5月起
罗布曲珠（藏族）　2021年4月起

文旅局

局　长：普布顿珠（藏族）　2020年7月起

副局长：多　吉（藏族，三级主任科员）
2021年4月起
扎　桑（女，藏族）
2019年4月起

卫健委

主　任：尼玛欧珠（藏族，一级主任科员）
2019年5月起

副主任：吉　律（藏族）　2019年4月起
德　清（女，珞巴族）
2019年5月起

退役军人事务局

局　长：达　曲（藏族，一级主任科员）
2019年5月起

副局长：白　央（女，藏族）
2019年5月至2021年5月
尼玛仓决（女，藏族）
2021年5月起

应急管理局

局　长：洛布次仁（藏族，四级调研员）
2019年5月起

副局长：尼玛卓玛（女，藏族）
2019年6月起
普　琼（藏族，三级主任科员）
2021年5月起

审计局

局　长：达瓦次仁（藏族）　2019年5月起

副局长：次仁朗杰（藏族）　2019年4月起

外事办

主　任：施丽萍（女）　2020年7月起

副主任：德　吉（女，藏族）　2021年12月起

市场监管局

局　长：次　顿（藏族）　2020年7月起

副局长：达　嘎（女，藏族）　2019年4月起

统计局

局　长：桑　珠（藏族，四级调研员）2021年6月起

副局长：强巴欧珠（藏族）　2019年5月起

谢仁方（仡佬族，二级主任科员）2021年5月起

米　玛（女，藏族）2021年12月起

乡村振兴局

局　长：旺　久（藏族，一级主任科员）2021年12月起

副局长：洛桑卓玛（女，藏族）2021年12月起

旦增晋美（藏族）　2021年12月起

林草局

局　长：扎西平措（藏族）　2019年5月起

副局长：潘　多（女，藏族）2019年4月起

医保局

局　长：次仁德吉（女，藏族，一级主任科员）　2019年5月起

副局长：次仁央宗（女，藏族，三级主任科员）　2019年12月起

边巴吉巴（女，藏族）2019年5月起

信访局

局　长：刘　磊　2020年7月起

副局长：片　多（女，藏族，二级主任科员）　2020年7月起

次仁琼达（女，藏族，二级主任科员）2021年12月起

行政审批和便民服务局

局　长：米玛片多（女，藏族）2019年5月起

副局长：次　珍（女，藏族）2020年7月起

郑　堆（藏族，三级主任科员）2021年5月起

城管局

局　长：米玛见参（藏族，一级主任科员）2019年5月起

副局长：米　玛（藏族，三级主任科员）2019年5月起

乃宁曲德寺管委会

主　任：索朗达瓦（藏族，四级调研员）2021年4月起

副主任：洛桑次仁（藏族）　2016年10月起

单增平措（藏族）　2021年4月起

拉吉寺管委会

主　任：达　曲（藏族）　2015年1月起

副主任：尼　次（藏族）　2016年10月起

巴桑次仁（藏族）　2016年10月起

甘丹曲林寺管委会

主　任：巴　旦（藏族）　2016年10月起

副主任：次仁塔杰（藏族）　2016年10月起

中国人民政治协商会议康马县委员会及其工作部门

县政协

主　席：扎西多吉（藏族，一级调研员）
2015年8月起

副主席：洛桑强巴（藏族，党外干部）
2012年5月起

米　玛（藏族，二级调研员）
2019年4月起

顿珠旺加（藏族，三级调研员）
2021年6月起

梅付光　2021年6月起

政协办

主　任：格　桑（藏族，四级调研员）
2012年7月起

副主任：白玛美朵（女，藏族，三级主任科员）　2016年10月起

提案法制经济委员会

主　任：达娃朗杰（藏族）　2020年6月起

副主任：巴　罗（藏族，二级主任科员）
2021年4月起

中共康马县纪律检查委员会、监察委员会

纪委监委

书　记、主　任：惠建妮（女）
2020年6月起

副书记、副主任：王贵荣（女，四级调研员）
2017年12月起

纪委常委、监委委员：索朗片多（女，藏族）
2017年11月起

达卓嘎（女，藏族，三级主任科员）
2017年12月起

白玛旺扎（藏族，三级主任科员）
2021年6月起

监督、检查室

主　任：普　尺（女，藏族，三级主任科员）
2019年6月起

综合室

主　任：韩　健　2020年6月起

审查调查室

主　任：石　曲（藏族）　2021年4月起

信息中心

主　任：巴桑罗布（藏族）　2020年6月起

政法机构

公安局

局　长：多吉次仁（藏族）
2015年9月至2021年5月

扎西罗布（藏族，三级高级警长）
2021年6月起

副局长：云旦贡布（藏族，四级高级警长）
2011年4月起

普布扎西（藏族，四级高级警长）
2011年月4起

李积平　2020年7月至2021年5月

政　委：巴桑次仁（藏族，四级高级警长）
2017年10月起

纪检室主任：达娃扎西（藏族，三级警长）
2019年5月起

人民法院

院　长：边　　多（藏族，四级高级法官）　2016年9月起
副院长：次仁卓拉（女，藏族，一级法官）　2017年6月起
　　　　李津海（一级法官）　2017年6月起
　　　　边巴旦增（藏族，四级高级法官）　2020年11月起

人民检察院

检察长：周　鹏（四级高级检察官）　2021年6月起
副检察长：普　珠（藏族，一级检察官）　2019年1月起
　　　　平　罗（藏族，一级检察官）　2019年1月起
　　　　祁海燕（女，蒙古族，四级高级检察官）　2020年11月起

司法局

局　长：米　　玛（藏族，四级调研员）　2020年7月起
副局长：德　　吉（大）（女，藏族，三级主任科员）　2015年8月起
　　　　索朗次仁（藏族）　2021年12月起

人民团体

总工会

主　席：央　　宗（女，藏族，一级主任科员）2020年6月起

团县委

书　记：普普尺（女，藏族）　2015年8月起
副书记：罗布次仁（藏族）　2020年7月起

妇　联

主　席：达　珍（女，藏族，一级主任科员）　2014年6月起
副主席：边　珍（女，藏族，二级主任科员）　2015年1月起

中央、自治区、市直驻县单位

县生态环境分局

局　长：普　　尺（女，藏族，一级主任科员）　2019年3月起
副局长：旦增玉珍（女，藏族）　2019年3月起

县联通公司

经　理：曲青青（女）　2021年1月起

县直属事业单位

党　校

常务副校长：格　伦（藏族）　2020年6月起

藏语委办

主　任：扎西旺堆（藏族，三级调研员）　2018年5月起
副主任：边巴普尺（女，藏族）　2018年8月起
　　　　索　　央（女，藏族）　2018年8月起

机关后勤服务中心

主　任：占　堆（藏族）　2015年1月起

农牧综合服务中心

主　任：拉巴旺堆（藏族，中级农艺师）　2016年10月起

副主任：王国海（高级兽医师）
2019年8月起

卫生服务中心

主　任：拉　　贵（藏族，医师）
2011年4月起
副主任：边巴顿珠（藏族，主治医师）
2011年5月起
邓　　渝（主治医师）
2015年9月起
宿宝成（援藏干部，医师）
2019年7月起

疾控中心

主　任：尼玛次仁（藏族，主治医师）
2012年7月起
副主任：罗布多吉（藏族）　2008年10月起
嘉　　略（女，藏族，主治医师）
2012年7月起
扎　　西（藏族）　2016年10月起
强巴卓嘎（女，藏族）
2017年9月起

融媒体中心（康马电视台）

副台长：次仁多吉（藏族）　2019年3月起

文化广播影视服务站

站　长：格桑达瓦（女，藏族）
2007年10月起
副站长：穷　　吉（女，藏族）
2019年12月起
央　　珍（女，藏族）
2019年12月起
达　　罗（藏族）　2020年9月起

乡　镇

康马镇

党　委

书　　记：巴桑次仁（藏族，三级调研员）
2021年5月起
副书记：陆晓军　2021年5月起
阿旺德列（藏族，二级主任科员）　2021年5月起
索朗平措（藏族，二级主任科员）　2019年5月起
纪委书记：聂明飞　2021年5月起
统宣委员：仓　　啦（女，藏族）
2021年5月起
组织委员：达　　吉（女，藏族）
2021年5月起

康马镇人大

主　席：旦增欧珠（藏族）　2019年5月起

人民政府

镇　长：陆晓军　2021年5月起
副镇长：仓　　啦（女，藏族）
2021年5月起
黄宏健　2019年5月起
肖红梅（女）　2021年5月起
普布索朗（藏族）　2021年5月起

涅如堆乡

党　委

书　　记：汪　　吉（藏族）　2021年4月起
副书记：嘎玛旦达（藏族）　2021年4月起
白玛江参（藏族）　2019年4月起
刘智壕　2021年4月起
纪委书记：达瓦卓玛（女，藏族）
2020年6月起
统宣委员：格桑央拉（女，藏族）
2020年7月起

组织委员：普布穷达（女，藏族）
2021年4月起

涅如堆乡人大

主　席：白玛伦珠（藏族）　2021年12月起

人民政府

乡　长：嘎玛旦达（藏族）　2021年4月起

副乡长：格桑央拉（女，藏族）
2020年7月起

马建龙　2020年7月起

尼玛次仁（藏族）　2021年4月起

王成喜　2021年4月起

涅如麦乡

党　委

书　记：郝建政（四级调研员）
2015年5月起

副书记：尼玛罗杰（藏族）　2021年5月起

唐万来　2021年5月起

纪委书记：达娃卓玛（女，藏族）
2016年5月起

统宣委员：普布琼吉（女，藏族）
2019年6月起

组织委员：边巴加布（藏族）　2021年5月起

涅如麦乡人大

主　席：张红春（彝族）　2020年10月起

人民政府

乡　长：普　珠（藏族，一级主任科员）
2021年5月起

副乡长：王继威　2021年5月起

罗国梁　2021年5月起

普布塔杰（藏族）　2021年5月起

少岗乡

党　委

书　记：李延斌（满族，四级调研员）
2016年5月起

副书记：旦增阿旺（藏族）　2021年4月起

次仁央拉（女，藏族）
2021年4月起

杨传勇（三级主任科员）
2021年4月起

纪委书记：琼　达（女，藏族）
2019年5月起

统宣委员：旦增卓玛（女，藏族）
2021年4月起

组织委员：陈晓莹（女）
2021年4月起

少岗乡人大

主　席：黎　鑫（女）　2021年4月起

人民政府

乡　长：旦增阿旺（藏族）　2021年4月起

副乡长：旦增卓玛（女，藏族）
2021年4月起

宋　鹏　2021年4月起

洛桑旦增（藏族）　2021年4月起

达　琼（藏族）　2021年4月起

南尼乡

党　委

书　记：旦　增（藏族）　2021年4月起

副书记：陈善伟　2021年4月起

王　玥（女）　2021年4月起

拉巴扎西（藏族，一级主任科员）
2021年4月起

纪委书记：杨疆凤（女）　2019年4月起

统宣委员：扎西顿珠（藏族）　2019年6月起

组织委员：丹增罗布（藏族）　2021年4月起

南尼乡人大

主　席：巴　桑（藏族，四级调研员）
2020年6月起

人民政府

乡　长：陈善伟　2021年4月起

副乡长：扎西顿珠（藏族）　2019年6月起

满则谦　2021年4月起

王　　澜（女）　2021年4月起
巴　　加（藏族）　2021年4月起

萨马达乡

党　委

书　　记：程永岗（四级调研员）
2021年4月起
副书记：索　　次（藏族）　2021年4月起
次仁玉珍（藏族）　2021年4月起
顿珠次仁（藏族，三级主任科员）
2019年5月起
统宣委员：次　　旦（女，藏族）
2021年4月起
组织委员：林汉泉　2019年4月起

萨马达乡人大

主　席：拉巴次仁（藏族）　2014年7月起

人民政府

乡　长：索　　次（藏族）　2021年4月起
副乡长：胡亚东（三级主任科员）
2019年5月起
李松松（三级主任科员）
2021年4月起
达娃曲珍（女，藏族）
2021年4月起

嘎拉乡

党　委

书　　记：扎　西（藏族，四级调研员）
2021年4月起
副书记：董昌鑫　2021年4月起
黄　松　2021年4月起
曲　桑（藏族）　2021年4月起
纪委书记：易岳冬　2021年4月起
统宣委员：旺　久（藏族）　2021年4月起
组织委员：边　巴（女，藏族）
2021年4月起

嘎拉乡人大

主　席：洛　桑（藏族，一级主任科员）
2021年4月起

人民政府

乡　长：董昌鑫　2021年4月起
副乡长：旺　　久（藏族）　2021年4月起
张在先　2020年7月起
索朗央金（女，藏族）
2016年6月起
次仁潘多（女，藏族）
2021年4月起

康如乡

党　委

书　　记：达娃次仁（藏族，一级主任科员）
2021年4月起
副书记：王　　平　2016年6月起
王　　升　2021年4月起
格　　平（藏族，二级主任科员）
2019年4月起
纪委书记、监委主任：吴倩倩（女）
2019年4月起
统宣委员：次　　穷（藏族）　2021年4月起
组织委员：索朗曲珍（女，藏族）
2016年5月起

康如乡人大

主　席：扎西顿珠（藏族）　2020年7月起

人民政府

乡　长：王　　平　2016年6月起
副乡长：次　　穷（藏族，三级主任科员）
2021年4月起
益西论珠（藏族）　2020年7月起
唐秋实　2021年4月起
邓　　涛　2021年4月起

雄章乡

党　委

书　　记：梅付光　2021年6月起

副 书 记：次仁卓嘎（女，藏族）
2021年4月起
普塔尔杰（藏族） 2021年4月起
达　　拉（女，藏族）
2020年6月起
纪委书记：王 乾 超（土家族，三级主任科员） 2021年4月起
统宣委员：索朗次仁（藏） 2021年4月起
组织委员：何　　辑 2021年4月起

雄章乡人大

主　席：巴桑次仁（藏族） 2020年7月起

人民政府

乡　长：普塔尔杰（藏族） 2021年4月起
副乡长：索朗次仁（藏族） 2021年4月起
边巴吉巴（女，藏族）
2019年5月起
彭 书 欣 2021年4月起
刘　　鹏 2021年4月起
何　　辑 2021年4月起

文献选辑

康马县人民代表大会常务委员会工作报告

——2022年3月27日在康马县第十四届人民代表大会二次会议上

康马县人大常委会主任 达瓦平措

各位代表：

现在，我受县人大常委会委托，向大会报告工作，请予审议。

十四届人大一次会议以来的主要工作

县十四届人大一次会议以来，县人大及其常委会在县委的坚强领导下，坚持以习近平新时代中国特色社会主义思想为指导，认真贯彻落实中共十九大、十九届历次全会精神以及中央第七次西藏工作座谈会、中央人大工作会议精神，认真贯彻落实习近平总书记在西藏视察时的重要讲话精神，始终坚持党的领导、人民当家作主、依法治国有机统一，按照区党委、市委、县委决策部署和工作要求，围绕中心、服务大局，依法履行职责，积极稳步推进人大及其常委会各项工作健康发展。

一次会议以来，共召开县人民代表大会会议1次、常委会会议5次、主任会议10次；听取和审议议案及专项报告12件，组织开展或协助区市人大在我县开展视察调研和执法检查等10余次。

一、坚持党的领导，牢牢把握人大工作正确方向

（一）始终坚持党对人大工作的全面领导。县人大及其常委会坚持把加强党的政治建设摆在首位，不断增强“四个意识”、坚定“四个自信”、做到“两个维护”，切实把思想和行动统一到党中央、区党委决策部署和市委、县委具体要求上来。认真执行重大事项请示报告制度，主动争取县委对人大工作的关心与支持，对工作中的重大事项做到随时报告，监督工作中涉及的重要问题，事先向县委请示报告，并根据县委要求，按照法定程序抓好落实，确保人大工作与县委中心工作同心同向、同频共振，真正使人大工作的过程成为全面贯彻党委意图、充分体现人民意愿的过程。一次会议以来，相继向县委主动请示报告20余次。

（二）积极融入县委中心工作。县人大常委会组成人员在认真履行法定职责，扎实做好本职工作的同时，严格落实县处级领导干部联系乡（镇）、学校、寺庙等制度，积极参与维护稳定、生态环保、乡村振兴、巡视巡察、党史学习教育宣讲督导、疫情防控、结对帮扶等各项工作。积极引导人大代表站稳政治立场，履行政治责任，加强思想、作风建设，模范遵守宪法法律，做政治上的明白人、人民群众的贴心人，在本职岗位上建功立业，在为民服务中担当尽责。

二、围绕中心、服务大局，依法履行人大职责

（一）深入调查研究，理清工作思路。主任会议成员多次到8个乡1个镇及部分村居，围绕宪法法律赋予人大职能定位，围绕稳定发展生态强边各项工作开展调研，全面了解县域基本情况及乡（镇）人大工作开展情况，并提出了符合县域实际的20余

件工作意见建议，涵盖基础设施建设、民生改善、产业发展、民主法制建设等相关领域的实际问题，引起了相关部门的高度重视，为有效推动高质量发展助力。

（二）丰富监督手段，提升监督质效。听取和审议县人民政府关于法治政府建设、巩固拓展脱贫攻坚成果同乡村振兴有效衔接、民族团结创建、代表建议办理，以及法院民事审判、检察院公益诉讼等专项工作报告7项，提出审议意见3件，交由“一府两院”研究处理。组织开展或协助区市人大在我县开展“七五”普法、宪法宣誓制度实施、义务教育均衡发展、强边工作、边境小康村建设、法检工作等专题调研10余次，开展《西藏自治区药品管理条例》《日喀则市文明行为促进条例》立法前调研2次、《日喀则市市容和环境卫生管理条例》立法后评估1次，开展《中华人民共和国宪法》《中华人民共和国国歌法》《中华人民共和国国旗法》《中华人民共和国食品安全法》《西藏自治区民族团结进步模范区创建条例》等执法检查4次，规范性文件备案审查1件，有效保障宪法法律实施，确保国家机关依法行使权力、依法落实相关工作责任，确保公民、法人和其他组织的合法权益得到有效维护。

（三）依法行使重大事项决定权和人事任免权。强化国民经济和社会发展计划、财政预算执行情况及决算的审查和监督，听取审议计划执行情况报告，审查批准年度本级预决算、预算调整和执行情况报告。在常委会作出决议决定前，通过调查研究等方式，广泛征求和充分听取各方面意见，最大限度吸纳民意、汇集民智，科学决策，促进重大决策民主化、法治化。一次会议以来，作出决议决定3项、提出审议意见5件，交由“一府两院”研究处理。同时，县人大常委会始终坚持党管干部原则，一次会议以来，依法任免国家机关工作人员35人次，为地方国家机关高效有序运转提供了组织保障。

三、强化代表履职服务，激发代表履职热情

（一）加大培训力度，提升能力素质。通过以会代训、集中培训、参观考察、请进来走出去等多种方式，不断增强代表培训的针对性和实效性。一次会议以来，委托开展新任代表履职培训400余人次，集中培训30人次，外出学习考察24人次，以会代训100余人次，有效提升代表的思想素质、履职水平和引领发展能力。此外，相继接待昂仁县、定日县、乃东区、隆子县、白朗县、岗巴县等地130名人大代表的来访考察，互学互鉴、共同进步。

（二）优化平台建设，发挥“家”的作用。创新思路，完善举措，进一步将“代表之家”拓展为“学习培训之家”“履职交流之家”“服务群众之家”“共同富裕之家”“共守和谐之家”“生态文明之家”，不断丰富活动内容，拓宽代表知情、知政渠道，有效促进代表履职经常化、规范化。坚持常委会组成人员联系代表、代表联系选民、邀请代表列席常委会会议等制度，组织代表开展调研视察，参与人大常委会和专门委员会相关工作，让代表更多地了解中心工作、参与决策过程、掌握工作进度，从各层次各领域扩大人民有序政治参与。一次会议以来，邀请代表列席常委会会议、参加常委会组织的视察调研、执法检查等活动60余人次，参加全县重要会议、重大活动20余人次，通过人大渠道向党和有关国家机关提出意见建议80余件，充分发挥了人大代表集中民智、关注民生、反映民意的作用。

（三）加大督办力度，办好代表建议。坚持把提高落实率和满意率作为衡量代表意见建议办理质量的标准，班子成员带队到部分代表意见承办单位，加强督促指导，促进相关部门进一步完善代表建议办理程序，改进办理方式，提升办理效果，做到办前有沟通、办中有交流、办后有反馈，扎实有效推进建议办理工作。一次会议以来，县人大代表所提的63件意见建议，答复率100%，做到了代表建议“事事有答复、件件有回音”。

四、强化自身建设，提升履职能力和水平

（一）坚持用习近平新时代中国特色社会主义思想统领人大工作。坚持把学习贯彻习近平新时代中国特色社会主义思想，特别是总书记关于坚持和完善人民代表大会制度的重要思想和总书记在中央人大工作会议上的重要讲话精神作为工作遵循，深入贯彻落实党中央、区党委、市委、县委关于进一步加强和改进人大工作相关要求，坚定不移忠诚核心、维护核心、紧跟核心、捍卫核心，科学运用党的创新理论分析和解决人大工作中的实际问题，不断提高政治判断力、政治领悟力、政治执行力，切实用党的创新理论武装头脑、指导实践、推动工作。

（二）扎实开展党史学习教育和“三更”专题教育。以常委会党组理论学习中心组学习、机关支部集中学习、主题党日等为载体，采取集中学习、个人自学、交流研讨、观看党史网络专题讲座等方式，深入学习党史、新中国史、改革开放史、社会主义发展史、西藏地方与祖国关系史，深入贯彻中共十九届六中全会、中央人大工作会议、自治区第十次党代会精神，以及习近平总书记关于党史学习教育的重要讲话和指示精神、习近平总书记在西藏视察时的重要讲话精神等内容，努力做到先学一步、学深一步、学实一步，扎实推动党史学习教育和专题教育走深、走实。一次会议以来，组织开展党组理论学习中心组集中学习13次，支部党史学习教育专题学习34次；召开专题民主生活会3次，专题研讨8场次，撰写心得体会及研讨提纲等40余篇，班子成员到基层宣讲10场次，以普通党员身份参加支部组织生活20余人次，开展“我为群众办实事”实践活动13件。

（三）履行全面从严治党和党风廉政建设主体责任，切实加强自身建设。认真贯彻落实《关于新形势下党内政治生活的若干准则》和《中国共产党党内监督条例》等，把党的建设和党风廉政建设与人大工作同研究、同部署、同实施、同检查，推进党风廉政建设和作风建设。认真落实全面从严治党和意识形态工作责任制，切实加强县人大常委会党组和县人大机关党支部建设，把制度建设贯穿到党的各项建设之中。坚持集体行使职权、集体决定问题，合理安排会议，发扬民主，集思广益，形成共识，把民主集中制贯穿履职全过程。充分调动常委会、专委会组成人员和人大机关干部的主观能动性，改进学习方式，加强工作磨合，不断提高履职能力和服务水平。严肃党内政治生活，坚持正面教育与反面典型警示教育相结合，不断强化纪律意识、规矩意识和组织观念。一次会议以来，组织开展警示教育9场次、学习各类通报文件40余份，谈心谈话20余人次。认真履行“一岗双责”，始终把纪律和规矩挺在前面，带头执行中央八项规定及其实施细则，以及区党委、市委、县委相关要求，自觉接受监督，坚决反对“四风”，抵制各种不正之风。

各位代表！十四届人大及其常委会工作所取得的成绩，是在县委的坚强领导下，县人大代表、常委会组成人员、专委会组成人员和人大工作者认真履职尽责、共同努力的结果，是“一府一委两院”密切配合、通力协作的结果，也是全县各族人民充分信任、大力支持的结果。在此，我代表县人大常委会向大家表示衷心的感谢和崇高的敬意！

在肯定成绩的同时，我们也清醒认识到，常委会工作还存在一些差距和不足，主要有：监督刚性不够有力，服务和保障代表依法履职还需改进，人大自身建设还需持续加强，等等。常委会将虚心听取代表和各方面意见建议，不断加强和改进各项工作。

2022年主要任务

2022年是中共二十大召开之年，是贯彻落实自治区第十次党代会精神的开局之年，是全面实施“十四五”规划的重要之年。县人大常委会工作的总体要求是：坚持以习近平新时代中国特色社会主义思想为指导，全面贯彻中共十九大和十九届历次

全会精神，深入贯彻中央第七次西藏工作座谈会、中央人大工作会议、全国两会精神，贯彻习近平总书记关于西藏工作的重要论述、视察西藏重要讲话精神和新时代党的治藏方略，弘扬伟大中国共产党成立精神，深刻领会“两个确立”的决定性意义，增强“四个意识”、坚定“四个自信”、做到“两个维护”，坚持党的领导、人民当家作主、依法治国有机统一，坚持稳字当头、稳中求进，按照中央人大工作会议部署，不断发展全过程人民民主，在县委的坚强领导下，加强和改进新时代人大工作，紧紧围绕自治区第十次党代会、市第二次党代会及市委历次全会部署，紧盯“四件大事”，助推“四个创建”，为实现“四个确保”、做到“四个走在前列”、推进康马长治久安和高质量发展提供制度保证和法治保障。2022年，重点抓好以下几个方面的工作。

一、坚持党的全面领导，确保人大工作始终在党的领导下开展

坚持党的领导，是实行人民代表大会制度的内在要求，是人民代表大会制度的重要特色和优势所在，是做好新时代人大工作的根本保证。县人大常委会将坚定制度自信，坚定不移地贯彻好、落实好坚持党的全面领导这一最高政治原则，用习近平新时代中国特色社会主义思想武装头脑，牢牢把握做好新时代人大工作的根本要求，主动自觉接受县委领导，自觉维护党总揽全局、协调各方的领导核心作用，自觉贯彻执行请示报告制度，严格按规定及时向县委请示报告重大事项、重要会议、重要工作、重大问题，紧紧围绕县委中心工作依法履职尽责，确保党中央决策部署和区党委、市委、县委工作要求在人大工作中得到落实。

二、支持和保证人民当家作主，更好践行全过程人民民主

在我国，国家的一切权力属于人民。人大及其常委会代表国家行使国家权力，根本职责是在党的领导下，支持和保证人民当家作主。县人大及其常委会将认真贯彻落实好习近平总书记关于坚持和完善人民代表大会制度的重要思想、习近平法治思想和习近平总书记关于发展全过程人民民主的新部署新要求，坚持中国特色社会主义政治发展道路，通过坚持和完善人民代表大会制度更好保证和发展人民当家作主。围绕“十大民生工程”和人民群众“急难愁盼”问题开展“大调研”，更好地实现好、维护好、发展好最广大人民的根本利益，从各层次各领域扩大人民有序政治参与，发展更加广泛、更加充分、更加健全的人民民主，更好维护人民权益、体现人民意志。

三、依法履行宪法法律赋予的职责，更好助力经济社会发展

保证宪法法律贯彻实施，着力推进依法治县。认真做好法律监督和工作监督，督促全县各部门加强宪法法律的宣传教育，在国家宪法日、法治宣传周集中开展宣传教育活动，引导各族群众更加自觉地树立宪法意识、维护宪法权威；全面落实宪法宣誓制度；加强对行政机关、监察机关、审判机关、检察机关工作监督，推进依法行政、依法监察、公正司法。服务中心工作，聚焦重点领域，着力提升监督质效。以重点项目建设、保障和改善民生、生态环境保护、乡村振兴等工作为重点，综合运用监督手段，实施有效监督，对具有重大影响的事项，实施重点公开监督；制定《关于进一步完善人大监督工作的意见》，完善措施，创新机制，更好引导“一府一委两院”自觉接受人大监督；宣传好、实施好《西藏自治区生态文明高地建设条例》，开展专题调研，用法治力量引领和推动西藏生态文明高地建设，促进生态环境保护，推进美丽西藏建设；对贯彻实施《西藏自治区民族团结进步模范区创建条例》情况开展执法检查，推进民族团结进步创建向更大范围、更广领域、更深层次拓展；组织人大代表对固边兴边富民行动进行视察调研，为强边事业献计献策，确保边防巩固、边境安全、边民幸福；依法作出“八五”普法决议，对决议执行情况开展专项监督，推动尊法学法守法用法成为全县各族群众的自觉行动。

四、强化代表履职服务保障，更好提升代表履职成效

依托“代表之家”，办好代表履职培训，开展代表履职交流，组织代表学习考察，引导代表们正确认识代表的角色定位、职责使命、行权方式。拓展代表知情、知政渠道，丰富代表联系群众的内容和形式，加强代表履职能力建设，强化代表履职管理，充分发挥人大代表作用。加强代表意见建议办理情况的跟踪检查，确保内容高质量，办理高质量。积极引领全县各级人大代表自觉践行习近平总书记对人大代表提出的“要站稳政治立场，履行政治责任，加强思想、作风建设，模范遵守宪法法律，做政治上的明白人”的殷殷嘱托，始终牢记“人民选我当代表，我当代表为人民”的初心使命，当好人民群众的贴心人。加强代表国家通用语言文字学习，提升文化水平和表达能力，为更好履职尽责夯实基础。

五、持续改进作风狠抓落实，更好促进人大工作高质量发展

深入学习贯彻习近平新时代中国特色社会主义思想，坚持以新思想引领人大工作，做到学懂弄通做实，筑牢忠诚捍卫“两个确立”、坚决做到“两个维护”的思想根基。全面加强常委会机关党的建设特别是党的政治建设，忠实履行管党治党政治责任，严守政治纪律和政治规矩，明大德、守公德、严私德，驰而不息纠治“四风”特别是形式主义、官僚主义，努力打造让党中央放心、人民群众满意的政治机关、国家权力机关、工作机关、代表机关。全面践行党的群众路线，深入基层，深入群众，深入一线，密切联系代表和选民，深入开展调查研究，察民情、听民声、解民意，积极回应人民对美好生活的新期待。把改进作风狠抓落实工作纳入重要议事日程，聚焦“六个表率”要求，深入贯彻落实自治区党委、市委、县委进一步改进作风、狠抓落实重要部署要求，通过安排部署、学习对照、对照检视、座谈讨论、原因剖析、整改落实、接受群众监督、健全体制机制等步骤，扎实开展“四查四问”“十破十变”大讨论，聚焦“八改八促”实现“八除八树”，紧盯工作任务，主动担当作为，在守正创新中加强和改进人大工作，积极探索更好履行人大职责的新机制新方式，提高工作效率，务求工作实效，在人大系统中形成抓作风促落实、抓落实强作风的良好局面，努力打造政治坚定、服务人民、崇尚法治、发扬民主、勤勉尽责的人大工作队伍。

各位代表！奋斗新时代，奋进新征程。让我们更加紧密地团结在以习近平同志为核心的党中央周围，高举习近平新时代中国特色社会主义思想伟大旗帜，在县委的坚强领导下，依法履职尽责，主动担当作为，为建设团结富裕文明和谐美丽社会主义现代化新康马作出新的更大贡献，以优异成绩迎接中共二十大胜利召开！

中国人民政治协商会议第二届康马县委员会常务委员会工作报告

——在政协第三届康马县委员会第一次会议上

康马县政协主席　扎西多吉

（2021年6月27日）

各位委员、同志们：

我代表中国人民政治协商会议第二届康马县委员会常务委员会向大会报告工作，请予审议，并请列席会议的同志提出意见。

二届县政协工作回顾

二届县政协以来，是康马县发展历史上极不平凡的重要时期，也是我县人民政协坚守初心、砥砺前行，在继承中发展、在发展中创新的关键时期。在中共康马县委的坚强领导下，二届县政协常委会始终高举爱国主义和中国特色社会主义思想伟大旗帜，团结动员全县政协各参加单位、政协组织和广大政协委员，深入学习贯彻中共十八大、十八届历次全会和中共十九大、十九届二中、三中、四中、五中全会精神，学习贯彻习近平总书记关于西藏工作重要论述和新时代党的治藏方略，学习贯彻中央、区党委、市委、县委政协工作会议精神，学习贯彻区党委、市委、县委重大决策部署和县委主要领导关于政协工作的批示指示精神，紧紧围绕市委“6677”工作总体思路，市政协“12345”工作思路、县委“545”工作思路，广泛团结带领广大政协委员，认真履行政协职能，积极发挥作用，为建设团结富裕文明和谐美丽康马作出了积极贡献，续写了我县人民政协事业的新篇章。

一、坚持正确政治方向，全面加强党的领导

（一）持续强化思想武装。通过党组会议、主席会议、常委会议、委员集中培训等形式，认真学习、深刻领会中共十八大、十八届历次全会以及中共十九大、十九届二中、三中、四中、五中全会、中央第六次、第七次西藏工作座谈会精神，中央、区党委、市委、县委的政协工作会议、特别是《习近平谈治国理政》以及治边稳藏的重要论述和“加强民族团结，建设美丽西藏”的重要指示，学习贯彻习近平总书记给西藏隆子县玉麦乡群众的回信精神，学习贯彻汪洋主席视察西藏政协工作时的重要指示精神，学习贯彻全国两会、区、市、县党代会及政协工作会议精神，动员全县政协组织和广大政协委员旗帜鲜明讲政治，坚定政治信仰，始终做到忠诚核心、拥戴核心、维护核心、捍卫核心，坚决维护习近平总书记在党中央、在全党的核心地位，坚决维护以习近平同志为核心的党中央权威和集中统一领导，常委会始终把坚持党的领导作为人民政协履职的根本保证，注重加强思想政治建设，始终与党的方向一致、目标一致、工作一致，推进政协工作沿着正确的方向不断前进，强化服务大局的坚定性、主动性。常委会始终扎实开展“三严三实”专题教育、“两学一做”学习教育活动、政治纪律教育活动、“不忘初心、牢记使命”主题教育，党史学习教育、“三更”专题学习教育，注重理论与实践相结合，把学习成果转化为做

好政协工作的思路举措，主动将政协工作置于全县大局中来谋划，引导政协委员和各界人士，在把握大局中增进共识，在服务大局中凝聚力量，为推进中心工作、重点工作夯实基础。五年来，县政协党组召开民主生活会共8次，集中学习84次，主席会议11次、常委会集中学习讨论12 次，形成学习简报90篇。

（二）始终坚持党的领导。县政协常委会认真贯彻落实中央、区党委、市委、县委关于加强政协系统党的建设工作的意见，全面推进党的政治、思想、组织、作风和纪律建设，不断提高政协党的建设质量，以党建工作的新成效推动政协事业高质量发展。切实把党委的决策部署落实到政协工作中，并转化为政协组织、政协委员的广泛共识与自觉行动。坚持重大工作向县委汇报，重要事项向县委请示，重大活动主动邀请党政领导参加，实现政协与党委在思想上同心同德、目标上同心同向、行动上同心同行。

（三）全面践行从严治党。县政协党组认真履行全面从严治党主体责任，按照县委统一部署，扎实开展了“三严三实”专题教育、“两学一做”学习教育活动和“不忘初心、牢记使命”主题教育，全力抓好思想政治教育，意识形态领域，不断增强政协党组织的凝聚力战斗力，充分发挥党员干部的先锋模范作用，把党风廉政建设摆上更加突出位置，深入推进党风廉政教育，组织党员干部认真学习党纪党规，开展警示教育、剖析典型案例，营造浓厚廉政氛围，教育引导党员干部树牢勤政廉政意识，筑牢反腐思想防线。注重制度建设，完善县政协党组学习、联系委员、民主生活会等制度，认真抓好各项制度落实，提升党建工作制度化、科学化水平。县政协党组领导干部带头遵守廉洁自律各项规定，坚持做到廉洁从政，带动政协机关干部严以律己、遵规守纪、敬业奉献，树立了政协组织风清气正和忠诚干净担当的良好形象。五年来，共专题学习31次，讲廉政党课17次，集中观看警示教育片15次。

（四）加强宣传教育工作。县政协常委会高度重视发挥新闻媒体的作用，不断加强和改进政协宣传工作，为人民政协事业发展赢得了更为广泛的社会认可和支持。县政协常委会通过微信、新闻媒体等平台及时宣传履职作为和委员风采，利用这些媒体平台广泛宣传县委、县人民政府决策的正确、工作的务实。开展“千名委员深入贫困区，强化贫困群众思想教育，助推精神领域精准扶贫”活动，通过宣讲政策、为群众办实事等方式，有序深入推进活动，得到市政协、县委、县人民政府的充分肯定和群众的喜爱。此次活动还在全市获得了一等奖的好成绩。县政协主席班子到乡村、学校、寺庙，广泛开展中共十八届五中全会、中共十九大、十九届五中全会以及中央政协工作会议、中央第六次、第七次西藏工作座谈会精神、“四讲四爱”主题教育实践宣讲活动，广泛宣传习近平新时代中国特色社会主义思想的划时代意义和真理力量、实践力量，引导全县各级政协委员切实增强“五个认同”，坚定“四个自信”，巩固共同团结奋斗的思想政治基础。共组织各类宣讲50场次，受教育人数万余人次。

二、紧贴政协优势，促进社会和谐稳定

县政协常委会始终坚持把维护社会和谐稳定作为第一责任，始终与党中央、区党委和市委、县委保持高度一致，坚决贯彻落实党的治藏方略和区党委“十项”维稳措施、县委维稳工作部署，坚决防止和克服麻痹思想，切实提高工作的执行力。

（一）发挥委员优势。充分发挥政协委员联系农牧民群众优势，深入基层乡村、群众，宣传党的民族政策和宗教政策，深入揭批十四达赖和达赖集团的反动本质，开展多种形式的民族团结进步教育活动，促进各族各界人士增进团结、反对分裂、维护祖国统一，积极引导宗教与社会主义社会相适应，教育引导群众理性对待宗教，淡化宗教消极影响，过好今生幸福生活，促进社会和谐稳定。

（二）主动承担责任。认真落实县级领导干部维稳包乡责任制，特别是3月敏感期、全国两会、

中共十九大、中央第六次、第七次西藏工作座谈会等重大节庆节点，县政协主席班子深入包乡、寺庙、学校全程督导维稳安保工作并宣传党的治边稳藏和市委、县委维稳会议精神，看望慰问基层干部群众、困难群众和寺庙僧人、政协委员，确保了社会局势持续稳定、长期稳定、全面稳定。

三、主动融入服务大局，展现政协更大作为

（一）抓好调查研究建言献策。紧扣康马发展中心和重点，拓展参政议政领域，畅通委员参议政渠道，每年精心制定协商计划，确定重点调研课题，组织委员参加调研，五年来，县政协主要从嘎拉乡灾后重建情况、康马镇集中易地搬迁、查那蔬菜大棚建设情况、南尼乡红色爱国教育基地乃宁曲德寺、南尼村“4·25”灾后重建情况、“强化基层文化阵地建设推动乡村文化振兴”“脱贫攻坚产业扶贫工作中农牧区合作社建设情况”“农牧区学前教育发展情况”“农牧区人居环境整治建设情况”、如何做好易地扶贫搬迁“后半篇文章”（聚焦产业发展情况）、村级组织活动场所标准化建设和使用情况、我县底边村建设情况等课题开展了深入的专题调研并召开了关于“宗教与社会主义社会相适应”“遵循四条标准 争做先进僧尼”教育实践活动等座谈会。共形成调研报告13份，提出建议意见50余条。这些调研成果为县委、县人民政府科学民主决策提供了有价值参考。县政协常委会围绕委员脱贫攻坚和基层党组织建设、村集体经济合作社发展、文物保护及文史资料收集情况等内容，组织县政协各界别部分委员赴拉萨、山南、林芝、亚东县、岗巴县、萨迦县等开展考察学习，增长了委员见识、提高了委员履职能力和提案质量的提升，共形成了调研报告2篇。

（二）抓好提案办理提升实效。为充分发挥委员主体作用和专委会基础性作用，提案工作在政协履职中的全局作用，以提高提案质量和办理质量为重点，探索建立了提案工作激励机制和常委会班子领衔督办重点提案制度，加大了业务培训力度，确保了提案办理“事事有着落，件件有回音”，增强了委员和办理单位的积极性、主动性，极大地促进了提案工作办理成效。同时，县政协常委会特别注重发挥自治区政协委员在推动发展中的积极作用，组织他们立足全区大局，结合全县经济社会发展的重大问题，康马驻自治区政协委员向自治区政协提交提案5件；康马驻市政协委员向市政协提交提案36件；共收到二届县政协委员提案312件，经审查立案301件。通过建章立制、强化激励、压实责任，有效提升了提案工作的委员满意度和群众受益率，推动了相关工作的落实。

（三）抓好脱贫攻坚出成果。县政协常委会坚决贯彻落实中央、区党委和市委、县委关于脱贫攻坚决策部署和工作要求，按照康马县脱贫攻坚领导小组工作推进会暨迎国检安排部署会议的要求，常委会及时组织传达学习了会议精神，多次到各自结对帮扶户，宣讲扶贫相关政策，走访慰问贫困户64次，为全县贫困户顺利脱贫尽到了政协一份力量。同时，认真组织实施“4321”高校毕业生结对帮扶工作要求，县政协主席班子帮扶8人，到学生家中对结对帮扶的高校毕业生针对性地宣传了就业创业相关政策，了解家庭情况，解决实际困难。常委会成员自脱贫攻坚工作开展起奔赴自己联系乡（镇），开展脱贫攻坚自查自纠工作，全面排查解决扶贫领域存在问题，巩固拓展脱贫攻坚成果。切实扛起脱贫攻坚主体责任，主动查摆问题，认真整改存在问题。扎实做好定点扶贫帮扶工作，帮助理清工作思路，为脱贫攻坚工作发挥了应有作用。

（四）助力打赢新冠肺炎疫情防控阻击战。自疫情发生以来，县政协常委会组织带领政协机关党员干部及政协委员，积极投身全县抗击疫情联防联控各项工作，做好疫情防控工作的同时踊跃捐款捐物共计人民币32.83万元，在疫情防控关键时刻体现了全县政协委员的担当和责任，为打赢疫情防控阻击战贡献了政协委员的一份力量。

四、始终坚持突出重点强合作，积极开展交流联谊活动

五年来，县政协充分发挥政协联系广泛的优

势，以实现大团结、大联合为目标，密切与各方面的联系，促进了全县爱国统一战线的巩固和发展。

（一）密切与基层群众的联系。县政协把促进民生改善作为政协重要职责，发挥政协组织贴近群众、联系广泛的优势，选择重大民生关切，开展专题调研和协商议政，向县委、县人民政府讲真话、献良策，倾力为群众办实事、解难事、做好事。按照县委的统一部署，严格落实结对帮扶和“4321”大学生就业帮扶工作机制，常委会班子共结对帮扶15户贫困户和8名大学生，多次到结对户家里了解生产生活情况和存在困难，宣传就业政策，提供就业信息，充分发挥政协自身优势，全力以赴解决贫困群众实际困难。

（二）与政协组织之间的交流联谊更加密切。把团结联谊作为政协工作的重点之一，坚持“广交朋友、服务发展，互相学习、共同进步”的方针，加强向上级政协组织的工作汇报，主动与自治区以及兄弟市、县（区）政协之间的交往联谊，五年来，共接待考察学习活动9批，174人次，县政协组织到区内学习考察活动2次、50余人次。积极协助自治区政协开展文史专题调研、安边固边兴边，边境工作、万亩人工饲草基地建设等调研视察5批次，撰写视察调研报告5篇。协助市政协开展脱贫攻坚工作开展情况、农牧区学前教育发展情况等调研考察5批次，形成视察调研报告5篇。通过对外交流，积累了经验、促进了工作、增进了感情，有效向外界宣传推介了康马县，为促进康马县经济文化的横向交流和区域合作做出了应有贡献。

（三）认真做好文史资料征集工作。充分发挥了“存史、资政、团结、育人”的独特功能，着力于深挖掘、重特色、出精品，着力提高文史资料编撰质量。编辑出版了《嘎拉谐钦》《朗通庄园》《乃宁果谐》等文史资料，为有效发挥文史资料作用奠定了基础。

五、紧盯目标要求，提升工作水平

（一）争取党委重视支持。县委历来高度重视政协工作，每年听取政协党组工作汇报，专题研究部署政协工作，及时帮助解决政协履职中的困难和问题，大力支持政协依法依章发挥作用。2020年，在县委的正确领导和高度重视下，加强了对政协党的领导，由1名县委常委兼任政协党组副书记，加强了班子队伍建设，强化了党的领导。增设了提案经济法制委员会，先后配备了主任、副主任各1名，有力促进了提案办理工作的落实。

（二）拓展委员联络管理工作。在县委的高度重视下，在市政协的精心指导下，在各乡（镇）的大力支持下，完成了全县八乡一镇政协委员联络办公室的组建，为做好委员联络服务与管理、发挥委员主体作用、拓展政协履职触角向基层延伸奠定了组织基础，为进一步加强与政协委员的联系沟通，有效增强委员的履职合力，建立健全了党员委员联系党外委员工作制度。

六、巩固加强自身建设，打造过硬干部队伍

（一）不断加强领导班子建设。严格落实全面从严治党要求，发挥政协党组的领导核心作用。认真抓好政协党组和领导班子成员学习，不断提升领导班子整体履职能力。认真落实中央和区党委、市委、县委关于加强领导班子、领导干部思想政治建设、党风廉政建设等各项部署和要求，引导班子成员争做注重学习的表率、努力工作的表率、服务群众的表率、廉洁自律的表率，努力把政协领导班子建设成团结民主、清正廉洁、委员信任、群众拥护的领导集体。

（二）不断完善制度建设工作。政协制度是开展政协工作、履行政协职能、发挥政协作用的规范体系。我县政协高度重视制度建设，五年来，先后制定了加强委员管理办法、关于加强新时代康马县政协系统党的建设工作的实施意见、联络办规章制度、常委会制度、提案工作制度、委员视察制度、委员联络制度、委员培训制度及主席会议制度等，这进一步推进了政协工作的制度化、规范化和程序化，达到了规范委员言行、激励委员履职、激发委员内生动力的效果。

（三）不断加强委员队伍建设。完善委员服务

联络制度，积极做好委员联络工作，帮助委员解决工作、生活中的实际问题。依托基层政协委员联络办，组织委员开展形式多样的履职活动，有效调动了委员履职积极性。加强委员履职能力建设，开展各类学习培训活动6场次、培训492人次，不断提高委员履职水平。

（四）不断加强政协机关建设。认真落实从严治党主体责任，切实推进“三严三实”“两学一做”学习教育的常态化制度化和“不忘初心、牢记使命”主题教育常态长效，着力推进政协机关工作制度化、规范化、程序化建设，进一步改进工作作风，创新工作思路，完善工作机制，规范工作程序，提高服务水平。通过抓学习、转作风、强管理、促工作，县政协机关干事创业、勇争一流、风清气正的氛围日益浓厚，为大局服务、为履职服务、为委员服务的能力明显增强。

各位委员，同志们！二届县政协工作所取得的成绩，是中共康马县委对政协工作的正确领导、高度重视和市政协有力指导的结果，是县人民政府大力支持的结果，是县直各部门、各乡（镇）党委政府和社会各界热情帮助的结果，是县政协各参加单位、全体委员、政协机关和乡（镇）政协委员联络办共同努力、团结奋斗的结果。二届县政协以来，广大委员以高度的政治责任感、强烈的委员意识和良好的精神风貌，认真履职，扎实工作，为人民政协事业发展作出了积极贡献。在这里，我谨代表二届县政协，向长期关心支持政协工作的各级领导、有关部门、各界人士及广大政协委员表示衷心的感谢！

回顾二届县政协工作，我们也清醒看到，面对新时代、新使命、新要求，政协工作仍然存在一些差距和不足。主要表现在政协常委班子履职能力有待进一步提升；协商成果的转化力度有待进一步增强；委员的履职热情有待进一步激发；委员履职能力有待进一步提升；协商民主制度不够完善，民主监督工作比较薄弱；团结联谊工作需要进一步深化拓展；议政建言质量有待进一步提高等，对这些问题要高度重视，认真研究解决。

今后五年工作建议

康马县与全国一道，全面建成小康社会，标志着康马县的发展步入了一个新的阶段，对于加快推进建设团结富裕文明和谐美丽康马具有十分重要的现实意义。做好今后五年的政协工作，责任重大、意义深远。今后五年，县政协工作的总体要求是：以习近平新时代中国特色社会主义思想为指导，深入学习贯彻中共十九大、十九届五中全会和中央第七次西藏工作座谈会精神，在中共康马县委的坚强领导下，牢牢把握团结和民主两大主题，坚持统筹推进“五位一体”总体布局、协调推进“四个全面”战略布局，紧紧围绕全县稳定、发展、生态、强边四件大事，坚持以人民为中心，深入贯彻落实中央、区党委、市委、县委关于加强和改进人民政协工作的意见，深入贯彻落实中央、自治区、市委、县委政协工作会议精神，扎实履行政治协商、民主监督、参政议政、凝聚共识职能，充分发挥协调关系、汇聚力量、建言献策、服务大局作用，为助推康马长治久安和高质量发展贡献智慧和力量。

把握时代要求，在凝聚思想共识中履行新使命

把深入学习贯彻习近平新时代中国特色社会主义思想和中共十九大、十九届五中全会、中央第七次西藏工作座谈会精神，认真开展“党史”学习教育和“三更”专题学习教育，班子成员带头学，撰写心得体会，开展研讨，做到真学、真懂、真信。加强对三届政协委员的培训，确定适应当前政协工作内容和形式的专题，结合县政协工作实际进行专题培训，加强政协业务知识学习，不断提高政协委员的思想理论水平和履职能力。牢牢把握人民政协新的历史方位、使命任务，进一步加强和改进人民政协工作，牢固树立“四个意识”、坚定“四个自信”、做到“两个维护”，自觉服从服务于“五位一体”总体布局和“四个全面”战略布局，坚持与县委同心同德、同向同行，切实把思想和行动统一

到中央、区党委、市委、县委的决策部署上来，在政治上思想上行动上同以习近平同志为核心的党中央保持高度一致，切实把习近平同志系列重要讲话精神转化为做好政协工作的科学思路和务实举措，以良好的精神状态和扎实的工作作风迎接中国共产党成立100周年。

致力推常务，在服务全县大局中展现新作为

县政协第三届常委会要自觉把各项工作放到全县工作大局中来谋划、部署、推进，不断完善协商议政内容和形式。坚持人民至上、民生为先，紧紧围绕在发展中保障和改善民生，主动协商议政。聚焦全县稳定发展生态强边四件大事，为全县振兴发展建睿智之言、献务实之策。着眼于全县重大方针政策、重要决策部署的贯彻落实和巩固脱贫攻坚成果、乡村振兴战略等方面工作，聚焦教育、就业、医疗等民生热点难点问题，通过提案、视察、社情民意等方式找准位置，把握尺度持续发力，助推县委决策落地见效。

提升履职实效，在发挥自身优势中凝聚新合力

坚持多做协调关系、化解矛盾、解疑释惑、促进和谐的工作，寻求最大公约数，增进最大共识度，形成最大凝聚力。不断巩固和发展最广泛的爱国统一战线，广泛凝聚各方面智慧和力量，为我县改革创新发展增添正能量。继续加强与各界别爱国统战人士的联系与沟通，在政治上真诚合作，积极营造良好的民主氛围。继续加强文史资料的征集编辑出版工作，切实发挥文史工作“存史、资政、团结、育人”作用，为促进县委科学民主决策和政协履职发挥“智囊”作用。继续加强对乡（镇）政协委员联络办的联系和指导，总结交流履职工作经验，更好发挥政协工作合力。

切实加强管理，树立自身建设新形象

深入贯彻落实习近平总书记关于加强和改进人民政协工作的重要思想，牢牢把握新时代人民政协的新方位新使命，深入学习贯彻中共中央办公厅《关于加强新时代人民政协党的建设工作的若干意见》，贯彻落实全国、全区政协系统党的建设工作要求，落实全面从严治党要求，切实发挥政协党组把方向、管大局、保落实的领导核心作用，建立完善政协党的组织体系，持之以恒推进党风廉政建设。全面加强政协党的建设、领导班子建设、干部队伍建设，完善各项规章制度，注重发挥专委会的协调作用、政协各参加单位的骨干作用、广大政协委员的主体作用，积极搭建平台，拓宽履职渠道，让委员议政有舞台、协商有平台、建言有渠道、监督有办法、履职有作为。努力建设一支勇于负责、敢于担当、肯抓落实、会抓落实、在新时代有所作为的政协干部队伍。

各位委员，新时代开启新征程，新使命呼唤新作为。人民政协工作前景广阔、大有可为。让我们更加紧密地团结在以习近平同志为核心的党中央周围，高举习近平新时代中国特色社会主义思想伟大旗帜，不忘初心、牢记使命，在中共康马县委的坚强领导下，坚定信心，务实奋进，努力开创人民政协事业新局面，为推进我县人民政协事业不断向前发展而努力奋斗！

风正帆扬踏征程　奋楫笃行勇争先
为建设社会主义现代化新康马保驾护航

——在中国共产党康马县第十届纪律检查委员会第二次全体会议上的工作报告

康马县纪委书记　惠建妮

（2022年3月26日）

各位委员，同志们：

我代表十届县纪律检查委员会常务委员会向第二次全体会议作工作报告，请予审议。

这次全会的主要任务是：坚持以习近平新时代中国特色社会主义思想为指导，全面贯彻落实党的十九大和十九届历次全会精神，全面贯彻十九届中央纪委六次全会、自治区第十次党代会和自治区纪委二次全会精神，全面贯彻市委六次全会、市纪委三次全会和县委三次全会精神，回顾总结2021年全县纪检监察工作，研究部署2022年工作任务。刚才，扎西多布拉书记作了讲话，对贯彻上级党委、纪委工作要求作出了全面部署，对做好今年党风廉政建设和反腐败工作、推动全面从严治党向纵深发展，提出了明确要求。我们一定要认真学习领会，坚决抓好贯彻落实。

一、2021年工作回顾

2021年，在市纪委和县委的坚强领导下，县乡纪检监察机关和广大纪检监察干部坚持稳中求进、实事求是、依规依纪依法，全面补短板、强弱项、提质效，不断强化日常监督，保持正风肃纪反腐高压态势，推动纪检监察工作高质量发展，全县党风廉政建设和反腐败斗争取得新进展、新成效。

（一）夯实扛牢第一职责，统筹规划、精准发力，全县党内政治生态环境持续净化、良性循环

聚焦“两个维护”夯实政治监督首责。坚决当好践行“两个维护”的“第一方阵”，重点围绕贯彻党中央大政方针政策、区党委重大决策部署、市委各项工作要求及县委具体安排部署落实情况进行监督检查，紧盯各类重要会议精神学习贯彻落实情况，坚决纠治贯彻落实中的形式主义、官僚主义，坚决纠治选择性落实、虚假落实等问题。深入持久开展反分裂斗争，加强党员信教、发展和传播宗教等问题的监督检查，着力淡化宗教消极影响，特别是开展“制定一个专项排查方案、开展一次联合协动检查、进行一次排查意见反馈”三步走活动，稳步推进党员信仰宗教问题专项排查工作深入开展，重点对全县党员干部机动车内是否悬挂有宗教色彩挂饰等方面开展全面排查，梳理汇总排查发现问题6个，责令立行立改6个，现已整改完成。坚持问题导向，紧盯政法系统重点部门、重点人群，层层传导压力，以实际行动推动政法队伍教育整顿扎实开展。积极督促各党委（党组）借助“3·28”西藏百万农奴解放纪念日和开展惠民惠农政策宣讲等活动，动员农牧区党员加强对信教群众的教育引导。

聚焦落实全面从严治党主体责任做实做细各类监督。聚焦新冠肺炎疫情防控督导常态化、维护社会稳定、换届工作、脱贫攻坚、保障和改善民生及违规发放津补贴、公车私用排查、私车公养排查、

“村霸”“砂霸”排查等重大工作任务，开展各类监督检查140次，发现问题73个，责令相关单位立行立改50个问题，限时整改23个问题，特别是为进一步严肃换届纪律，发放藏汉双语《康马县村组织换届纪律换届明白卡》1300张，协同县委组织部发放县乡换届明白卡1600张，在康马县发布平台滚动发布《严明换届“十严禁”》公告，让党员群众知晓哪些行为合法、哪些行为违法，实现换届规定、政策广泛知晓、纪律严格遵守、风气监督有力，促进选人用人公信度不断提高。进一步严肃会风会纪的有关规定和要求，积极开展监督检查工作，对涉及会风会纪问题的4人进行了谈话提醒，并在全县范围内通报；加强对“一把手”和领导班子的监督，研究制定县纪委工作台账，明确监督措施、完成时效、责任领导、责任部门，并对各乡（镇）、县直各单位负责同志进行“一对一”谈话；联合县委组织部、县委巡察办对3个乡（镇）、12个县直单位巡察反馈意见整改落实情况开展督查，共发现共性问题8个、个性问题34个，责令相关乡（镇）、单位立即整改，现已基本整改完成。

聚焦“两个责任”从严从实履行职责。认真协助县委推进全面从严治党，促进主体责任和监督责任互相贯通、形成合力，持续推动管党治党不断深化。加强对全县政治生态进行系统分析研判，为县委决策提供依据。严把选人用人关、品行关、作风关、廉洁关，严格按规定程序回复党风廉政意见144份1733人次38家单位5个乡（镇）11个村。

落实监督执纪问责高质量发展要求。精准熟练运用监督执纪“四种形态”批评教育帮助和处理159人次，其中运用第一种形态批评教育帮助155人次，占比97.5%；运用第二种形态处理3人次，占比1.9%；运用第三种形态处理1人次，占比0.6%。

（二）紧扣“三不”一体推进，制度衔接、转化效能，反腐败斗争压倒性胜利成果积厚成势、形成优势

执纪问责更加精准。县纪委监委坚持全面提升案件质量，以严肃问责督促党员干部忠诚干净担当，推动管党治党责任落到实处。2021年，共受理问题线索28件，其中谈话函询了结1件1人，初核了结12件6人、1家单位、2个行政村，正在初核6件4人、1个行政村，立案9件（送市纪委协审3件3人、已办结2件2人、正在审查调查4件），给予党纪政务处分2人，向县人社局移交问题线索1件；办理2020年未办结问题线索12件，其中了结5件4人，正在初核2件2人，立案5件3人，给予党纪处分2人、免职1人。

“两书”运用更加规范。县纪委监委依据有关党纪法规，切实有效开展纪检监察建议工作，督促有关党组织切实履行主体责任，推动全面从严治党、党风廉政建设和反腐败工作向纵深发展。共下发纪律检查建议书5份，推动相关党组织或单位提高执行力和落实力，压紧压实全面从严管党治党责任。

警示先行成效突出。为进一步发挥对同级党委的监督作用，向全县县处级以上领导干部每人发放1套《监察体制改革以来日喀则市查处党员干部违纪违法案件警示忏悔录》和《西藏自治区违纪违法县处级及以下党员干部忏悔录选编》，坚持用身边事教育身边人，提高拒腐防变的意识。结合党史学习教育、“政治标准要更高、党性要求要更严、组织纪律性要更强”专题教育、政法队伍教育整顿工作，协同县党史学习教育领导小组办公室、县委宣传部、县广播电视台，组织县处级领导干部及县直单位主要负责同志80余人观看了《全面从严治党在西藏》警示教育专题片，进一步增强党员干部特别是领导干部的廉洁从政意识和拒腐防变能力。组织全县县处级领导干部、部分廉政风险较高的单位主要负责同志及各乡（镇）党政负责人等60余人赴日喀则市反腐倡廉警示教育基地参观学习，不断强化党员干部廉洁自律意识。为进一步严明纪律、正风肃纪，发挥警示教育作用，县纪委监委下发查办的各类案件通报3期。

回访教育和转化帮扶力度加强。联合县委组织部、县人社局对2015年以来受到党纪处分且处分期

满的7名党员开展回访教育和转化帮扶工作。

澄清正名撑腰鼓劲同步推进。始终坚持精准处置各类问题线索，加强对问题线索的分析甄别，对反映不实的问题，采取当面澄清、会议澄清等方式为2名党员、干部澄清正名，不断推动形成激浊扬清、干事创业的良好环境。

审查调查安全更趋完备。始终把审查调查安全工作作为一项重要政治任务来抓，认真落实审查调查安全工作各项规定制度，坚持把审查调查安全落实在行动上、体现到环节中，确保依规依纪依法文明办案。根据“走读式”谈话室的规范建设和标准化建设要求，提请县人民政府常务会解决“走读式”谈话室新建资金，现已验收通过启动使用。

廉政档案更加完善。为进一步加强日常分析研判、处置问题线索，适应监督全覆盖的新形势，完善健全四级主任科员至四级调研员全覆盖的廉政档案，共建立党员干部廉政档案298份，并实行动态管理。

（三）突出维护群众利益，下沉落地、补齐短板，人民群众的获得感、幸福感、安全感不断增强、更加坚实

持续整治群众身边的腐败问题和不正之风。召开全县反腐败工作协调领导小组会议2次，进一步推进全县反腐败组织协调工作，巩固反腐败工作成果。紧盯开展惠民惠农财政补贴资金“一卡通”管理问题专项治理工作，准确把握任务要求，加强沟通协作，凝聚工作合力，坚决整治群众身边腐败和不正之风问题。根据监督检查及来信来访工作要求，结合办公用房实际情况，启用信访接待室，着力维护群众利益，提高工作效率。

巩固拓展脱贫攻坚成果同乡村振兴有效衔接。加强与组织、财政、统计、审计、信访等部门的协同配合，推进纪检监察第一职责与组织监督、审计监督、群众监督等有机融合、贯通联动，有效推动乡村振兴各项工作落地开花结果。联合自治区纪委监委驻萨马达乡萨马达村工作队到县发改委、县教育局、县财政局等涉及工程项目的单位及村级组织合作社开展实地调研检查，检查2020年全区脱贫攻坚检查发现问题整改落实情况，关注2019年以来各项目的竣工情况及未竣工的进展情况。加强与组织、财政、统计、审计、信访等部门的协同配合，组织全县纪检监察干部18人开展脱贫攻坚同乡村振兴有效衔接专项监督培训。围绕易地扶贫搬迁安置点住房建设、公共服务设施建设、实际搬迁入住、基层组织建设等情况，开展专项监督检查2次，发现问题3个，立行立改2个，限时整改1个。

（四）持续用力纠治“四风”，求真务实、祛除顽症，全县党风政风和社会风气整体向好、持续向好

抓好清理纠治不歇气。在自治区纪委监委关于违反中央八项规定精神自查情况监督检查“回头看”之后，根据县委部署，自查问题676条，涉及单位49家，上缴资金156.06578万元，向市纪委移交涉嫌违反八项规定精神问题线索3件。

纠治“四风”问题不松手。紧盯易发多发老问题和隐形变异新动向，持续释放越往后执纪越严的强烈信号，对公车私用、私车公养、违规操办婚丧喜庆事宜等问题坚决一查到底，共开展“四风”问题监督检查40余次，发现问题线索1个。排查全县办公用房超面积问题5个，现已整改完成。针对干部周转房存在违规占用的问题，督促职能部门开展违规占用周转房专项清理工作，共清理腾退周转房85套。

用好平台资源不间断。坚持把纪律挺在前面，突出抓早抓小，通过康马县发布平台发布廉洁公告7期，发送廉政短信10208条，不断重申纪律要求，明确“禁止行为”，推动作风建设常态化、长效化。带头落实基层减负工作要求，督促各乡（镇）、县直各单位不定期清理微信、钉钉等各类软件，落实基层减负各项举措。按照干部任前廉政谈话工作要求，召开新任干部任前集体廉政谈话会2次，对提拔晋升调整的89名同志进行任前集体廉政谈话。

推进专项治理不懈怠。坚持什么问题突出就

重点整治和解决什么问题，对重点问题盯住不放、一抓到底。紧盯新增农村乱占耕地建房问题，督促相关职能部门履行监管职责，切实守好耕地保护红线。紧盯干部职工长期借用公款不还问题，靠前监督、督促自查，并进行跟踪问效，推动整治工作取得实效。紧盯粮食购销领域腐败问题，督促粮食业务主管监管部门、国有粮食企业等部门开展自查自纠，发现问题3个，立行立改1个，限时整改2个，现已整改完成。紧盯开展公务接待中“吃公函”问题，督促各乡（镇）、县直各单位自查发现问题的用餐数48餐次，并按照不低于10%的要求进行了抽查，对12家涉及问题单位主要负责同志进行谈话提醒，对县教育局、县民政局、县财政局财务人员进行提醒谈话，上缴资金17581.7元。

（五）牢牢把握政治定位，亮剑出鞘、精准打击，巡察上下联动格局初步实现、推动改革

始终坚定深化政治巡察，坚持对标看齐，以落实“两个维护”为根本政治任务，准确把握新要求，既高质量完成九届县委巡察全覆盖任务，又顺利开启十届县委巡察。开展九届县委第十一轮、第一次市县统筹巡察暨十届康马县委第一轮巡察工作，共派出6个巡察组，对11个县直单位党组织和3个村党组织开展常规巡察，对3个党组织开展巡察“回头看”，共反馈问题277条，其中边巡边改问题59个，移交问题线索11件17人。

（六）深入推进体制改革，厘清职责、试点先行，纪检监察体系机制更优、成效更好

持续深化党的纪律检查体制改革。严格执行“三为主一报告”，完善班子成员包片联系乡（镇）工作机制，强化对乡（镇）纪委的指导。县委注重关心纪检监察干部，提拔乡（镇）纪委书记4名，审查调查室主任1名，进一步使用2名同志，晋升职级1名同志。

持续深化纪检监察机构改革。进一步探索整合运用监督力量的有效途径，推行县乡纪检监察力量分片协作试点工作，提升县乡纪检监察机关监督能力和治理效能，2021年整合乡（镇）纪检监察干部30余人次参与日常监督检查、专责监督检查、专项监督检查及干部考察，并参与14件问题线索的处置工作；坚决并长期巩固议事协调机构清理成果，目前，保留或继续参与的议事协调机构9个，坚决做到工作上不越位、不缺位、不错位。

持续深化国家监察体制改革。围绕执纪监督、案件审理、监督管理和移送司法等关键环节，细化、规范、再造内部工作流程，推动执纪审查和依法有序对接、相互贯通。

加快推进纪检监察信息化建设。配合市纪委推进安可替代项目工程建设，加强委机关安全防范意识教育，提升委机关全体纪检监察干部的安全保密意识。

（七）强化干部队伍建设，政治引领、多措并举，忠诚干净担当的铁军新形象全面塑造、有效展现

夯实党建基础，以战斗堡垒凝聚合力。始终把学习贯彻习近平新时代中国特色社会主义思想、习近平总书记重要讲话精神作为思想武器和行动指南，不断加强常委会建设，推进决策更加科学民主。完成十届县纪委换届选举工作，选举产生新一届纪委常委、书记、副书记，为下一个五年奋进新时代、阔步新征程奠定了坚实基础。为夯实县纪委监委机关党支部组织建设，加强党组织战斗堡垒作用，召开县纪委监委机关党支部党员大会，选举产生了新一届支部委员会委员。

坚持全员培训，以实战锻炼增强本领。积极探索培训培养纪检监察干部的方法途径，注重在监督执纪、审查调查一线培养优秀干部特别是年轻干部，常态化开展跟班学习、跟案锻炼，选调干部到县纪委监委学习8人次，采取以老带新、以案代训的方式，提升纪检监察干部整体能力。选派干部参加上级各项跟班学习、跟案锻炼、业务培训15人次，以全员受教育推动全员强素质、全员长本领。

建立定期调度，以督促指导压实担子。常态化开展“提升工作质效，干部自查自纠”，县纪委监委主要领导带头自查自摆问题，带头大力弘扬好

的传统、好的作风，带头加强自身建设，不断提高执行政策能力、执纪执法能力、思想政治工作能力，推动全县纪检监察干部工作作风、精神面貌持续改进。准确梳理机关各岗位廉政风险点，加强内部监督和制约，以“零容忍”态度坚决防治“灯下黑”。

过去的一年是极不平凡的一年，全县党风廉政建设和反腐败工作取得了新进展、新成效，这离不开以习近平同志为核心的党中央举旗定向、掌舵领航，离不开自治区党委、自治区纪委监委，市委、市纪委监委和县委的坚强领导，离不开全县各级党组织和广大党员群众的充分信任和鼎力支持，离不开全体纪检监察干部的忠诚担当和辛勤付出。在此，我代表十届县纪委常委会向所有关心、支持纪检监察工作的同志们表示衷心的感谢并致以崇高的敬意！

在肯定成绩的同时，我们也清醒地看到，党风廉政建设和反腐败斗争形势依然严峻复杂，全面从严治党依然任重道远，还存在一些薄弱环节和亟待解决的突出问题，主要表现一是压力传导不够到位。少数党组织主体责任压力传导还不够到位，有的党员领导干部落实管党治党责任不严不实，说得多做得少，重表态轻行动；二是警示教育实际成效不佳。有的党组织针对个别党员干部接受廉政警示教育没有触动心灵，学习政治理论和党纪国法不走心，不把学习当回事儿的情况，办法不多且方式单一，警示教育作用发挥未达到预期效果。三是统筹纠治“四风”工作力度不够。落实中央八项规定精神特别是开展违反中央八项规定精神问题自查清理纠治工作落脚点不准、对照检视力度不够，“四风”问题改头换面新动向治而未决，反弹回潮的风险依然存在，不担当不作为乱作为等问题时有发生。四是业务能力素养不够。个别纪检监察干部的素质能力还不能完全适应新形势下纪检监察工作的特点和要求，发现问题线索能力弱，监督效能不够明显。

对于这些问题，我们必须在思想上高度重视、行动上狠抓落实、措施上高效有力，认真加以解决。

二、2022年主要工作

2022年，是党的二十大召开之年，是贯彻落实自治区党委改进作风狠抓落实决策部署开局之年，是日喀则市勇当“四个创建”排头兵的关键之年，是康马县作风建设重要之年，做好纪检监察工作责任重大。今年工作的总体要求是：坚持以习近平新时代中国特色社会主义思想为指导，全面贯彻落实党的十九大、十九届历次全会和中央第七次西藏工作座谈会精神，贯彻落实习近平总书记关于西藏工作的重要指示和新时代党的治藏方略，按照十九届中央纪委六次全会、十届自治区纪委二次全会、二届日喀则市纪委三次全会和十届县委三次全会部署要求，坚决捍卫“两个确立”、增强“四个意识”、坚定“四个自信”、做到“两个维护”，准确把握和运用党的百年奋斗历史经验，坚持稳中求进工作总基调和严的主基调不动摇，紧扣康马工作的着眼点着力点和出发点落脚点，以服务保障“四件大事”“四个确保”为重点，以“强思想、严到底、零容忍、挺规矩、惩腐败、敢亮剑”为总体工作思路，充分发挥监督保障执行、促进完善发展作用，一体推进不敢腐、不能腐、不想腐，持续深化党风廉政建设和反腐败斗争，推动康马县纪检监察工作向更高质量发展。

（一）着力扛起“两个维护”重大责任，以守初心担使命的政治自觉推动政治监督具体化、常态化

持之以恒学懂弄通做实习近平新时代中国特色社会主义思想，紧紧围绕习近平总书记关于西藏工作的重要论述和新时代党的治藏方略，督促各级党组织学习贯彻落实习近平总书记重要讲话、指示批示精神，切实做到坚决捍卫“两个确立”、增强“四个意识”、坚定“四个自信”、做到“两个维护”。聚焦“稳定、发展、生态、强边”四件大事，紧盯“四个创建”“四个走在前列”，聚焦全县各部门各单位贯彻落实《康马县国民经济和社会发展第十四个五年规划和2035年远景发展目标纲

要》情况、常态化疫情防控、巩固拓展脱贫攻坚成果同乡村振兴有效衔接等重点任务，跟进监督、精准监督、全程监督，推动党中央区党委各项决策部署、市委各项工作要求及县委具体安排部署落细落地。聚焦《党委（党组）落实全面从严治党主体责任规定》，紧扣《关于加强“一把手”和领导班子监督的意见》《中共日喀则市委员会关于加强对“一把手”和班子监督的若干举措》，通过“五查五看”，强化对全县各级“一把手”和领导班子履行全面从严治党主体责任、落实民主集中制、执行“三重一大”、廉洁履职用权等情况的监督检查，强化县属国有企业、学校、医院等领域“一把手”及其班子履行主体责任的监督，补齐监督的“死角”“盲区”“空白点”。聚焦“七个有之”，坚决清除对党不忠诚不老实的“两面人”“骑墙派”，牢牢把握反分裂斗争的政治方向。紧盯党员信教、发展和传播宗教等问题，强化对党的宗教政策落实情况的监督检查，着力淡化宗教消极影响。

（二）一体推进“三不”机制，以勇于自我革命的精神推进正风肃纪反腐

坚持无禁区、全覆盖、零容忍，坚持重遏制、强高压、长震慑，强化统筹、改进方法、把握节奏，坚决查处各种风险背后的腐败问题，重点查处政治问题和经济问题交织的腐败案件，重点查处工程建设、执法司法、民生等领域的腐败和作风问题，督促严格执行领导干部配偶、子女及其配偶经商办企业有关规定。坚持行贿受贿一起查，建立完善行贿人信息库，严厉打击多次行贿、巨额行贿。按照“通报一次审查调查决定、作出一次公开表态、进行一次案件发生原因剖析、召开一次专题民主生活会、开展一次警示教育、发出一份纪检监察建议书、组织一次整改情况评估”的“七个一”工作思路，贯通做好审查调查“后半篇”文章。定期召开县委反腐败工作协调领导小组工作会议，按照惩前毖后治病救人的原则，精准运用“四种形态”批评教育帮助和处理党员干部。用好用活“反面教材”，抓实抓细党员干部警示教育，加大典型案例剖析和通报力度，深化以案释纪、以案释法，教育党员干部明确行为底线，远离违纪违法红线，筑牢拒腐防变思想防线。

（三）坚持以人民为中心，以无私无畏的担当整治群众身边的腐败和作风问题

着力解决人民群众最关心最直接最现实的利益问题，坚持人民群众反对什么、痛恨什么，就坚决防治和纠治什么。探索建立县乡纪委与村务监督委员会的日常联系机制，完善“监督联系卡”制度，拓宽群众反映问题渠道，充分发挥“前哨作用”。围绕推动巩固拓展脱贫攻坚成果同乡村振兴有效衔接，持续加大对各项惠民富民政策落实情况的监督检查，大力纠治乡村振兴工作中脱离实际、盲目攀比搞“形象工程”“政绩工程”问题。深入开展惠民惠农财政补贴资金“一卡通”管理问题专项治理，严肃整治村集体“三资”管理使用，对惠民资金管理使用中雁过拔毛、吃拿卡要、克扣侵占、虚报冒领、贪污挪用等问题，一律从严从重处理。

（四）持续强化作风建设，以刮骨疗毒、壮士断腕的勇气狠刹歪风邪气

坚持日常监督、专责监督和专项监督相结合，坚持把纪律挺在前面、抓早抓小，把“四种形态”体现在作风建设全过程，把违反中央八项规定及其实施细则精神问题作为监督重点，对违规公款吃喝、违规发放津补贴、公车私用、私车公养等问题坚决查处、绝不手软，对党员领导干部和公职人员酒驾醉驾、赌博、违规占用周转房、干部职工借用公款长期不还等问题寸步不让、一抓到底，对违规收送礼品礼金、不吃公款吃老板、收送电子红包、干部出游企业买单等隐形变异问题严肃查处、抓出典型。始终保持政治定力、久久为功，协助县委抓好改进作风狠抓落实工作，坚决纠治落实县委决策部署表态多、落实差，讲特殊、慢半拍，不作为、慢作为等问题，着力构建作风建设长效机制。持续督促各级党组织履行整治各类形式主义、官僚主义主体责任，推动基层减负各项举措落地生根。

（五）持续深化“三项改革”，以行百里者半九十的清醒推动转化治理效能

认真履行协助职责和监督责任，严格按照“双重领导”体制要求，加强领导和指导乡（镇）纪委聚焦主责主业，开展具体工作。巩固清理议事协调机构成果，坚决做到工作上不越位、不缺位、不错位。继续整合全县纪检监察力量，持续推进全县纪检监察力量分片协作工作，提升县乡纪检监察机关监督能力和治理效能。健全完善“走读式”谈话室使用管理机制，确保安全办案、高效办案。推动执纪审查和依法有序对接、相互贯通，依法有序推进监委向本级人大常委会报告专项工作，自觉接受监督。积极配合市纪委监委推进综合信息查询系统建设，规范数据管理。

（六）精准把握政治内涵，以披荆斩棘的毅力提升巡察工作实效

准确把握政治监督内涵，聚焦贯彻落实党的路线方针政策和党中央决策部署及自治区党委、市委、县委工作要求情况，聚焦群众身边腐败问题和不正之风以及群众反映强烈的问题，聚焦党组织建设方面的问题，加强对巡视巡察审计等各类监督发现问题整改落实情况的监督，有序开展十届县委巡察工作，充分彰显巡察“利剑”威力，不断将全面从严治党引向深入。

（七）锻造纪检监察铁军，以勇往直前的毅力练就担当善为过硬本领

守正创新，建设模范机关。始终坚持对党绝对忠诚，坚持把深入学习贯彻习近平新时代中国特色社会主义思想摆在首位，加强县纪委常委会政治建设，坚持民主集中制，带头增强制度意识、坚定制度自信、维护制度权威，发挥示范引领作用。全面加强机关党的建设，进一步落实机关党建工作责任制，锻造坚强有力基层党组织。外强“筋骨”，锤炼高强本领。结合改进作风狠抓落实工作、“能力素质提升”活动，加大干部培养管理和交流轮岗力度，完善全员学习培训机制，强化实战练兵，提升政治素质、业务能力。加强纪检监察干部运用制度能力建设，严格审查调查安全管理，公正文明执纪执法，不断提高纪检监察机关治理能力。持续落实分片协作机制，总结在全县监督检查、查办案件和干部考察工作中力量整合的经验，查找漏洞和短板，寻找破解难题的“出路”，助推全县纪检监察工作再上新台阶。健全机制，从严自我监督。牢固树立法治意识、程序意识、证据意识，完善自身权力运行机制和管理监督制约体系，严格按照权限、规则、程序开展工作，自觉接受各方面监督，确保执纪执法权受监督、有约束。坚持“刀刃向内”，从严从重处理纪检监察干部参与赌博、违规饮酒等行为，对执纪违纪、执法违法者“零容忍”，坚决清除害群之马，持续防治“灯下黑”，做党和人民的忠诚卫士。

同志们，回首过去，我们步履坚实；展望未来，我们信心满怀。美好愿景，正当踏浪扬帆；赶超发展，更需勇攀新高。让我们紧密团结在以习近平同志为核心的党中央周围，开拓创新、攻坚克难，不忘初心、继续前进，不断推动全面从严治党、党风廉政建设和反腐败工作再上新台阶，奋力谱写全面建设社会主义现代化康马新篇章，以优异的成绩迎接党的二十大胜利召开！

康马县人民政府关于康马县2021年国民经济和社会发展计划执行情况与2022年国民经济和社会发展计划草案的报告

2022年3月27日在康马县第十四届人民代表大会第二次会议上

康马县发展和改革委员会

各位代表：

我受县人民政府委托，向大会报告2021年国民经济和社会发展计划执行情况与2022年国民经济和社会发展计划草案，请予审议。

一、2021年县国民经济和社会发展计划执行情况

2021年，是“十四五”规划开局之年，是全面巩固拓展脱贫攻坚成果同乡村振兴有效衔接之年，是两个一百年奋斗目标历史交汇之年。在复杂多变的宏观经济环境与国内疫情散点式突发的严峻形势，县委带领全县上下，贯彻落实党中央、区党委、市委决策部署，始终坚持以习近平新时代中国特色社会主义思想为指导，深入学习贯彻中共十九届六中全会精神和习近平总书记在西藏考察期间重要讲话精神，立足新发展阶段，努力贯彻新发展理念，扎实做好“六稳”工作，全面贯彻“六保”任务和“四件大事”，认真执行十三届人大八次会议审议通过的各项计划和目标任务。

2021年，全县实现县级生产总值7.38亿元，增速为6.1%；实现社会消费品零售总额预计1.45亿元，预计同比增长9.6%；完成全社会固定资产投资3.54亿元；农村居民可支配收入达到16180元，同比增长16.8%；一般公共预算收入2953万元，同比增长7.46%；城镇登记失业率控制在2%。全年主要开展了以下6个方面工作：

（一）坚持生命至上，抗疫斗争取得阶段性成果。面对周边国家疫情基本失控，边境防控任务异常艰巨，部分省市疫情散点突发等重大挑战面前，全县上下坚定信心、同舟共济、科学防范，重点在严防“外防输入”，紧盯重点场所、重点机构、重点环节、重点人员，取得了抗疫工作的持续“零输入”的防疫成果。

统筹疫情防控与健康事业发展

表1

分级精准防控	截至3月9日共接种疫苗50390针，其中第一、二、三针接种率分别为101%、96.3%、86.3%；开展生活物资应急动员能力大调查2次；建立健全了应急处突机制，开展了应急演练、培训等规定动作；形成了全县分级负责联合联动的疫情防控体制机制。
医疗物资保障到位	累计投入450万元，保障医疗物资供给能力
补齐公共卫生基础短板	投入1420万元，实施涅如堆、涅如麦、萨马达3个乡级卫生院标准化建设；投入220万元实施“互联网＋医疗健康”项目；投入322.56万元新增8辆乡级卫生院负压救护车及车载设备；投入412.84万元建成县级核酸检测实验室
医疗报销及救助	年内累计城乡居民医疗报销2201人次、报销金额625.22万元，开展医疗救助541人次、救助金82.8万元。另外，投入280万元实施防治包虫病三年行动；白内障救治58名；先心病筛查2295名，确诊救治8名；开展脊柱侧弯、四肢畸形义诊活动筛查145人

（二）坚持深化改革，推动有为政府建设。一是持续推进“放管服”，全年取消政务服务各类证明事项127项、行政许可事项3项，开通医疗报销“一站式”结算服务，办事时限平均缩减率达到58.69%以上，减少材料170个，“一网通办”累计办件112007件、办结率100%，评价均为好评。二是企业注册办证时间缩短为1个工作日，一次性办结率为98.5%、办事群众满意率达99%，新增市场主体232户，有效注册商标达32件。降低电费95.54万元，减免税费727.75万元，其中，阶段性减免失业保险、工伤保险共计101.18万元。同时，制定政府投资400万元以下工程承建施工企业“联审联批联验”管理实施意见，年内发布公告34个，完成工程交易价5150.08万元，受益当地施工企业27家。

（三）巩固攻坚成果，目标任务如期完成。一是全力推动巩固拓展脱贫攻坚成果同乡村振兴有效衔接。系统形成有效衔接乡村振兴“十四五”规划、乡村振兴“三年行动”方案等指导性文件。开展返贫致贫风险动态监测，消除返贫致贫风险户；消费帮扶产品线上线下销售创收160.1万元，受益356个建档立卡和边缘户。易地搬迁后续扶持管理全力推进，基础设施建设“回头看”全面完成，落实扶贫项目资产确权移交136项，为113户发放扶贫小额信贷资金520.4万元；发放生态岗位资金762.3万元；编制上报乡村振兴“十四五”专项规划项目库，项目库涉及规划总投资4.01亿元。年内朗巴村乡村振兴示范村建设项目等14个项目开工建设，12个项目已顺利竣工。二是生态环境持续良好。持续深入学习领会贯彻习近平生态文明思想，树牢“两山”理念，2021年，投入261万元实施多庆错湿地保护工程，投入190.1万元实施县域绿化工程，累计植树达18.76万株以上，森林覆盖率进一步提高，投入226.08万元采购配备村级钩臂垃圾车20辆，配套垃圾箱146个，城乡生活垃圾无害化处理率和县城污水处理率稳步提升。林草征占手续进一步规范严格；国土空间总体规划编制初步完成，“三线一单”划定工作全面完成，制定印发《康马县生态环境保护责任清单》，明确环保责任276项，完成环保督察全部整改任务。项目环评登记备案及报批手续更加严格落实，持续抓实生态环境质量监测，年内开展生态环保监管执法83次，下发整改通知书11份，环境违法立案1件，罚金0.1万元。乡级卫生院医废专门独立暂存间已建成5座。农村清洁行动深入推进，畜禽粪污资源化利用和污水治理初步实施，完成农户改厕1135户。开展了环境质量监测与公告工作，环境质量监测力度不断强化，污染防治更加有效。三是金融等领域重大风险得到有效防控。地方政府隐性债务从源头得到控制，全面开展金融风险排查工作，严厉打击非法集资及其他金融违法犯罪活动，积极化解不良贷款。

（四）加大有效投资，强化补齐基础短板。一是消费市场进一步丰富。深入落实消费帮扶措施，继续通过县工会、县干部职工食堂等途径重点倾斜当地土特产及当地各类餐桌食品的购买力度。举办冬季物资交流会，参与个体商户达300余户，实现交易总额达800余万元，有效带动当地消费品消费市场环境。新设拉萨飞地实体销售店。青稞、油菜、香料等加工包装产品不断丰富，大学生创业纸盒包装等小作坊填补市场空白。县城民间投资各商业用房基本建成并基本完成招商租赁，餐饮、娱乐店等市场消费环境进一步丰富。二是有效投资补齐基础短板。优化编制《康马县“十四五”时期规划项目库》，规划项目309个、计划总投资64.98亿元。全年开复工项目118个，累计完成全社会固定资产投资3.54亿元，同比减少53%，其中：规划项目库内已开工项目31个，总投资1.48亿元，开工率10%。

重点项目建设方面

表2

重点交通工程	实施了少岗乡桥梁、色修村郎波夏农用桥、S512线岔口至雄章乡雄村公路、涅如堆乡万亩草业基地道路建设等一批工程
重点水利工程	实施了那堆水库配套灌区、县水塘整治工程、边境小康农牧民灌溉水渠工程、贡巴村（色热村）等4个村防洪堤工程，曲夏等3个村水渠工程以及县城人饮改造提升等一批工程
重点教育工程	实施了8个乡（镇）中心小学改扩建，4个乡（镇）中心小学风雨操场，园丁园二期、南尼小学室外运动场、3个幼儿园新改建等一批项目
重点基础设施工程	住建部帮助落实资金达100万元，特殊医疗救治等系列政策技术帮扶有序落实；实施了特色石材精细加工（飞地经济）项目，县城供水维修改造，3个旅游基础设施，涅如堆乡集中安置点土地改良，朗达村蔬菜温室改扩建，涅如堆等3个乡卫生院，农村危房加固，色休等9个村基础设施查漏补缺工程
重点能源工程	实施了崇巴雍错景区配电工程、4座35千伏变电站电网通信自动化完善工程、10kV塔白143线路改造、嘎拉乡加油站等一批工程

三是招商引资奋力推进。积极组织承办和参加各类经洽、经贸会，并利用各种招商对接平台对县域温泉、光伏风电、旅游等重点产业项目主动推介对接力度，特别是在日喀则市、拉萨市、青岛市等地举办招商推介会上主动推介我县特色资源，发放招商手册500多册。签订4个招商引资项目。成功引进共享单车，嘎拉乡加油站已建成待试运。四是运输系统运转有序。全县邮政、快递服务企业业务量累计完成7.54万件，同比增长25.27%。积极推进电商服务体系建设，组织5个乡（镇）开展电商进农村综合示范整体推进农村电商普及培训，累计培训受益250人。公路货运、客运保持全年安全通畅。

（五）持续推进产业，产业发展稳中向好。一是农牧业生产持续良好。2021年，农作物播种面积继续保持在4.71万亩，其中建设绿色高质高效示范基地2万亩，加大良种推广力度，粮油、饲草产量分别达到1.36万吨、6383.5吨，粮经饲种植比例调整至81.96∶14.51∶3.53；牲畜存出栏分别为171335只（头）、92253（只头），牲畜产仔成活91308只（头）、成活率达95%；黄牛改良、牦牛经济杂交完成4843头、年度产仔成活2696头。农牧民专业合作社规范提升有力推进，“雅江雪牛”、岗巴羊等特色区域品牌加快产业提质增效，少岗黑糌粑、雄章酥油、涅如草业等“小专精”特色产业有力带动群众不离乡不离土、就近就便就业增收。二是工业经济奋力推进。2021年，工业产值预计完成2512.11万元，同比下降40.1%。康诺玛尼石生产车间已改建并投入使用，安代山矿区采矿许可证批准延续，康马石材精细加工日喀则市经开区基地建设项目开工建设。当地新增注册施工企业不断扩大，从事建筑业持证人数、剩余劳动就业转移能力不断强化。三是全域旅游建设持续加快。以温泉康养、朗通庄园、生态小镇、田园乡村等产业为支撑的乡村振兴示范点建设陆续启动实施，“玛不错”遗址挖掘工作取得突破性成果、综合开发思路基本构成，冲巴雍错、朗通庄园、摩崖石刻等配套设施建设提速推进。全年全县接待游客5.66万人次，旅游综合收入273.25万元，分别增长69.65%、38.5%。

（六）坚持人民至上，民生事业上新台阶。一是就业创业成果有力巩固。超目标完成年度就业任务，完成农牧民技能培训1456人、转移就业7806人，劳务收入9180.68万元，242名康马籍大学生就业创业率95.59%。二是优先发展教育。先后投入3039.95万元，有力加快教育均衡发展，全年教育基础设施投入排全县第一。义务教育阶段学生入学率、巩固率和升学率达到3个100%。年度全市小学毕业班学业水平检测中康马县排名第二，全县3所小学名列全市前10名，康如乡小学荣获自治区级文明校园荣誉称号。设立“育才基金”，年度发放奖励资金260万元，助力334名康马籍学子人生出彩。

三是百姓安居进一步保障。完成377户农村住房改造加固工程，户排水、入户硬化等一批基础设施进行查漏补缺，实施了一批村庄防洪防涝工程，有效保障居住环境安全。四是全面强化社会保障。全面落实各项惠民政策，特困人员有意愿集中供养率达到100%，民政领域落实临时救助、城乡低保、儿童福利、残疾人“两项补贴”等各类资金共计403.2万元，惠及群众1602人次。退役军人权益得到全面保障，县退役军人服务中心示范化创建通过自治区初验，帮助2名退役军人实现稳定就业，落实各类优抚资金65.01万元。五是文化生活不断丰富。县新时代文明实践中心、县级融媒体中心、乃宁曲德寺抗英遗址爱国主义示范展厅等建设项目完成提质提标，县艺术团、村文艺队创作文艺精品达90余部，演出310次。“13+7”民生实事落实落地，我为群众办实事成果丰硕，群众得到更多实惠。深入开展“扫黄打非”等文化执法，着力加强网上网下监管。全面推广普及国家通用语言文字，针对农牧民群众、青少年学生、寺庙僧尼等群体，深入开展以铸牢中华民族共同体意识主题系列活动，意识形态工作更加深入具体。我县荣获第五届自治区文明城市、第二届未成年人思想道德建设工作先进城市荣誉称号和自治区拥军模范县城，康马镇荣获第六届自治区文明村镇荣誉称号。

总体上看，在复杂严峻的新形势下，2021年我县经济社会发展形势总体平稳，运行秩序基本稳定，但也清醒地认识到在发展的过程中，仍存在不容忽视的短板，主要表现在：一是自然环境制约仍旧较大。全县处于高海拔地区，县域地形地貌对发展经济的约束性大，区位优势不明显，远离区内国内中心市场，气候的季节性差异对服务业，特别是旅游业、商贸业的影响较大；人口消费总量少、人才队伍缺失、生产所需的条件和供应链整体方面依然很薄弱，限制了要素流动和资源配置效率。二是发展基础薄弱。经济发展的初级性、依赖性特征明显。全县无规模企业，工业企业规模普遍小、散、弱，生产效益低、管理粗放、创新能力差，合作社等发展面临产品单一，产品重叠现象明显，产（商）品竞争力弱，效益不明显；路、网、电等发展依然不能满足发展需求，“人”的增速缓慢，消费能力、消费群体依然薄弱。三是发展的软环境有待进一步优化。我县经济发展总体水平较低、基础设施建设滞后、瓶颈制约仍未得到根本改善，发展短板突出，在区内外经济形势复杂多变、经济下行压力加大、疫情防控进入常态化的大背景下，我县发展的环境、条件、要求都发生了新变化，使发展新理念欠缺，发展依然任重道远。四是干部群众的思想认识、工作作风有待提高。面对自治区党委“改进作风、狠抓落实”要求相比，党群干群的思想认识，工作作风仍有一定的改进空间。

二、2022年经济社会发展的指导思想、主要目标、主要措施

2022年是“十四五”规划全面实施的关键一年，是建设社会主义现代化新康马开局起步的关键时期。2022年全县国民经济和社会发展指导思想是：坚持以习近平新时代中国特色社会主义思想为指导，深入贯彻中共十九大和十九届历次全会及中央第七次西藏工作座谈会精神，面贯彻习近平总书记关于西藏工作的重要论述和新时代党的治藏方略，深入贯彻落实区党委十次党代会，自治区党委、市委经济工作会议精神，深入贯彻落实自治区党委改进作风、狠抓落实会议精神，捍卫“两个确立”、增强“四个意识”、坚定“四个自信”、做到“两个维护”，坚持统筹推进“五位一体”总体布局、协调推进“四个全面”战略布局，坚持稳中求进工作总基调，立足新发展阶段，完整准确全面贯彻新发展理念，服务融入新发展格局，深化反分裂斗争，铸牢中华民族共同体意识，推进藏传佛教中国化，推动高质量发展，改善和保障民生，推进生态文明建设，加强边境建设，加强党的组织和政权建设，抓好稳定、发展、生态、强边四件大事，确保国家安全和长治久安，确保人民生活水平不断提高，确保生态环境良好，确保边防巩固和边境安全，努力建设团结富裕文明和谐美丽的社会主义现

代化新康马。

2022年主要国民经济和社会发展主要预期目标为：全县县级生产总值增长8%，全社会固定资产投资力争增长10%以上；农村居民人均可支配收入增长12%以上；城镇登记失业率控制在2%以内；居民消费价格指数控制在（上年同比=100）4%以内。

要实现上述目标任务，我们要充分利用特殊政策支持，以更大的决心、更严的要求、更高的标准，积极有为地破解经济社会发展面临的各种难题，统筹推进常态化疫情防控和经济社会发展，重点做好以下7个方面的工作。

（一）要坚持投资拉动，全力以赴扩大有效投资。要把稳投资作为经济工作的重中之重，用战略眼光和长远眼光谋划推进项目建设，引进战略投资，激活民间投资，拉动有效需求，项目是经济社会高质量发展的基础，项目是点、产业是线、经济是面，坚持点、线、面协同发力，实行项目建设领导负责制，做好项目前期储备和筹备工作，做到招商项目抓谋划、前期项目抓开工、在建项目抓进度、竣工项目抓投产、问题项目抓整改、投产项目抓效益，确保投资拉动经济，扩大有效投资促高质量发展。一要优化投资结构。把所有投资项目坚持“三个赋予一个有利于”的意义，推动投资重点向对提高质量效益有利、对长远发展有利、对民生改善有利、对四件大事有利领域倾斜。紧盯政策方向、抢抓政策窗口，从中找信息、找机遇、找项目、找资金，拿出过硬办法、务实举措，积极争取更多项目的落地。要建立“十四五”规划外项目备用库，加大有名目、符合政策方向的项目进行储备工作力度。要持续加强项目跟踪服务，加大项目协调推进，抓实瓶颈破解等工作。要坚决防止出现只管开工落地、不管后续投产与保养等现象。要强化完善和运用项目“1+3+1”和全生命周期管理机制；要规范项目验收组织程序；要加大竣工项目投产确权工作；要强化运用项目“双月调度”机制对项目进度、质量、安全、投产、民工工资保障等进行综合调度推进的力度；要紧盯援藏工作队轮换为契机，编制好《康马县“十四五”时期对口援藏项目三年行动计划》；要抢抓中央定点县联系帮扶重大新机遇，强化与住建部的沟通衔接与争取项目等工作力度。2022年，重点实施少岗乡夺底路工程，都督村、雄章村防洪堤工程，洛康灌区工程，高标准农田建设，朗巴村和楚嘎村乡村振兴示范村建设项目，嘎拉乡、涅如堆乡、涅如麦乡人畜分离建设项目，2021年周转房建设项目，年楚河源头生态修复等一批工程。二要在营商环境上下功夫，在要素保障上下功夫，紧扣重点区域、重点产业、重点群体、重点节点精准发力，想清楚“我们有什么、企业要什么”加强精准对接、优化项目甄别，进一步建立“引进—落地—投产—帮扶”全过程招商服务机制，进一步加强招商后的考核检查，确保企业招得进来、落得下去、发展得好。确保年内落地涅如麦加油站、风能太阳能等一批招商引资项目。三要强化民间投资力度。制定实施支持民营企业改革发展的意见，建立健全向民间资本推介项目长效机制，引导民营企业参与全县重大战略实施和补短板项目建设，大力破解民营企业融资难问题。另外，继续加大土地盘活挂牌出让等途径，加大吸纳民间投资对丰富县城餐饮娱乐及公共服务能力建设提升方面的作用。

（二）要坚持优化产业，加快推动产业结构调整。产业始终是经济发展的中流砥柱。产业强则经济强，产业结构优则经济发展质量好。一要大力发展农牧产业。划定粮食生产功能区和重要农产品生产保护区；加强耕地红线保护，落实“长牙齿”的耕地保护硬措施，落实好耕地占补平衡和耕地质量建设，全年完成新建高标准农田2.36万亩，建设一批优质青稞生产基地；水利灌溉设施要综合考虑农田与林草灌溉兼用需求，使生产性和生态性灌溉相统一解决，努力推广建设高效节水灌溉工程；强化执行粮食最低收购价、价补分离政策、售粮大户奖励、青稞增长行动等政策落地见效；加强灾情和病虫害监测预警，积极应对可能发生的旱涝灾害。加强应播尽播与耕地轮作休耕指导监督。争取“嘎玛果日青稞”“黑青稞”“黑土豆”等当地种子保护推广力度；加大良种、良技、良法的推广应用。强化对接引进“魔鬼辣椒”“枸杞”等经济作物，探索建立“农产品、经济作物、经济林”试验田建设；鼓励和督促土地流转经营、集中包片种植、农业机械化进程；要继续扶持“岗巴羊、嘎拉牦牛、康如犏牛、雅江雪牛”养殖规模能力建设，扭转嘎拉牦牛品种、数量等退化问题；要探索“雅江雪牛”规模化养殖方面面临的困难和堵点，提升规范化养殖、市场化经营能力；要继续强化“黄牛改良”等人工授精技术的推广应用，进一步提升牲畜出栏率及奶、肉产量。要加大利用中低产田、荒地和退化草地建设人工饲草基地，种植苜蓿、燕麦、箭筈豌豆、黑麦等优良饲草品种，探索建立订单式牧草生产、分区域加工储存和牧草产品供应体系。二要培育和发展壮大乡村产业。要大力推进农村和大学生“双创”活动，鼓励大学生多人合作创业，开展带头人培育行动，吸引农民工、大学生、退伍军人和科技人员返乡下乡创新创业。探索通过设立工业发展扶持资金等途径，加快发展农产品、自然资源产品加工业，建设和筛选一批精细加工基地，加强品牌培育，探索与县外农业产业龙头企业合作模式。重视发展乡土特色产业，挖掘农村能工巧匠支持发展民族特色手工业，家庭工厂、手工作坊等具有民族特色的乡土产业积极发展新产业新业态，推介培育楚嘎村、朗巴村等一批乡村休闲旅游精品和美丽休闲乡村建设，探索发展农村电商、共享农庄、创意农业等新型业态。三要大力发展文化旅游产业。依托红河谷旅游资源优势、依托“人文旅游、红色旅游”资源优势，推出国道562、219沿线覆盖面广、带动全域、延伸全景的精品旅游线路。完善旅游基础设施，优化旅游发展环境，加快推进“玛不错”第三批考古挖掘，实施“玛不错”开发布局与品牌打造工程，实施品牌转化为旅游收入资源的行动计划；加快朗通、摩崖石刻、崇巴雍错等旅游经营主体确定与开发旅游资源方式方法；要同乡村振兴示范村建设项目相衔接发展旅游基础设施环境；要同文物保护等实际工作需要出发，把文物保护与发展旅游事业相贯通实施；要加快实施219国道5000公里网红打卡点建设、朵拉生态旅游服务区基础设施项目、艾旺寺维修保护工程、温泉+休闲康养建设等一批项目；要紧紧围绕着康马镇打造为边境重点乡村旅游乡（镇）为目的，强化县城住宿、餐饮环境的监督检查力度，强化旅游基础设施环境的安全及满意度提升工作，强化多领域争取项目，补齐旅游基础设施短板，为游客提供舒适的旅游消费环境，实现旅游收入进一步提高。四要多措并举、打破局面，合理产业布局。立足资源禀赋、发展条件、比较优势，年内清晰划分我县基础产业、主导产业、辅助产业、特色产业，并明确发展规划路线，一个产业一个方案，不搞所有产业面面俱到、不搞所有产业建立属于自己的产业链，反而通过探索“企业+合作社+农牧户”和通过“县县之间、企业之间、合作社之间”以合作分工等模式，解决产业链的问题，做大做强、做专做优产业。

（三）要坚持人民至上，提升民生福祉事业发展。一要大力提升教育质量。加快推进教育发展“六个提升”工程，继续推进校长和教师交流轮岗工作，严格落实党组织领导校长负责制，下大力气推进“双减”和“五项管理”工作，持续完善德智体美劳全面培养的育人体系，深化办学体制和教育管理改革，优化教育教学资源配置。年内乡村级幼儿园全部投入使用，进一步提高学前教育普及水平；强化教学骨干、教学能手培养评选工作，扎实推进教育质量“争先进位”；继续巩固“5个100%”和教育强县成果；扎实推进中小学社团及兴趣小组组建推广工作；实施完成重点村镇规划教育基础设施提升各项工程、完成中学文化长廊及绿化工程、完成各中心小学集中供暖查漏补缺、完成上琼桂村幼儿园建设项目等一批教学硬件设施改善提升工程落地见效。二要大力推进健康康马。加快推进“医共体”改革进程，严格落实医疗卫生机构“三个一”和医疗服务能力“三条线”工作要求，持续完善村卫生室功能用房和设施设备，以及村医队伍提升建设工作；加快推进城乡居民健康体检任务，确保体检和健康档案建立率达到100%；持续开展全县药品、医用耗材价格和医疗服务项目价格信息监测和信息发布工作，严格执行医疗保险、医疗卫生、药品监督、价格和医改等相关规定；持续抓好“常见病、地方病、慢性病”综合防治工作；争取落地南尼乡卫生院服务中心标准化建设项目，解决涅如麦、涅如堆、萨马达乡卫生院设施设备添置工作，加强县城藏医院规范化建设。三要加大就业保障力度。尽心竭力办好稳定扩大就业，扎实推进双创工作，积极开展常态化、多样化的短缺人才技能培训，实施保姆式转移就业服务、异地就业服务，不断拓宽群众就业渠道。强化大学生创业“八个精准”工作，力争应届高校毕业生就业率达到99%。全年力争实现农牧民转移就业达8000人次以上，转移就业收入达到1亿元，组织化输出率达到60%。机关事业养老保险参保率达到100%，企业养老保险应保尽保，政府投资项目工伤保险参保率达到100%。持续开展400万元以下政府投资项目交由当地农牧民施工队伍，确保其吸纳我县农牧民群众达80%以上，其他政府投资项目吸纳农牧民群众60%以上。四要加大其他民生保障力度。加大社保、医保、养老、托幼、托老、住房等领域政策落实力度，确保“我为群众办实事”实践活动落地见效。确保三个农村幸福院建成并年内投入使用；确保继续保持我县籍无乞讨人员；确保孤寡老人应集尽集、应保尽保；确保各类社会救助政策精准落地，进一步规范救助标准、流程，进一步透明救助实施情况；要加快推进萨马达乡、康马镇、少岗乡、南尼乡集中供水工程可研论证与高质量设计工作，落实涅如麦、康如乡农村供水工程；有序推进农牧区季节性供水问题改造工程；要强化监督农民工工资实名制，抓好拖欠农民工工资问题清理、安全隐患问题大排查等基础上，大力推动综治中心、网格化管理、雪亮工程、智慧城市深度融合建设管理。

（四）要推进城乡发展，加快构建新乡村振兴格局。要始终把乡村振兴作为重中之重，突出重点，精准施策，分类推进，推动巩固拓展脱贫攻坚成果同乡村振兴有效衔接，持续抓好群众增收，实施乡村建设行动，促进农牧业高质高效、农牧区宜居宜业、农牧民富裕富足。一要持续巩固脱贫攻坚成果。要坚持“四不摘”，严格落实防返贫动态监测和帮扶机制，保持现有帮扶政策、资金支持、帮扶力量总体稳定，确保脱贫人口人均收入增速高于农村人口收入增速，确保不发生规模性返贫。二要乡村振兴规划年度计划项目全部落地见效。要完成2021年续建项目的基础上2022年年度计划建设项目投资7139万元乡村振兴规划项目全部建成并投入使用。同时积极引导其他途径争取项目资金，将人力物力财力向农牧区倾斜、向边境一线倾斜，把公共基础设施建设的重点放在农牧区、放在边境村镇，统筹推进乡村道路畅通、供水供电保障、村容村貌整治、文化产业建设、数字乡村建设、村级综合服务设施提升，加快补齐村镇发展短板弱项。三要实施乡村建设行动。鼓励提升农房设计和建设质量，提高农房现代化水平，强化监督检查力度。加大农厕改造、突出解决农村人居环境综合整治方面面临的“拆、挖、填、平、拓、清、取直”等任务，实施创建8个美丽宜居村庄的行动计划。四要持续激发内生动力。抓住“人”这个关键因素，发挥群众的主体力量，才能激活乡村振兴的内生动力。坚持既管好“肚子”更管好“脑子”，持续深化“四讲四爱”“文明实践”等活动，继续健全完善村规民约、寺规僧约、企规工约、校规生约。开展农牧民运动会、物交及产业发展大赛、能工巧匠评比、勤劳致富人家评比、最美家庭评比、“双创”竞赛等群众性活动，引导群众移风易俗、遏制陈规陋习，真正心思集中到创造幸福生活上来。五要持续推动做强专合组织。要厘清村集体经济与专业合作社之间的关系，深入推进农村产权制度改革举措。加强对村集体经济与合作社的监督指导，提升规范化运行能力，清理一批经营不善、效益不明显、发展能力不强的合作社，鼓励跨区域、多主体、抱团式组建联合社壮大能力发展，不断增强合作社经济实力、发展活力、带动能力，要探索专合组织中推广使用“一户一码、一物一码、一社一码”等产品信息追溯手段，科学解决合作社产品质量等问题，保障合作社运行长远，使真正把千家万户的小产品与市场的需求有效衔接起来，实现农牧民群众的持续性增收。六要优化农业投资管理。要解决“九龙治水、五牛下田”的局面，关键要协调好农业农村部门、水利部门、自然资源部门之间协作发力的工作局面，探索沟通协作申报项目，下决心清理整合原有的重复交叉项目，探索实施“统一资金申报筹措、统一投入标准、统一规划布局、统一组织实施、统一验收考核”的“五统一”办法，在一段时间内集中力量干一两件大事，确保干一件成一件。要开展农业投资绩效评估工作，避免为了完成投资任务而争取项目，而要为了发展壮大产业、实现乡村振兴而精准争取项目。

（五）要坚持深化改革，推动有效市场有为政府。紧盯解决突出问题，提高改革的战略性、前瞻性、针对性，使改革更好对接发展所需、基层所盼、民心所向。一要提高政府服务效率。加大“放管服”改革力度，深化行政审批制度改革，持续为各类市场主体松绑铺路。要进一步精简行政许可事项，深化“证照分离”改革，大力推进涉企审批减条件、减环节、减材料、减时限，加快清理废除妨碍统一市场和公平竞争的各种规定做法，要探索建立覆盖各领域政策包、覆盖各领域服务流程包，优化方式，简化流程、创新机制、压缩时限，提供最好的营商环境。二要助企纾困帮扶。严格落实企业“减税降负、减免电价、减参保费、减手续费”等各种降低收费政策落地落实。深入落实支持非公有制经济发展的“五放”指导思想和“六支持”政策措施。开展民营企业座谈会、民营企业交流会等活动，宣传鼓励民营企业优惠政策和自我发展积极性，引导和规范企业加强内部审计与核算，突出细化管理水平，帮助建立企业财务风险预警控制机制，建立全县统一的企业信息档案库，建立高效便捷的政府联系企业的信息通道。三要扎实做好保供稳价。敞开大门欢迎外来市场主体落户我县，发展壮大我县第三服务产业。强化市场监督力度，切实杜绝哄抬物价等问题，建立县级应急储备粮，加大粮食收储销售等各流通领域的监督监管，稳控物价与保供粮食等方面营造良好的环境。四要加快国企改革。加快县粮食公司、弘康城投公司等企业改革步伐，优化企业经济布局和调整结构，建立健全企业内控机制、风险防控机制，建立健全绩效考核激励机制、资产保值增值机制等相关机制，规范县国资委监督检查机制，以建制度促改革。五要构建亲清政商关系。推动构建亲清政商关系既防亲而不清又防清而不为。领导干部要亲商、安商、富商，坦荡真诚、光明磊落同企业接触交往，多谈心、多引导，帮助企业解决实际困难，完善建立县级领导干部联系企业制度，积极推动民营经济健康发展。

（六）要坚持保护优先，构建高原生态安全屏障。树牢“两山”理念，坚定不移走生态保护优先、绿色发展之路，努力建设人与自然和谐共生的现代化。一要保持战略定力。经得起考验、稳得住心神，践行新发展理念不动摇，对破坏环境行为“零”容忍，严禁“三高”企业入驻，严格执行“三线一单”，严格执行林草湿地征占及水土保持、环评等相关审批手续，牢牢守住生态红线。二要切实保护生态环境。编制我县国家生态文明高地创新行动计划，研究制定深入持续抓好污染防治攻坚战实施意见，加快推进年楚河源头自然保护区划定申报工作，进一步加强与市环保部门沟通衔接，配合上级部门强化监督衔接力度，高质量实施“年楚河源头涅如河水生态修复工程”，切实发挥投资4533.65万元的生态效益。认真筹备第二轮中央环保督导迎检工作，严格落实河长制、湖长制、林长制。要坚持“谁开发谁修复、谁污染谁治理”的要求，严格执行生态环境损害赔偿制度，强化对重点企业、重点场所、重点行业的环境行政执法力度，用最严格制度最严密法治保护生态环境，像保护眼睛一样保护生态环境，对待生命一样对待生态环境。三要加快推进绿色发展。年内争取投入2670万元以上实施“人工种草、草原改良、草原封育、草原灌溉、鼠害防治”等草原生态保护修复工程。专项开展近三年新造林长势综合评估与林地确权工作，督促履行其保养、保灌等合同义务；开展国道562、219沿线义务植树及项目造林4.13万亩以上，开展居民、庭院植树种花种草活动。要大力推进生态农牧业发展，着力培育无公害、绿色、有机特色农牧业和地理标志产品，要探索争取在“三荒”（荒地、荒山、荒坡）上建设沙棘生态园，探索开发挖掘沙棘经济效益，让生态生金、生态富民。

（七）要强化边境建设，落地固边兴边富民行动。坚决贯彻习近平总书记治边稳藏战略思想，围绕创建国家固边兴边富民行动示范区，以稳得住、守得好、不添乱为工作底线，采取超常规举措，不断筑牢国家安全屏障第一道防线。一要持续加强边境安全能力建设。要优化党政军警民“五位一体”联防强边固防机制，建设完善县乡军警民联防平台，加快争取建设“物理拦阻、视频监控、生物探测、雷达报警”等设施，大力实施“智慧边防”工程，全面提升人防、物防、技防水平。要积极对接争取落地边防公路、边防桥梁等抵边通行能力建设。要积极运用“雪亮工程”“智慧公安”等设施设备的作用，强化边境维稳防控网络能力。二要持续加强边境基础设施环境。要加快论证与争取县城供暖建设工程，加快乡（镇）政府所在地供暖工程的可研论证；要积极争取县城道路提升改造工作；申报县城为“兴边富民行动中心城镇”实施方案，以整合资金、整合项目、整合功能形式打造好县城中心城镇能力建设。要强化与市村镇办沟通衔接抓好全县重点村镇规划项目的争取落地工作，努力补齐基础设施短板。三要想方设法增加边境人口。要严防边境“空心村”化，密切关注个别村庄人口减少趋势，想方设法抓好人口增长行动。要适当放宽赴边境地区生产生活限制，完善居住设施环境；在条件允许的情况下，探索适当接纳搬迁群众。对接上级部门争取成立外事巡边队伍，享受工资补助待遇，吸引更多人口向边境聚集，扎根边陲、守护国土、建设家乡，实现安心护边。四要铸牢中华民族共同体意识。把民族团结教育贯穿国民教育、干部教育、社会教育全过程，与社会主义核心价值观教育、爱国主义教育、反分裂斗争教育、新旧对比教育和马克思主义“五观”结合起来，引导广大党员干部群众全面学习党史、新中国史、改革开放史，用共同理想信念凝心铸魂，让各民族同呼吸、共命运、心连心的优良传统代代相传。五要全力防范化解各类风险隐患。坚持底线思维，对宗教管理、社会稳定、安全生产、生态环境、民间融资等重点领域、重点行业、重点区域风险，要做到早识别、早预警、早处置，防患于未然。六要全力提升应急处突能力。备勤备足应急防控人员、装备力量，应急物资，科学细化应急方案。常态开展疫情防控、自然灾害防治、综治维稳等领域应急演练活动，深化更高水平的平安康马创建。继续做实做细信访工作，加强矛盾纠纷排查化解，严格落实安全生产责任制，严格落实疫情防控各项举措，为中共二十大胜利召开营造和谐安全稳定的环境。

各位代表，2022年经济社会发展工作任务繁重，意义重大。我们要更加紧密地团结在以习近平同志为核心的党中央周围，高举中国特色社会主义思想伟大旗帜，以习近平新时代中国特色社会主义思想为指导，捍卫“两个确立”、增强“四个意识”、坚定“四个自信”、做到“两个维护”，深入贯彻落实区党委十次党代会，区党委、市委经济工作会议精神，深入贯彻落实区党委改进作风、狠抓落实会议精神，深入贯彻落实市委二届五次全会精神，按照各级党委、政府决策和安排部署，在县委的领导下，自觉接受县人大的监督，认真听取县政协的意见和建议，团结全县上下各界人士，不忘初心、牢记使命，齐心协力、开拓进取，以“改进作风、狠抓落实”为新起点，以钉钉子的精神做实做细各项工作，努力在危机中育先机，于变局中开新局，奋力谱写新时代建设团结富裕文明和谐美丽社会主义现代化新康马的新篇章。

统计资料

康马县第七次全国人口普查主要数据公报

康马县统计局

康马县第七次全国人口普查领导小组办公室
2021年8月

根据《全国人口普查条例》和国务院的决定，以2020年11月1日零时为标准时点开展了第七次全国人口普查，按照国务院第七次全国人口普查领导小组统一部署，我县第七次全国人口普查工作在县委、县政府正确领导下，通过各级政府和普查机构及全体普查员的艰苦努力、无私奉献，广大普查对象共同参与、积极配合，圆满完成了康马县第七次全国人口普查的各项任务。现将日喀则市第七次全国人口普查领导小组办公室审核反馈的主要数据公布如下：

一、常住人口

全县常住人口为20864人，与2010年第六次全国人口普查的20522人相比，增加342人，增长1.67%，年平均增长率为0.17%。

二、家庭户人口

第七次人口普查共有家庭户5516户，家庭户人口为20367人，平均每个家庭户的人口为3.69人，比2010年第六次全国人口普查的4.58人减少0.89人。

三、性别构成

全县常住人口中，男性人口为10691人，占51.24%；女性人口为10173人，占48.76%。总人口性别比（以女性为100，男性对女性的比例）由2010年第六次全国人口普查的101.61上升为105.09。

四、年龄构成

全县常住人口中，0—14岁人口为5018人，占24.05%；15—59岁人口为13690人，占65.62%；60岁及以上人口为2156人，占10.33%；65岁及以上人口为1313人，占6.29%。与2010年第六次全国人口普查相比，0—14岁人口的比重增加1.37个百分点，15—59岁人口的比重减少1.27个百分点，60岁及以上人口的比重增加2.64个百分点，65岁及以上人口的比重增加1.43个百分点。

五、民族构成

全县常住人口中，藏族人口为20015人，其他少数民族人口为58人，汉族人口为791人。与2010年第六次全国人口普查相比，藏族人口减少226人，其他少数民族人口增加37人，汉族人口增加531人。

六、受教育程度人口

全县常住人口中，拥有大学（指大专以上）文化程度的人口为2129人；拥有高中（含中专）文化程度的人口为741人；拥有初中文化程度的人口为3083人；拥有小学文化程度的人口为7588人（以上各种受教育程度的人口包括各类学校的毕业生、肄业生和在校生）。与2010年第六次全国人口普查相比，每万人中拥有大学文化程度的由395人上升为1020人；拥有高中文化程度的由386人下降为355人；拥有初中文化程度的由人1227人上升1478人；拥有小学文化程度的由4085人下降为3637人。

七、城乡人口

全县常住人口中，居住在城镇的人口为2701人，占12.95%；居住在乡村的人口为18163人，占87.05%。与2010年第六次全国人口普查相比，城镇人口增加1122人，乡村人口减少780人，城镇人口比重提高5.26个百分点。

八、乡镇人口

全县常住人口的乡镇分布如下：康马镇4082人，与2010年第六次全国人口普查相比（下同），增长32.32%；南尼乡2146人，下降3.85%；少岗乡2184人，下降6.83%；康如乡1740人，下降7.84%；萨马达乡1849人，下降4.89%；嘎拉乡3395人，下降0.26%；涅如堆乡1999人，下降3.66%；涅如麦乡1626人，下降1.93%；雄章乡1843人，下降2.59%。

注 释：

［1］本数据均为初步汇总数据。

［2］普查标准时点为2020年11月1日零时，普查对象是普查标准时点在中华人民共和国境内的自然人以及在中华人民共和国境外但未定居的中国公民，不包括在中华人民共和国境内短期停留的境外人员。

［3］常住人口包括：居住在本乡镇街道且户口在本乡镇街道或户口待定的人；居住在本乡镇街道且离开户口登记地所在的乡镇街道半年以上的人；户口在本乡镇街道且外出不满半年或在境外工作学习的人。

［4］家庭户是指以家庭成员关系为主、居住一处共同生活的人组成的户。

［5］城镇、乡村是按国家统计局《统计上划分城乡的规定》划分的。

经济指标

2021 年畜牧业统计表（一）

表1

乡镇	年末存栏总数	大畜存栏数（头、匹）						小畜存栏数（只）			
		大畜总数	繁殖母畜（牛）	黄牛	牦牛	犏牛	马	小畜总数	繁殖母畜	山羊	绵羊
南尼乡	9812	1747	1180	1367	0	142	238	8065	5647	3121	4944
少岗乡	13108	2380	1816	1859	355	60	102	10728	8582	1656	9072
康如乡	11887	1388	1315	670	225	480	13	10499	7445	842	9657
雄章乡	20590	1828	1519	917	468	428	15	18762	14754	382	18380
康马镇	13999	3821	2861	3113	261	68	85	10178	7429	1210	8968
萨马达乡	17927	2125	1573	1473	489	22	141	15802	11985	2612	13190
嘎拉乡	47536	6911	5555	4549	1980	8	374	40625	38293	5248	35377
涅如堆乡	22048	1789	1691	1276	415	0	87	20259	14230	378	19881
涅如麦乡	14428	1612	991	772	279	0	95	12916	8527	759	12057
合计	171335	23601	18501	15996	4472	1208	1150	147734	116892	16208	131526

2021 年畜牧业统计表（二）

乡镇	2021 年新生仔畜			2021 年成畜死亡			2021 年当年购入			2021 年活畜出售			2021 年牲畜自宰		
	总头数（头、只、匹）	大畜（头、匹）	小畜（只）	总头数（头、只、匹）	大畜（头、匹）	小畜（只）	总头数（头、只、匹）	大畜（头、匹）	小畜（只）	总头数（头、只、匹）	大畜（头、匹）	小畜（只）	总头数（头、只、匹）	大畜（头、匹）	小畜（只）
南尼乡	5862	854	5008	102	17	85	0	0	0	768	12	756	4582	665	3917
少岗乡	5053	811	4242	316	14	302	0	0	0	184	21	163	4294	583	3711
康如乡	6171	832	5339	55	8	47	56	6	50	992	99	893	5285	855	4430
雄章乡	14547	1267	13280	329	19	310	850	702	148	87	87	0	15049	1923	13126
康马镇	8383	2440	5943	128	30	98	1874	220	1654	270	60	210	9210	1198	8012
萨马达乡	9341	1139	8202	315	27	288	2	2	0	13	13	0	8994	1078	7916
嘎拉乡	24999	1788	23211	1261	135	1126	67	67	0	86	86	0	21472	1488	19984
涅如堆乡	9598	507	9091	685	85	600	2662	257	2405	0	0	0	11858	738	11120
涅如麦乡	7354	553	6801	382	61	321	2000	8	1992	1668	60	1608	7441	604	6837
合计	91308	10191	81117	3573	396	3177	7511	1262	6249	4068	438	3630	88185	9132	79053

国民经济和社会发展总量

表2

指标	总量指标		
	单位	2021 年	2020 年
人　口			
总人口数	人	23739	23754
#城镇人口	人	3064	3054
乡村人口	人	20675	20700
#男性人口	人	13099	13134
女性人口	人	10640	10620
#半农半牧人口	人	20453	20478
牧业人口	人	222	222
从业人数			
乡村劳动资源数	人	11361	11423
乡村从业人员数	人	10958	11005
生产总值	万元	73865	71101
第一产业	万元	15927	14505
第二产业	万元	26164	32373
第三产业	万元	31774	24223
固定资产投资			
固定资产投资总额	亿元	1.15	2.25
财政			
地方财政收入	万元	2952.93	2749
财政支出	万元	75399	112069
人民生活			
城镇居民人均可支配收入	元	0	0
农村居民人均可支配收入	元	16180.46	13848
住户储蓄存款余额（居民）	万元	30898.5	27461
农业			
农林牧渔业总产值	万元	20595.24	18739.71
# 农业产值	万元	8583.18	7845.08
林业产值	万元	844.52	804.3
牧业产值	万元	10833.54	9786.18
渔业产值	万元	0	0
农林牧渔服务业产值	万元	333.99	304.15
耕地面积	公顷	3140.2	3140.2
主要农业产品产量			
粮食	吨	12873.45	12821.74
油菜籽	吨	722.55	745.65
当年造林面积	公顷	118.67	72.46
牧畜存栏数	万头（只、匹）	171335	168342

续　表

指标	总量指标		
	单位	2021 年	2020 年
大牲畜	万头	23601	22114
牛羊奶	吨	8810.94	6502.48
肉类	吨	2902.04	2785.82
工业总产值	万元	2512.11	4198.31
规模以上工业产值	万元	—	—
规模以下工业产值	万元	2512.11	4198.31
国内贸易			
社会消费品零售总额	万元	14508.3	13250.01
批发零售业	万元	10155.81	12621.12
住宿餐饮业	万元	4352.49	628.89
旅游			
接待国内外旅游人数	万人次	3	2.18
旅游总收入	万元	273	190.32
金融			
金融机构各项存款余额	万元	73810.85	19165
金融机构各项贷款余额	万元	56419.56	45693
教育			
学校数	所	42	37
在校学生数	人	3939	4892
普通中学	人	896	912
小　学	人	2024	1990
在园（班）幼儿数	人	1019	1990
卫生			
医院、卫生院	个	10	10
医院、卫生院床数	张	84	95
卫生技术人员	人	109	106
#医　生	人	41	41

索　引

冲巴雍错　（县融媒体中心　提供）

说 明

一、本索引采用主题分析索引方法。索引范围包括各栏目、类目、分目、条目等。“特载”“大事记”等部类的具体内容未做索引，仅以其部类名称标示。

二、索引按汉语拼音字母（同声字按声调）升序排列。栏目、类目、分目做索引款目用黑体字排印，其余均用宋体字排印。

三、索引款目后的阿拉伯数字和拉丁字母（a，b，c）分别表示内容所在的页码和栏别（即左、中、右栏）。

四、索引空两字位起排的款目为上一主题的“附见”。为便于读者检索，内容有交叉的款目，在本索引中重复出现。

A

B

C

D

F

G

T

W